藤森智子
FUJIMORI Tomoko

日本統治下台湾の「国語」普及運動

国語講習所の成立とその影響

慶應義塾大学出版会

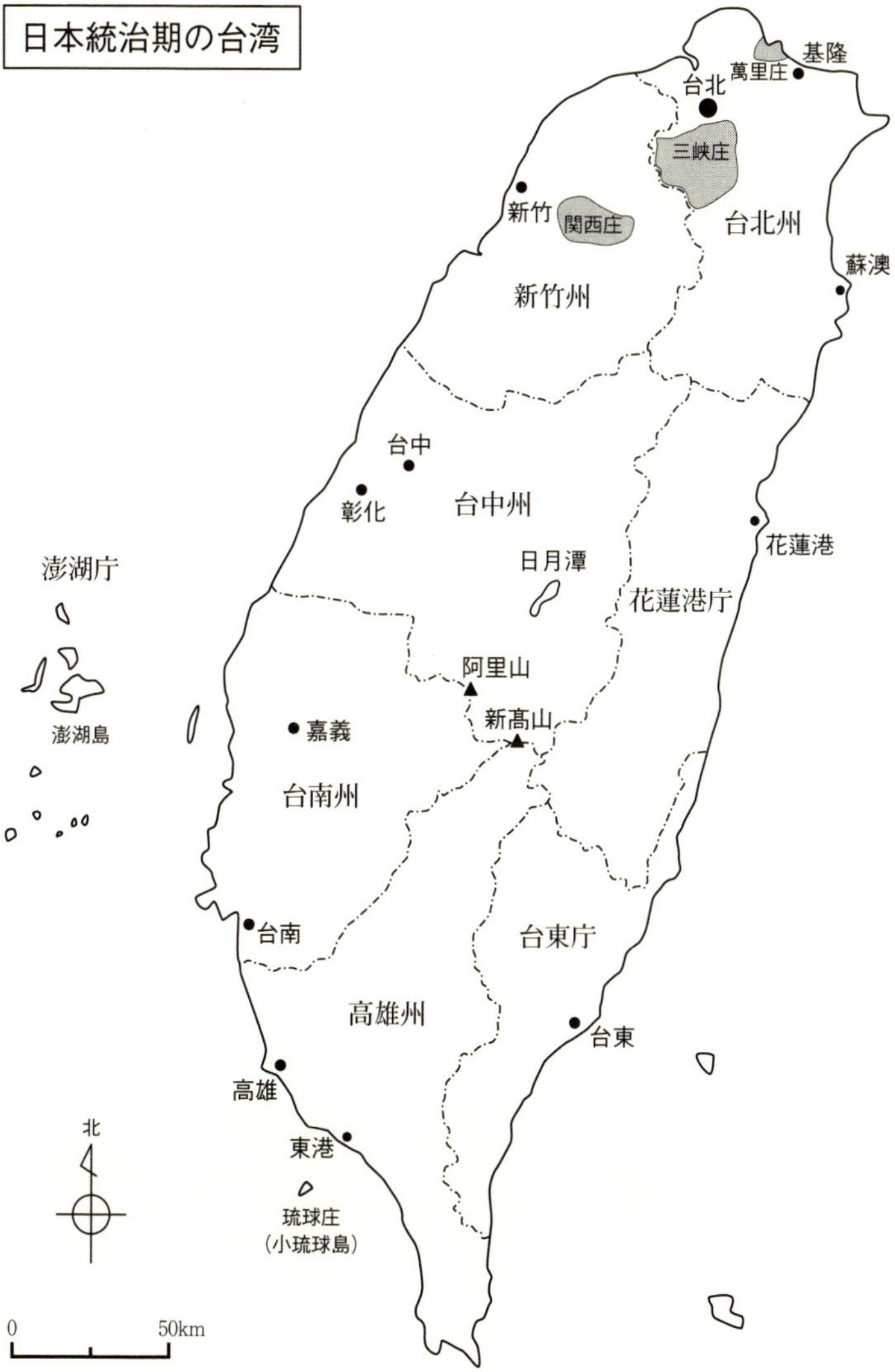
日本統治期の台湾
基隆
萬里庄
台北
三峡庄
新竹
関西庄
台北州
蘇澳
新竹州
台中
彰化
台中州
花蓮港
澎湖庁
日月潭
花蓮港庁
阿里山
澎湖島
新高山
嘉義
台南州
台南
台東庁
高雄州
台東
高雄
北
東港
琉球庄
(小琉球島)
0
50km

目次

第8章　南部離島における国語普及運動――高雄州東港郡琉球庄の事例――　283

終　章　313

図表一覧

序章

一　はじめに――台湾社会における「国語」

戦前日本の植民地における歴史をテーマとして取り上げることは、決して終結した過去の出来事の叙述にとどまることではない。台湾は一九四五年までの五〇年間、朝鮮は三五年間、日本の統治下に置かれた。その間実施された政策が社会や人心に与えた影響は、今日でも継続している。元植民地人民に対する戦後処理をめぐる訴訟や靖国神社の合祀問題、日本統治時期の評価を巡る対日感情など、しばしばマスコミに取り上げられ、人々の意識を喚起する問題は少なくない。植民地に由来する制度や習慣や思考等は現在でも人々の生活の中に意識されない形で残っている。本書もまた、戦前植民地の国語普及を単なる過去の出来事として捉えるのではなく、今日に続く問題として取り上げる。

台湾は、様々なエスニック・グループからなる社会である。現在、総人口約二、三〇〇万人中、大多数を占める漢族は、戦後国民党とともに台湾に渡ってきた人々とその子孫である「外省人」が約一三%、戦前から台湾に居住している人々とその子孫である「本省人」が約八五%、このうち閩南人[1]が七三%、客家人[2]が一二%を占めている。残りの約二%程度が原住民であるが、原住民の部族は多岐にわたる。これら多民族多言語からなる台湾社会の共通語は、現在の「国語」、すなわち、北京官話（北京および中国北部諸省で使われた公用標準語の旧称。『広辞苑』第五版）を基にした標準漢語（いわゆるマンダリン）であるが、台湾社会における「国語」は、日本統治下で社会に浸透したものといえる。

　日本統治時期の人口構成を見てみよう。台湾総督府官房調査課による一九三二年の人口統計によると、「種族」分類は、当時の用語で、本島人、内地人、朝鮮人、中華民国人、その他の外国人となっている。本島人は、漢人（福建、広東、その他）および熟蕃、生蕃の三つに分けられている。ここでいう福建人は閩南人、広東人は客家人、熟蕃は漢族へ「同化」した原住民、生蕃は主に山地に居住し、漢族に「同化」していない原住民を指す。人口総数四九三万二、四三三名、そのうち、本島人が総数四六四万一、六八六名（総人口一〇〇%に対して九四・一%）、その内訳は、福建人三七四万四、四九四名（七五・九%）、広東人六九万六、一四〇名（一四・　%）、その他二一五名（〇・〇〇四%）、熟蕃五万六、〇二一名（一・一%）、生蕃一四万四、八一六名（二・九%）となっており、内地人が二四万七、五八〇名（五・〇%）、朝鮮人が九五九名（〇・〇二%）、中華民国人が四万二、〇一七名（〇・九%）、その他の外国人が一九一名（〇・〇〇四%）となっている[3]。

　この人口は、年々増加し、一九四二年には、人口総数は六四二万七、九三二名となっている。「本島人」中の原住民の分類は、一九三五年より「熟蕃」「生蕃」から「平埔族」「高砂族」へと変更されているが、民族構成に大きな変動はなく、本書で扱う時期の人口は、圧倒的に「本島人」、それも閩南人が多数であることが分かる[4]。そのため、本論中、引用の中で用いられる「台湾語」は、ほとんどが閩南語を指している。

このような多民族多言語の台湾社会において、日本統治下で国語として日本語が教えられたことは、社会に共通語をもたらし、一つの共同体意識を醸成するきっかけを作ったとしばしば指摘される。筆者が留学生として台北に暮らしていた頃、町内会の知らせを持って来た近所に住む女性が、「国語、昔「あいうえお」、今「bo po mo fo」。」と日本語でいったものである。この女性は、小学校低学年までを日本統治下で過ごし、その後国民党政権下で北京官話を基にした標準漢語を習った世代であった。「国語」概念の台湾社会への浸透も日本統治によってもたらされたものであろう。民衆の隅々にまで「国語」概念が浸透したため、戦後、国民党統治下での標準漢語という台湾社会にとっての二回目の「国語」が比較的スムーズに導入されたといわれるのである。

本書では、日本統治時期に「国語」が台湾民衆に対してどのように浸透していったのか、台湾総督府の国語普及政策と台湾社会における普及の実態を検討する。日本の植民統治研究の複雑性は、被統治社会にとって、植民統治期がいわゆる「近代化」の時期と重なるところにあろう。日本統治下台湾の教育は日本への同化の手段であったが、同時に公教育の機能を有し、いわゆる社会の「近代化」をもたらす役割を果たした。言語の統一は、近代国家成立の一つの要素と考えられる。「国語」は、コミュニケーションの手段、近代的知識吸収の手段として機能すると同時に、社会・国家を運営する機能も有する。植民統治下では国語教育が天皇制国家の理念を育成する手段となったことはすでに多くの研究者によって指摘されているが、その受け手側の社会において如何なる作用を果たしたかは、今後の開拓が待たれる研究領域である。

台湾という一地域で、かつて日本語による国語教育が行われ、そこで「国語」概念が培われたために、戦後国民党による接収時に「国語」が大きな混乱なく標準漢語に取って代わられたことは周知のことであり、また、

「国語」が台湾社会において意思伝達の手段となったことも研究者たちによって指摘されるところである。(5)

二 「国語講習所」と「国語」概念

1 本書の対象——「国語講習所」

本書は、日本植民統治時期台湾において、漢族系住民を対象として台湾総督府により設置された「国語講習所」を対象とした研究である。

台湾は一八九五年、日清戦争後の講和条約・下関条約により日本へ割譲された。日清戦争は、日本が近代国家として初めて戦った対外戦であり、その勝利により日本は「列強」の仲間入りを果たし、台湾という植民地を有する帝国となった。日本は欧米以外の初のいわゆる宗主国となり、その初めての植民地である台湾の統治は、世界の注目を集めた。

国語（すなわち当時は日本語）の普及は、台湾領有の当初より台湾総督府の重要政策であったばかりでなく、朝鮮においても同様に統治政策の根幹に位置していた。日本統治末期には国語普及率は八〇%近くになり、朝鮮の三五%に比べても高い普及率であった。この高い国語普及率に「国語講習所」は極めて大きな役割を果たした。台湾においては日本統治の初期より公学校を中心に国語普及が図られていったが、義務教育が施行されない状況下での国語普及率は低く、この状況を打開すべく設置されたのが「国語講習所」であった。

「国語講習所」は教育を受けない多くの台湾民衆に対し、国語をはじめとする教育を行い、日本精神を涵養するという目的の下に、各市街庄において一九三〇年代から設置された学費を徴収しない社会教育施設であった。

その実際の運営は各州庁に任されていたが、「国語講習所」は台湾総督府によって社会教育施設として規定され、国庫補助を受けていた。

日本統治下台湾における教育は、多くの研究者たちによって取り上げられてきた。その議論の中心は公学校教育にあり、制度、カリキュラム、教育内容、教科書分析などに関して多くの研究が見られる。その一方で、台湾における教育のもう一つの柱であった社会教育、多くの公学校に通わない民衆を教育した「国語講習所」をはじめとする社会教育は、いまだ研究が進んでいない領域の一つである。

本書は、「国語講習所」を中心とした社会教育を取り上げ、台湾における国語普及運動の実態を検討する。原住民に対する教育は、理蕃政策として、一般の漢族系住民とは別に、警察の管理下に置かれていた。原住民に対する「国語講習所」もまた、大多数の漢族に対するものとは別途、「高砂族国語講習所」として規定され、運用されていたため、本書の対象には含まないこととする。本書では、大多数の漢族に対する「国語講習所」を対象として取り上げる。

2　台湾社会の「国語」概念はどのように醸成されたのか

(1)　日本統治時期の「国語」普及

「国語講習所」の検討は、台湾における日本の植民地教育および国語普及を考える上で重要であるが、日本統治時期の社会教育に関する蓄積は少ない。同時期の青年団に対する社会教化を扱った研究に宮崎聖子のものがあるが、「国語講習所」に関しては、講習所制度と国語普及を検討した呉文星および筆者の関連論文（あとがき参照）を除きほとんど研究されていないのが実情である。(6)

本書は、こうした先行研究の欠如を補足し、学術的に貢献することを意図すると同時に、一九三〇年代から台湾において大々的に展開され民衆全体を巻き込んだ国語普及運動を検討することで、当時台湾総督府の「日本精神を涵養する」という国語普及政策の内容と、それが台湾民衆のレベルでどのように受け止められたのかなどその影響と意味を考察する。

筆者は一九九六年秋から二〇〇〇年末までの間、途中数カ月の断絶があったが、四年近くを台北で過ごした。その少し前に李登輝が初の民選総統に就任し、中国からのミサイルの威嚇発射など国際的に緊張感が高まった時期があったものの、この間台湾国内ではいわゆる「台湾化」が進められた。中学校の教科書に『認識台湾』が採用され、母語教育が見直され、戦後の二・二八事件の究明等と同時に日本統治時期を見直す作業が進められた。この中で、台湾総督府文書を解読しデータ化する作業が進められ、研究者にとって日本統治時期の史料は格段に入手しやすい状況になり、学術研究が飛躍的に進んだ。

このような状況下で文献に接するうちに、それでは、「国語講習所」教育の実際はどうであったのかという疑問が湧いた。そこで、まずは台北在住の元教員から始め、地方の農村へ出かけ、「国語講習所」教育の実際を聞くことにした。実際に面接をしてみると、ほとんどの人々が当時受けた教育に対して肯定的であった。そこには、親日や反日といった当時マスコミを騒がせていた論調とは別次元の実態があった。当時の国語普及が台湾民衆に与えた影響を考えることは、今日の台湾を考えることにもなるはずである。

ベネディクト・アンダーソンは、『想像の共同体』（NTT出版、一九九七）で、社会が文字や共通の言語をもつことがナショナリズムの醸成につながると指摘している。一九三〇年代より展開された国語普及運動は、高い普及率をもって多くの台湾民衆に国語概念を植えつけ、多民族社会の台湾において共通語をもたらした。日本語という共通言語を社会が経験することにより、社会統合がなされたといえよう。(7) 日本統治時期にもたらされた共通語概念が、戦後の標準漢語普及の素地となり、それと同時に台湾に一つの共同体意識を醸成するきっかけにもなったという指摘は、しかしながら、無批判に戦前植民地における日本統治を賞賛する議論と結びつき、戦後今日に至るまで、日本と近隣アジア諸地域との摩擦を生む一因となってきた。植民地支配は許されることではない。本書はそれを肯定し、それがもたらしたものを賞賛することを目的としたものではない。この時期の歴史を対象とする上で必要なのは、こうした議論とは距離を取り、歴史の事実をひとつひとつ検証していく作業であろう。

(2) 台湾総督府の「国語講習所」政策とその実施状況、そしてその意義

日本統治下の台湾において国語がどれくらい普及したのか、どのような人々がなぜ「国語講習所」に通ったのか、「国語講習所」の教育内容はいかなるものであったのか、「国語」の普及が台湾社会にどのような影響を与えたのか、という問いに答えることが本書の課題である。

本書で取り上げる「国語講習所」に通った元生徒たちは、あるいは女性であったり、あるいは貧困、あるいは公学校のないいわゆる「僻地」に居住していた人々である。こうした人々は、男性、ことに長男であったり、裕福であったり、あるいは都市部に居住している人々に比べると、周縁化された人々であったといえる。中央－周縁理論は、例えばウォーラーステインの世界システム論や浜下武志の中世・近代アジアの朝貢関係の分析など、(8) 社会科学や歴史の分野において分析枠組みとして利用されているが、本書においても有効な視点を提供する。そもそも「国語講習所」に通った人々は、台湾人用の初等教育機関である公学校にさえ通えなかった人々である。その理由の多くが、貧困、加えて次男三男など長男でないこと、女性であること、場合によっては養女であるこ

と、公学校がない「僻地」に居住していることなどで、彼らは社会的に周縁化された人々である。「国語講習所」はこうした周縁化された人々を対象とした教育施設であった。

当時の用語としては、「国語講習所」は修業年限一年から四年以上の期間の施設を指し、三カ月から六カ月の講習を行うものは「簡易国語講習所」と称された。本書では、特にこれらを区別して論じる時以外は、「国語講習所」は「簡易国語講習所」も含めることとする。これら「国語講習所」は、いずれも国語を中心とした教育を行い、日本精神を涵養する場と規定されていた。

教育は、社会化の機能を有するが、「国語講習所」も同様の機能を有する教育施設であった。その教育は、言語や教科のみならず、教師は生徒たちに社会的ルールや衛生概念の導入等の社会的指導を行っていた。その指導内容は、大きく二種類に分類される。一つは、国体観念や戦時体制に関わる内容で、「皇民化政策」に分類される。もう一つは社会生活の上で必要なルール等を教える「社会生活上の常識」である。日本統治時期の国語普及が台湾人の日常言語生活に大きな影響をもたらさず、むしろ日本語を近代知識の吸収手段と見なしていたことは呉によって指摘されている。また、陳培豊は同化を日本への同化と近代への同化という二つに分け、台湾人が後者への同化を指向したと指摘している[9]。ここで取り上げる社会化もまた、二つの方向性が内包されていた。総督府が想定していた社会化される、あるいは同化される先の社会は、日本社会であるはずである。国語の習得により日本精神を涵養し、日本国民を作り出すというのが総督府の意図であった。しかしながら、実際には、「国語講習所」では日本語の習得だけでなく、社会知識や実学知識といった近代的知識の教授も行われていた。民衆たちにとって、後者を習得することは大きな意義をもっていたであろう。就職などの実利に結びつくこともあった。

戦後、国語は日本語から標準漢語に取って代わられた。それでは、一九三〇年代から一九四五年までの間、多くの台湾民衆が「国語講習所」に通い習得された日本語をはじめとする知識や技能は断絶されたのかというと、必ずしもそうではなかった。後者の近代化に関わる部分は戦後も継続されたであろう。講習を通じて民衆たちはいわば近代社会へと社会化され、日本統治終焉後もその状態が続いたからである。台湾総督府の国語普及政策の中には、社会の一員としての知識、教養の育成も含まれていたのである。そして、そこにはむろん、社会化が日本化であった以上、あるいは日本的な思考や習慣を身につける、あるいは言語がピジン化するなど、多くの植民地的要素もまた含まれていた。日本統治下の台湾では日本化と近代化と植民地化が複雑に絡み合いながら進行していたといえよう。

本書では、次のことを明らかにする。

1. 台湾における総督府の国語普及政策の理念が、日本精神の涵養という同化主義政策に根ざしていたこととその政策の実施状況。
2. 日本統治下台湾の高い国語普及率が主として一九三〇年以降の「国語普及運動」によりもたらされたこと。
3. 「国語講習所」を主とする国語普及施設が、義務教育が施行されない状況下で公学校を補完する役割を果たし、当時台湾社会で周縁化された人々を教育したこと。
4. 「国語講習所」の教育内容には日本語や日本精神に関わる教科内容と、近代知識や社会的なルールの習得に関わる内容が含まれたこと。
5. 多くの講習生が実利や生活上の要求から、後者を求めていたこと。
6. 多くの周縁化された人々に国語が普及することで、社会の近代化が図られ、同時に共通語としての国語概念が社会に浸透し、戦後の標準漢語普及の下地となったこと。

7．したがって、台湾総督府側と台湾社会側の国語普及に対する意識にはずれがあったこと。

日本中央政府や台湾総督府の政策と、その政策を実施される台湾社会側の実情の双方を検討しながらこれらを明らかにしたい。

三　先行研究の検討

1　植民統治史

日本の植民統治を扱った研究は近年研究成果が蓄積されてきている。植民地帝国日本の法的構造と展開を扱った浅野豊美らの研究、朝鮮、台湾の植民地官僚制度から帝国日本と植民地の政治構造を探求した岡本真希子など、台湾と朝鮮の双方を包括する研究が近年見られるようになってきた。台湾に関しては、代表的なものとして、若林正丈が日本統治下の抗日運動を取り上げ、植民統治時期の先駆的な研究となっている。また、呉文星は、台湾社会のエリート層の醸成とその社会的運動を論じている。経済史では堀和生らが朝鮮と台湾における経済変動を検討し、黄紹恆が台湾経済史の中で台湾総督府が演じた役割を論じている。原住民政策では代表的なものに春山明哲、宗教政策では蔡錦堂、医学史では范燕秋など、日本の植民統治に関わる研究には多数の業績がみられる(10)。

2　植民地教育史

植民地における教育に関しては、駒込武が朝鮮、台湾や満州、華北といった広い範囲の日本の植民地、占領地における教育と帝国の文化統合を論じる詳細な検討を行い、先駆的な研究に位置づけられる。しかし、日本の植民地を包括する研究はいまだ少なく、植民地教育研究の多くは、それぞれの地域に関するものである。朝鮮の植民地教育に関しては、代表的なものに、植民地教育と朝鮮民衆の反応を論じた佐野通夫のほか、朝鮮における日本語普及政策を論じた井上薫が挙げられる。また、西尾達雄は朝鮮における学校体育の政策を論じている。その他にも、女性の就学に着目して朝鮮教育史を論じた金富子など、朝鮮に関しては多くの研究が見られる[11]。

台湾の植民地教育に関しては、朝鮮と同様に、近年多くの研究がなされている。初期の研究に、日本統治五〇年にわたる台湾の教育制度を論じたTsurumiのものがあるが、植民地教育の先駆的研究は、台湾が戒厳令下にあった時期に、日本統治時期の師範教育の研究を行った呉文星のものといえよう。その後の台湾の民主化にともない、日本統治時期の教育史は飛躍的に研究が進んだ。特に、台湾人向け初等教育機関である公学校に関する研究は蓄積が厚く、周婉窈、許佩賢などの公学校教育に関する研究に『国語読本』の教科書の内容分析を含む研究がある一方で、女子教育では、制度史を検討した游鑑明やアンケート調査を使用して女子教育の実態を検討した山本禮子などが挙げられる。修身教育では蔡錦堂、音楽教育では劉麟玉や岡部芳広などが挙げられる。また、原住民に対する教育は松田吉郎や北村嘉恵などが検討している[12]。

公学校の国語教育に関する研究、殊に、公学校用『国語読本』の内容分析は、多くの研究者により行われている。代表的なものに、皇民化期の国語教科書内容を検討した何義麟、教科書のもつ「少国民」養成の機能に注目した許佩賢、郷土教育の観点から教科書の内容分析を行った周婉窈のものなどが挙げられる。また、呉文星らは、公学校用『国語読本』の復刻にともない、すべての期にわたる教科書の特徴を分析している。この他に、陳虹彣は、台湾の教科書編纂の過程と内容分析、日本国定教科書との比較を行っている。また、国語教育史を再考することで植民統治下の同化が日本への同化と文明への同化を内包していたことを指摘した陳培豊の研究が挙げられる。[13]

3　国語普及に関する研究

日本統治下の国語普及は、公学校教育と社会教育とにより推進された。公学校用教科書の内容分析を含む多くの公学校研究が存在するのに対し、社会教育に関する研究は極めて少ない。台湾における国語普及を扱った研究には、「国語講習所」を含む国語普及運動を論じた呉文星、日本統治末期の国語普及運動の社会への浸透を検討した周婉窈などが挙げられる。また、拙稿において、「国語講習所」を中心とした国語普及運動が論じられている。この他、陳虹彣は、「国語講習所」用教科書の編纂過程を検討している。[14]

国語普及に関しては、いまだ蓄積が少なく、今後の研究が待たれる領域である。本書は、国語普及運動を検討し、こうした先行研究の不足を補うことに貢献することを意図する。

四　本書の概要と調査方法について

1　本書の概要

本書の目的は、何より「国語講習所」の政策および国語普及運動が台湾社会に与えた影響を明らかにすることである。まず、「国語講習所」に関する台湾総督府の政策を文献から検討する。「国語講習所」の設置および普及状況から政策の実施状況、新聞雑誌を通じての宣伝の状況、また総督府が全島の「国語講習所」を対象に台湾教育会に編纂させた「国語講習所」用教科書の内容を検討する。それによって、当時国語普及政策が国語の教授のみならず、日本精神の涵養という使命を負っていたことが明らかにされるであろう。それは同化政策下の国語普及に課された使命であったが、一九三七年から展開される皇民化政策下では、台湾人に日本精神を身につけさせることがよりいっそう強調されるようになった。しかしながら、日本国民を養成する内容には、国語教授のほか、社会の一員としての常識を身につける「公民養成」の内容も含まれていた。本書ではこの時期の国語普及政策を取り上げ、国策として植民地民衆の日本化がどのように推進されようとしたのか、また「日本国民の養成」が内包する内容を検討する。

第二に、「国語講習所」の教育がそこに通った民衆に対し、いかなる意味をもったのかを検討する。文献調査から公学校に通えない民衆に教育機会を与えたのが「国語講習所」であったことが明らかにされるが、事例研究において、元講師・生徒たちへの面接調査から、彼(女)らの属性や「国語講習所」で教える、または学ぶようになった経緯を検討する。その中で、日本精神の涵養という総督府の政策目的が、民衆レベルでは必ずしも浸透していなかったこと、台湾民衆にとって国語講習の動機が実質的な生活上の要求から生まれるものであったことが明らかにされる。実際の教育では、国語普及政策に含まれる「公民養成」に関わる内容が多く教えられていた。また、「国語」が知識吸収の手段、共通語として機能した。この部分が、戦後継続して台湾社会に引き継がれ、社会統合の素地となった。

本書では、総督府の政策とその展開を検討し、事例研究から各地で展開された国語普及運動の実際を明らかにしていく。

2　調査方法

（1）文献調査

文献調査は一九四五年以前に記述された国語普及に関する文献により行う。まず、国語普及政策に関しては、台湾総督府や各州庁が発表した統計や総督府府報、各州庁報、台湾総督府文書等から当時台湾総督府の政策の実施状況が読み取れる。この他、『台湾日日新報』等の新聞、『台湾教育』をはじめとする雑誌からは台湾総督府の政策や宣伝が読み取れる。教科書もまた、政策の一つとして検討する。これらに加え、当時の教育者等により刊行された書籍などを利用することで、台湾総督府の国語普及政策の理念と実施状況を明らかにする。

次に、事例研究の史料は、戦前のものと戦後のものとに大別される。戦前のものは日本語で記述された各地の統計や国語普及の状況を記した史料であるが、これらは前述の文献に加え、各地域の史料も対象となる。具体的には、各地域の公的機関により刊行された要覧や沿革誌等を利用して対象地域の概要を把握した上で、国語普及の状況を検討する。「国語講習所」は多くがその地域の公学校が関わっていたが、調査に赴いた地域の国民小学(日本の小学校に該当)に日本統治時期の記録『学校沿革誌』『学校日誌』『教員履歴書綴』等が運よく保存されており、閲覧可能であればそれらを利用した。同様に役場に日本統治時期の『管内概況』が保存されていたケースもあった。また、第七章では、「国語講習所」の教員が残した教案、日誌を史料として教育の実際を検討する。これら史料は、ほとんどが筆者本人が直接収集したものであり、一部は私的な関係を通じて入手したものである。

戦後に出版された中国語による文献も利用価値が高い。各地の地方史や郷土史、また各学校の「九〇年誌」「一〇〇年誌」等である。日本統治時期に公学校として創立した国民小学が創立九〇年、一〇〇年を迎えて刊行した記念誌からは、学校の沿革や当時の教員、生徒の状況等を把握することができる。

（2）口述資料

近年、オーラル・ヒストリーが史料収集の一つの手段として定着しつつある。台湾研究の分野においても、日本統治時期のオーラル・ヒストリーの収集が盛んになっている。殊に、一九三〇年代から一九四五年にかけての総督府文書には欠落が多く、それらを埋める意味でも、面接により当時の歴史を書き残す作業が進められている。これらの研究では、文献と口述資料との双方を合わせて歴史を検証するという立場が取られている。本書もまた、文献史料と口述資料の双方を利用し、国語普及運動の実態把握に努めると同時に、面接対象者のライフヒストリーをも検討しながら、当時の国語普及運動の実態と意義を考察したい。

面接調査の概要である。聞取り調査を実施した地域と時期は、（1）屏東県琉球郷一九九七―二〇〇〇年、（2）台北県万里郷渓底村（現新北市萬里区渓底村）一九九九―二〇〇〇年、（3）台北県三峡鎮（現新北市三峡区）二〇〇一―二〇〇二年、（4）新竹県関西鎮二〇〇七―二〇一三年、これら台湾の四カ所の地域において実施した。面接した人数は七〇人を超えるが、実際に論文の資料として使用した聞取りは一六人分である。面接は、一回につき三〇分から、最も長い場合で二時間半程度、たいていは二回以上行ったが、インフォーマントの事情（健康上の理由）により一回のみの面接となったケースもあった。修了者の名簿も存在しない中、インフォーマントの所在は、地元住民の紹介によって元講師や生徒を探し出し、さらにそれを足がかりとして、さらなるインフォーマントを紹介してもらうという「雪だるま式抽出法」（snowball sampling）を採った。この抽出法は、人づてでしか知りえない「国語講習所」経験者たちの所在を探し出す上で有効であった。

調査時の言語は、元講師や日本語が流暢な元生徒（従軍経験者）に対しては、日本語により聞取りを行った。

その他の元生徒たちは、もともとの日本語習得の程度が不明である上に、戦後大分時間が過ぎていることなどから、日本語による意思疎通が困難であった。そこで、通訳を介して、萬里郷渓底村および小琉球島では筆者のマンダリンを閩南語に、新竹県関西鎮では筆者の日本語を客家語に訳してもらい、意思疎通を図った。

聞取りの質問内容は、家族構成や家庭背景、学歴・職歴、現在の生活などインフォーマントの属性を特定する質問に加え、講習の様子や戦後の状況などについて自由に語ってもらう形式をとった。聞取り内容は許可を得て録音し、後にテープ起こしをして文字化した。

（3）用語について

本書では、当時の用語を使用する。「内地」「朝鮮」「本島」「国語」などは歴史的用語として使用する。特に「　」付きでない場合、国語とは日本語を指す。また、当時使用されていた旧漢字は、原則として現行の漢字に直して使用する。

五　本書の構成

本書は、二部構成をとる。台湾総督府の国語普及政策を検討する第一部と、それら政策を受けて台湾の各地で展開された国語普及運動の事例を検討する第二部とからなる。

第一部は、第1章から第4章までで構成される。第1章は、植民地台湾における国語普及政策の成立と展開を検討する。「台湾教育令」や「朝鮮教育令」といった植民地における教育令が、日本中央政府で審議され、勅令によって制定されていたのに対し、国語普及に関する法令は州庁主導で発布され、後に総督府がそれを制度として確立していった。それは、国語普及運動が地方レベルで始まったことに起因している。総督府は、台湾領有直後より芝山岩学堂や国語伝習所での過渡的教育を経た後、公学校による国語普及を図ったが、義務教育制度を施行しない状況下での就学率は低く、国語普及率は長きにわたって低迷した。この状況を打破するために国語普及運動が推進されたのである。一九一〇年代半ばより、総督府は地方の社会的エリートたちが「国語練習会」等の国語普及施設を開設することを奨励し、各州庁において国語普及運動が推進されていった。同時期、大正デモクラシーの影響下、新知識人たちによって「反国語普及運動」が起こったが、総督府は一九三〇年代になると、「国語講習所」制度を確立し、これらの運動は抑制されていった。一九三七年、日中戦争が勃発すると、戦時体制の下、皇民化政策が推進され、国語教育による国語普及のみならず、家庭や地域でも国語生活を営むことを推進する国語常用運動が展開された。こうした国語普及運動は、公学校教育と相まって、統治末期までに、八〇%近い国語普及率をもたらした。

第1章で概観した国語普及政策の内容を検討するのが第2章および第3章である。第2章では、「国語講習所」制度成立の一九三〇年から皇民化運動が開始される一九三七年までの期間を取り上げ、「国語講習所」制度の設置とその状況、教員養成、国語普及の宣伝等を取り上げ検討する。「国語講習所」の要項では、国語を常用しない者に国語を教授し、同時に徳性の涵養や智能の啓発といった「公民的教養」を授けることが目的とされた。総督府は新聞雑誌を通じて、各地で「国語講習所」の活動が活発な様子を報道し、同時に模範的な講習所の姿を報じ、「国語講習所」が単に国語を教授する所ではなく、国民精神涵養の場であるという理念を強調した。「国語講習所」は各地で増設され、それに伴い、各州庁では専任講師の養成も行われ、国語普及が推進されていった。

第3章では、一九三七年から一九四五年までの期間を取り上げ、皇民化時期台湾社会で展開された国語常用運動を検討する。日本内地で提唱され始めた「アジア共同体」思想と相まって、台湾では台湾人の同化をさらに強化する皇民化政策が実施された。各地で国語普及施設が増設され、多くの民衆が講習に通った。所によってはそれが公教育の役割を果たした。社会教化のみならず、「国語常用家庭」を基盤とした家庭の国語化、部落の国語化が図られ、台湾社会の隅々にまで国語を普及させる国語常用運動が展開され、社会と家庭の国語化が推進された。

公学校教育と国語普及運動の結果、統治末期には、八〇%近い国語普及率が達成されたが、多くの台湾人にとって、日本語は生活用語とはならなかった。国語は、共通語、近代的知識の吸収手段として認識され、台湾社会においては母語と国語の「二言語併用」生活がなされていた。こうした状況は、社会に「国語」の概念を植えつけ、これが戦後の台湾社会にも継承された。

第4章は、「国語講習所」用教科書『新国語教本』の内容を検討する。総督府の影響下にある台湾教育会によって編纂された教科書からは、総督府が「国語講習所」において教育しようとした内容が読み取れる。台湾教育会により一九三三年に出版された『新国語教本』は、最初の全島統一の「国語講習所」用教科書であった。一九三九年には、時局の変化の影響を受け、改訂版が発行された。教科書の各課の題材は、大きく「国民養成」、「公民養成」、「日常生活」、「その他」に分けられる。日本文化、国体観念、戦時などを扱った「国民養成」の課は、一九三三年版では平均一〇・四%であったのが、一九三九年版においては増加され、平均二四%を占める。一方、道徳心や公共心を育成し、社会知識、実学知識といった知識や智能を育成する「公民養成」の課は、一九三三年版、一九三九年版の双方で半数以上を占めている。教科書の内容は、「公民養成」の内容の比率が非常に高いことが明らかにされる。

第一部では、総督府の国語普及政策とその実施状況を検討し、「国語講習所」教育が国民精神涵養が目的であったこと、しかしながら、その中に「公民養成」の内容が見られること、国語普及運動によって「国語」概念が社会に浸透していったことが指摘される。第二部においては、各地の事例から、台湾民衆が「国語講習所」でこうした政策の中に見られる内容をくみ取っていたこと、通所の意図やその実態が明らかにされる。

第二部は、台湾における国語普及の実際を、四つの地域における事例調査から検討する。第5章は、台北市近郊の街、台北州海山郡三峡庄の事例を取り上げる。三峡は清代から産業が発達し、書房教育が行われ、日本統治時期にも公学校の就学率が高い地域であった。三峡公学校は、多くの知識人を輩出し、同時に三峡公学校の教員が「国語講習所」の講師を担当するなど、当地域の国語普及運度の中心的存在となっていた。産業の発達や台北の近郊であることによる日本人との接触、教育水準の高さ等が三峡の高い国語普及率となって現れた。都市部に近い地域の一事例として、皇民化政策が開始された一九三七年以前から一定の国語普及率を有していたことを明らかにする。

第6章は、台北州基隆郡萬里庄渓底村の事例を取り上げる。三峡が都市近郊なのに対し、第6章、第7章で取り上げる地域は北部の農村地域である。萬里庄渓底村は、農業を主たる産業とする山村である。国語普及率は、一九三一年では七・四五%と高くないが、「国語講習所」の設置により、一九三五年には二六・〇六%に上昇する。保正(日本統治期保甲制度役員で、近隣百戸の隣組長)などの村の指導者が講習の指導に当たり、国語普及が推進された。夜間に行われた講習には、就学機会を逸した人々が集まり、国語、唱歌、算術などのほかに社会的なルールも教えられ、第一部の文献調査に現れた特徴と同様の傾向が見られた。

第7章は、新竹州関西庄の事例を取り上げる。「関西庄国語講習所」の教案・日誌、元講師・生徒への面接調査から、関西庄の「国語講習所」の実態を検討する。教案・日誌の記述から、教科目、教授時数、教授内容ともに公学校低学年程度であること、日々の生徒指導の内容は、社会生活上の常識に関わる内容が圧倒的に多いことが明らかにされる。生徒たちには、勉強をしたかったという理由のほかに、就職機会を得るために講習に通った者もあった。関西庄の「国語講習所」が、公学校を補完する役割を果たし、同時に生徒たちを社会化する機能をもっていたことが明らかにされる。

第8章は、南部離島における事例を扱う。高雄州東港郡琉球庄は、日本人がほとんど居住していない離島であった。しかしながら、少なからぬ国語普及施設が設置され、民衆たちは講習所へ通った。元講師、生徒への面接調査からは、小琉球島の講習所では、教科目のほかに社会的ルールが教えられていたこと、当地の女性たちが講習所教育に識字や転職の機会を求めていたことが明らかにされる。同時に、国語が日常生活には属さない書き言葉、知識吸収の手段と見なされていたことが明らかにされる。

第一部で検討した公民的教養といった「国語講習所」教育に含まれる要素が、台湾民衆により実施されていたことが第二部の事例から明らかにされる。終章においては、日本統治下台湾で国語普及政策が広く実施され、社会に「国語」概念が普及したことを検討する。台湾総督府にとって、「国語講習所」の最も重要な教育目的は、国民精神の涵養であった。講習所教育では、国体観念等の日本国民養成に関する内容と同時に社会的常識を身につける公民養成の内容が教えられた。しかしながら事例調査からは、後者が生徒たちにより求められ、またより多く教えられたことが明らかにされる。同時に、国語が社会へ浸透したことにより、共通語、知識吸収の手段としての「国語」概念が社会に行きわたっていったことを検討し、国語普及運動の歴史的、今日的意義を考察する。

（1）福建省南部に居住した漢族の子孫。
（2）中国の広東省を中心に南東部の諸省において、かつて華北から南下移住してきた漢族の子孫として、他の漢族や少数民族とは区別されてきた集団。独特の習俗を保ち、言語も独自の方言をなす（『広辞苑』第五版、岩波書店より）。
（3）台湾総督府官房調査課『台湾現住人口統計』一九三三年。
（4）台湾総督府企画部『台湾常住戸口統計』一九四三年。
（5）例えば、林正寛「多言語社会としての台湾」（三浦信孝編『多言語主義とは何か』藤原書店、一九九七年）では、日本語が台湾社会において民族間の橋渡しの「超民族語」として機能し、その経験が国民政府下の「国語」すなわち北京語の受容を容易にしたと指摘している。
（6）宮崎聖子『植民地期台湾における青年団と地域の変容』御茶の水書房、二〇〇八年、呉文星「日據時期臺灣總督府推廣日語運動初探」（上）（下）『臺灣風物』第三七巻第一期、第四期、一九八七年。
（7）もっとも、その結果、祖父母の世代は台湾語またはそれに加えて日本語を話すが、孫は北京官話を話すため、家族内での意思疎通に困難をきたすという家庭・社会内の分断をも生んだ。
（8）ウォーラーステイン、I著／川北稔訳『近代世界システム―農業資本主義と「ヨーロッパ世界経済」の成立1』岩波書店、一九八一年、浜下武志『朝貢システムと近代アジア』岩波書店、一九九七年。
（9）呉、前掲論文、一九八七年、陳培豊『「同化」の同床異夢―日本統治下台湾の国語教育史再考』三元社、二〇〇一年。
（10）浅野豊美・松田利彦編『植民地帝国日本の法的構造』信山社出版、二〇〇四年、同『植民地帝国日本の法的展開』信山社出版、二〇〇四年、岡本真希子『植民地官僚の政治史―朝鮮・台湾総督府と帝国日本』三元社、二〇〇八年、若林正丈『台湾抗日運動史研究〈増補版〉』研文出版、二〇〇一年、呉文星『日據時期臺灣社會領導階層之研究』正中書局、一九九二年、堀和生／中村哲編著『日本資本主義と朝鮮・台湾―帝国主義下の経済変動』京都大学学術出版会、二〇〇四年、黄紹恒『臺灣經濟史中的臺灣總督府』遠流出版、二〇一〇年、春山明哲『近代日本と台湾―霧社事件・植民地統治政策の研究』藤原書店、二〇〇八年、蔡錦堂『日本帝国主義下台湾の宗教政策』同成社、一九九四年、范燕秋『疾病、醫學與殖民現代性―日治臺灣醫學史』稻鄉出版社、二〇一〇年。

(11) 駒込武『植民地帝国日本の文化統合』岩波書店、一九九六年、同『植民地支配下台湾・朝鮮におけるイギリス・アメリカ・カナダ長老教会の伝道と教育』文部省科学研究費補助金研究成果報告書、一九九九年、同『世界史のなかの台湾植民地支配―台南長老教中学校からの視座』岩波書店、二〇一五年、佐野通夫『日本植民地教育の展開と朝鮮民衆の対応』社会評論社、二〇〇六年、井上薫「第1次朝鮮教育令下における日本語普及・強制政策―「国語講習会」「国語講習所」による日本語普及政策とその実態」『北海道大学教育学部紀要』第六六号、一九九五年、同「日本統治下朝鮮の日本語普及・強制政策―一九一〇年代初期における私立学校・書堂の利用・弾圧」『北海道大学教育学部紀要』第六九号、一九九五年、同「日本統治下末期の朝鮮における日本語普及・強制政策―徴兵制度導入に至るまでの日本語常用・全解運動への動員」『北海道大学教育学部紀要』第七三号、一九九七年、同「日帝末期朝鮮における日本語普及・強制の構造―徴兵制度導入決定前後の京城府を中心に」『釧路短期大学紀要』第二八号、二〇〇一年、西尾達雄『日本植民地下朝鮮における学校体育政策』明石書店、二〇〇三年、金富子『植民地期朝鮮の教育とジェンダー―就学・不就学をめぐる権力関係』世織書房、二〇〇五年。

(12) Tsurumi, E. Patricia *Japanese Colonial Education in Taiwan, 1895–1945*, Harvard University Press, 1977、呉文星『日據時期台湾師範教育之研究』國立臺灣師範大學歴史研究所、一九八三年、周婉窈『海行兮的時代―日本殖民統治末期臺灣史論集』允晨文化出版、二〇〇三年、許佩賢『殖民地臺灣的近代學校』遠流出版社、二〇〇五年、同『太陽旗下的魔法學校―日治台灣新式教育的誕生』東村出版、二〇一二年、同『植民地臺灣近代教育的鏡像―一九三〇年代臺灣的教育興社會』衛城出版、二〇一五年、游鑑明『日據時期臺灣的女子教育』國立臺灣師範大學歴史研究所、一九九八年、山本禮子『植民地台湾の高等女学校研究』多賀出版、一九九九年、蔡錦堂「日本統治初期台湾公学校「修身」教科書の一考察」大浜徹也編『近代日本の歴史的位相―国家・民族・文化』刀水書房、一九九九年、劉麟玉『植民地下の台湾における学校唱歌教育の成立と展開』雄山閣、二〇〇五年、岡部芳広『植民地台湾における公学校唱歌教育』明石書店、二〇〇七年、松田吉郎『台湾原住民と日本語教育―日本統治時代台湾原住民教育史研究』晃洋書房、二〇〇四年、北村嘉恵『日本植民地下の台湾先住民教育史』北海道大学出版会、二〇〇八年。

(13) 何義麟「皇民化期間之學校教育」『臺灣風物』第三七巻第四期、一九八六年、許佩賢「塑造殖民地少國民―日據時期臺灣公學校教科書之分析」臺灣大學歴史研究所碩士論文、一九九四年、同「從戰爭期教科書看殖民地〈少國民〉的塑造」『臺灣風物』

第四六巻第一期、一九九六年、周婉窈「鄉土臺灣在日治時代公學校教科書中的地位（初探一）」國立中央圖書館臺灣分館編『鄉土史教育學術研討會論文集』、一九九七年、同「實學教育，鄉土愛與國家認同—日治時期臺灣公學校第三期「國語」教科書的分析—」『臺灣史研究』第四巻第二期、一九九九年、呉文星編著『日治時期臺灣公學校與國民學校國語讀本解說・總目錄・索引』南天書局、二〇〇三年、陳虹彣『日本統治下台湾における国語科の成立と国語教科書編纂に関する歴史的研究—台湾総督府編修官加藤春城を中心に』東北大学博士論文、二〇〇七年、同『日治時期台灣人用教科書與日本國定教科書之比較研究—以一九三七—一九四五年國語教科書的編輯與教材為例』國立暨南大學比較教育學系博士論文、二〇〇八年、陳培豊『「同化」の同床異夢—日本統治下台湾の国語教育史再考』三元社、二〇〇一年。

(14) 呉文星「日據時期臺灣總督府推廣日語運動初探」（上）（下）『臺灣風物』第三七巻第一期、第四期、一九八七年、周婉窈「臺灣人第一次的〈國語〉経験—析論日治末期的日語運動及其問題」『新史学』第六巻第二期、一九九五年、藤森智子「一九三〇年代初期台湾における国語講習所の成立とその宣伝」『法学政治学論究』第四〇号、一九九九年、同「台湾総督府による皇民化政策と国語常用運動—一九三七年から四五年までを中心に」『法学政治学論究』第四九号、二〇〇一年、同「台北市近郊の国語普及運動（1930—1945）—三峡「国語講習所」「国語常用家庭」を中心に」『人間福祉研究』第六号、二〇〇四年、同「皇民化期（1937—45）台湾民衆の国語常用運動—小琉球「国語講習所」「全村学校」経験者の聞き取り調査を中心に」『日本台湾学会報』第六号、二〇〇四年、同「1930年代國語講習所教科書『新國語教本』之分析」『臺灣學研究』第一一期、二〇一一年、同「日本統治下台湾の「国語講習所」における社会的指導の実際—新竹州「関西庄国語講習所」日誌（1937）より」『植民地教育史研究年報』第一四号、皓星社、二〇一二年、同「日本統治下台湾の国語普及政策の成立と展開」『旧外地の学校に関する研究—1945年を境とする連続・非連続』平成23年度-25年度科学研究費補助金基盤研究（B）研究成果報告書（研究代表者：白柳弘幸）、二〇一四年、陳虹彣「日本統治下台湾における国語講習所用国語教科書の研究：台湾教育会の『新国語教本』に着目して」『東北大学大学院教育学研究科研究年報』第五四集第二号、二〇〇六年。

第一部

台湾総督府の国語普及政策

第一部では、日本統治下台湾の国語普及政策の成立と展開を扱う。台湾総督府により成立された国語普及政策が、台湾社会にどのように広がっていったのか、政策の成立と展開を検討する。第1章では、台湾植民統治五〇年にわたる国語普及政策を概観し、その中で「国語講習所」が公学校を補完する役目を担い、国語普及の上で大きな役割を果たしたことを検討する。第2章、第3章では、「国語講習所」制度が設置された一九三〇年以降、国語普及政策の理念と実施状況を検討する。第4章では、「国語講習所」用教科書の内容を分析し、総督府が社会教育において国民を養成すると同時に、公民の概念も養成していたことを考察する。

台湾における国語普及政策は、統治五〇年にわたって、常に台湾人の日本への同化を意図し、その目的は国民精神の涵養にあることが強調された。しかしながら、各州庁において発布された「国語講習所」の設立目的には、「国語講習所」が国民精神の涵養と同時に「徳性の涵養」「智能の啓発」といった公民的教養を育成する場でもあることが規定されている。一九三七年以降、日本への同化をさらに強めた皇民化政策の下で展開された皇民化運動の中にも、日本への同化や戦時動員体制の項目のほかに、生活改善の内容が含まれていた。また、「国語講習所」用教科書では高い比率で「公民養成」の内容が扱われている。政策の中に、日本への同化のみでなく、社会の一員としての常識や知識、徳性を育成する内容が見られるのである。これらは、当時のことばで「文明社会」に民衆を社会化する内容であった。

以上のように第一部では、台湾総督府による国語普及政策の成立とその展開を検討し、台湾総督府が台湾人に日本精神を植えつけることを国語普及政策の中心に据えていたこと、そして「国語講習所」をはじめとする社会教育施設を通じてそれを実行しようとしたこと、しかしながら社会教化には国民精神の涵養と同時に、少なからず公民的教養を育成する内容が含まれていたことを指摘する。

第1章　植民地台湾における国語普及政策の成立と展開

　台湾における国語普及は日本の植民統治五〇年を通じての重要政策であった。台湾領有直後より、台湾総督府は同化政策を標榜する伊沢修二を学務部長に任命し、台北郊外士林の芝山岩に設置された芝山岩学堂での過渡的な教育実践を経た後、教育制度を整備し、公学校の設置により国語普及を図っていった。各地における公学校の設置とともに国語は台湾社会に普及していくが、公学校が義務教育でない以上、その普及率は高くはなかった。台湾における国語普及率は、一九〇五年に〇・三八％（男〇・六九％、女〇・〇三％）、一九一五年に一・六三％（男二・九一％、女〇・二六％）、一九二〇年に二・八六％（男四・九三％、女〇・六六％）と、一八九五年の領台以来、二五年の長期にわたってわずか三％にも満たなかった。この普及率は、一九三〇年になって一二・三六％（男一九・三五％、女五・一四％）と、ようやく一〇％を超えたが[1]、台湾人の同化を標榜するにはほど遠い数値であった。特に、女性の国語普及率は公学校就学率と比例して低く、こうした多くの女性を含む未就学者への社会教育が国語普及の上で緊要な課題となった。

一九一四、一五年頃になると、各地で社会教育として「国語夜学会」「国語練習会」等の名称で国語が教えられるようになった。これは、日本の新教育を受けて育った各地のエリート階層によって、纏足解放や断髪などの社会運動の一環として行われたものであった。これらの趨勢を受けて、一九三〇年代以降、さらに一歩進んだ国語普及政策として総督府により「国語講習所」が設置され、公学校に通わない多くの台湾人に国語をはじめとした教育が施された。一九三七年以降は、皇民化運動の下でさらなる国語普及が推進され、国語普及率は飛躍的に伸びていった。

本章では、まず、日本中央政府の植民地台湾に対する文教政策と台湾における国語普及政策成立の背景を検討する。続いて、台湾における国語普及政策を、日本の台湾領有直後から皇民化期までの統治五〇年にわたって概観し、それぞれの時期の特徴を検討することで、本書で取り上げる「国語講習所」が、台湾における国語普及の上で、公学校と並んで主要な役割を果たし、台湾社会に「国語」概念を植えつける下地を作ったことを指摘したい。

一　植民地における文教政策と国語普及政策

「国語講習所」に関しては、その制度成立や政策的背景を示す資料が少ない。植民地の国語普及政策において、どの程度中央政府が関与していたのか、また、総督府の国語普及政策の理念やその成立過程は、資料の制約上明確に示すことは難しい。しかしながら、国語普及は台湾総督府の重要政策であり、外務省茗荷谷研修所旧蔵記録等を見ると、総督府側から中央政府に対しては、植民地の国語普及状況を説明する文書がしばしば送付されている。本節では、日本中央政府の植民地台湾に対する教育令の成立過程を検討し、それらを踏まえた上で、台湾における「国語講習所」制度成立の背景を検討する。

1 「公学校令」・「台湾教育令」の制定

台湾における教育令は勅令で発布されており、それら法令が中央政府からの指示を受け成立したことを示している。しかしながら、教育令発布に至るまでの過程では総督府と中央との間で交渉があり、その相互のやりとりを経て、最終的に法令が発布されているのである。

台湾は日本が最初に領有した植民地である。そのため、当初台湾に対する教育令は、台湾固有の性格が強かった。しかしながら、一九一〇年に朝鮮が「併合」され、まず一九一九年、同化主義政策下で「台湾教育令」が発布され、続いて統治政策が内地延長主義へと転換された後の一九二二年に発布された第二次「台湾教育令」では、その内容が、同時期の朝鮮において発布された「朝鮮教育令」と統一されたものとなった。

日本の植民地が台湾のみであった一八九八年に公布された「台湾公学校令」は、台湾人の初等教育を規定した教育令である。これに関しては、一八九八年七月一三日、内務大臣板垣退助から内閣総理大臣大隈重信宛に、「台湾公学校令」制定に関して閣議を請う意見書が提出されている(2)。その内容は、台湾の教育事業は、それまでに設置されていた官立の国語学校、一四カ所の国語伝習所(3)、私立の二三の宗教学校および千あまりの書房により行われてきたが、台湾人民が教育の必要を感じて公立学校の再興を望んでいること、資財を投じてその設置を希望する者が少なくないことなどを理由に、「公学校令」を制定し、国語伝習所の事業を公学校に移行し、その費用は民費によって運営するというものである。文書では、これに関し、勅令案を出し、閣議を請うとされ、その結果、台湾「公学校令」は、勅令第一七八号をもって発布された。

中央政府において閣議を経て成立した教育令は、ほかにもある。「台湾教育令」である。これは台湾における教育制度を規定した大きな教育令であり、最初に発布されたのは一九一九年一月四日である。台湾における台湾人の教育を、普通教育、実業教育、専門教育、師範教育に分けて規定したこの教育令は、中央政府においては、当初、一九一一年、台湾に先んじて制定された第一次「朝鮮教育令」に準じて制定される方針であった。しかしながら、初等教育の就学率、修業年限等において、台湾の方が朝鮮より程度が高かったため、「朝鮮教育令」を基準に「台湾教育令」を制定することは、台湾の教育水準を実質上引き下げることとなり、その制定をめぐっては朝鮮総督府および台湾総督府の学務課長、学務部長を歴任してきた隈本繁吉と日本中央政府法制局・内務省との間においての対立を引き起こし、「台湾教育令」の制定は難航した。台湾総督府が「台湾教育令」の第一次原案を作成して内務省に提出したのが一九一六年初めであったが、両者は合意をみないまま、最終的には枢密院の閣議決定により、一九一九年一月四日、台湾総督府の意向に近い形で第一次「台湾教育令」が制定された[4]。

「台湾教育令」の制定に当たり問題になった点は、初等教育の修業年限と入学年齢、台中中学校の存廃、師範教育の年限等であった。この件に関しては、一九一七年から一九一八年にかけて、「台湾教育令」に関する審査報告が枢密院においてなされている。この中で、台湾の公学校に関して、「朝鮮教育令」に倣って現行の修業年限六年、入学年齢満七歳を、それぞれ四年、八歳に変更する案に対して、現行の規定が初等普通教育をより一層有効にしているとの理由から、これを変更せず、現行どおりとするよう修正し、台中中学校に関しては存続させること、師範教育に関しては完成までの年限を現行の一〇年に据え置くように修正された[5]。枢密院会議においては、この審査報告を受けて、台湾総督府の意向が通る形で「台湾教育令」を制定することとされた[6]。

一九二二年に第二次「台湾教育令」が発布されるが、この改正は、中等教育以上での日本人と台湾人の共学を規定し、初等教育においては国語を常用する台湾人児童の小学校入学を認める内容となった。この第二次「台湾教育令」は、日本中央で大正デモクラシーの下に政党政治が行われ、それを受け台湾でも総督が武官から文官へと変わり、台湾の統治政策が漸進主義から内地延長主義へと転換された状況下で制定された。日本人と台湾人の共学を規定した結果、それまで台湾人専用であった教育機関に内地の生徒が入学する事態を招き、台湾人にとって中等・高等教育がより狭き門となる矛盾を生んだ。

その後、「台湾教育令」は改正されるが、そのために、「国語講習所」を主とした年々の国語普及の状況が台湾総督府から中央政府に対して報告されている。それは、義務教育実施準備のためであった。

2　「国語講習所」制度成立の背景

まず、一九三〇年に「国語講習所」制度が成立した当時の時代背景を見てみよう。一九二六年、元号が昭和に変わった。大正デモクラシー下に実現した政党内閣は継続していたが、一九二八年関東軍による張作霖爆殺事件、一九二九年経済恐慌による社会不安、一九三〇年浜口雄幸首相狙撃事件、そして、一九三一年満州事変が勃発するまで、一連の事件を経て軍部が徐々に政治的影響力を強めていた。これにともない、教育面でも軍事的色彩が濃厚になっていった。民衆を総力戦へと動員する「錬成体制」は、一九二〇年代後半にすでに形成されつつあった。一九二〇年代後半以降、官をあげての「思想善導」政策の展開と軍による国民教育への介入が進行し、一九三一年の満州事変を機に高まった「非常時」の掛け声の下で、一九三五、三六年になると文部官僚によって思想対策、教学刷新の一原理として「皇民錬成」が創出された(7)。

こうした日本中央の動きは、植民地に対しても影響を与えた。植民地においては、国語普及は「皇民錬成」の上で最優先事項であった。台湾では、それまで、民間において行われてきた「国語練習会」や「国語夜学会」といった国語普及施設を、「国語講習所」制度の下に統一したのがこの時期である。それに先立ち、一九二七年、総督府文教局に社会課が設置され、社会教育に関する事務は社会課が行うこととされた。[8] 朝鮮においては、一九二一年に内務局に社会課が設置され、社会教育に関する多様な施策が運営されていた。[9] 一九二〇年代に展開されていた植民地における社会教育が、戦時体制への動員へと性質を変えていくのが一九三〇年代である。一九三七年には日中戦争が勃発し、国民精神総動員運動が展開され、台湾においても皇民化運動が推進されるようになると、「国語講習所」の設置数、生徒数はともに増加し、同時に国語常用運動が展開され、戦時下に対応すべく国語普及がさらに推進されていくようになった。

次に、「国語講習所」制度の法令の特色を見てみよう。「国語講習所」制度は、一九三〇年に台北州で初めて規定され、その経費は州が負担していた。一九三一年一二月二九日、総督府は府令第七三号を発布して、「国語講習所」を含む公立の特殊教育施設に対して統一的な規定を定め、国庫補助を行うこととした。この時点で、「国語講習所」制度は、公立特殊教育施設の一部となった。すなわち、台北州の訓令レベルで発布されていた「国語講習所」制度が、総督府の府令のレベルで統一されたのである。このように、「国語講習所」制度に関する法令は、勅令で制定されたものではない。教育令が勅令で制定、改正されていたのに対し、国語普及施設に関する法令は、州庁の訓令レベル、最も「中央」に近いものであっても総督府の府令のレベルである。しかしながら、その制定には、台湾における初等教育の状況、前述の植民地に対する国語普及政策が影響していたと考えられる。

植民地台湾においては、第三節で検討するように、すでに一九二〇年代に日本の教育を受けた台湾の新世代の知識人たちから、総督府に対して義務教育制度を施行するよう要求が出ていた。この時期、文官総督の下で義務教育が議論されることはあったが、実際に義務教育制度が施行されたのは一九四三年であった。その二年前の一九四一年三月一日、「国民学校令」が制定され、公学校、小学校等の名称が国民学校に統一されている。同年三月二七日、「台湾教育令」が改正され、「皇民錬成」の教育政策が打ち出された。

植民地において国語普及を推進するには、義務教育を行うのが一番効果的である。しかしながら、義務教育は多大な経費を要する。そこで、義務教育を実施しない状況下で、経費も比較的安価で有効な国語普及、国民教化の方法として、「国語講習所」制度が確立されたと考えられるのである。

外務省茗荷谷研修所旧蔵記録を見ると、一九三〇年代、「国語講習所」制度が成立して以来、その設置数・生徒数および国語普及の状況が総督府から中央政府に対して詳細に報告されている。例えば、一九三五年の「台湾教育令中改正説明資料」では、社会教育の施設状況の項目の中で、「国語講習所」の設置数、生徒数が記され、さらに別項目を設け一九三〇年以来の「国語講習所」、「簡易国語講習所」の設置数と生徒数の統計が報告されている。[10] また、一九四一年には、義務教育関係の資料として、就学年齢の児童が通う「特設国語講習所」の統計が報告されている。これは、台湾の学齢児童や国語普及状況その他の統計と並んで提示されたもので、「特設国語講習所の在学者年齢別」と題され、州庁ごとにその設置数、学級数、一年生から四年生までの入所者数を、男女別に各々詳細に示している。[11]

ここから分かるように、「国語講習所」は、義務教育開始に当たって当局が注目する施設であった。「国語講習所」成立の経緯自体が、学校へ通わない民衆に対し、国語を主とした教育と教化を行うことを目的とし、公学校を補完する役割を果たしていたため、このことは当然といえよう。

以上のように、植民地における国語普及政策は、日本中央における軍国化、戦時動員体制と連動して打ち出されているが、「国語講習所」制度は民間で展開されていた社会教育を州庁レベルで制度化し、それを総督府が公立の施設として承認したものであった。その成立の背景には、戦時の動員体制へと傾斜していく日本中央政府の植民地に対する政策があったが、教育令とは違い直接的な法令が中央から下されていたわけではない。しかしながら、「国語講習所」の動向は、総督府から中央政府へ詳細に報告されており、このことから特に義務教育の準備段階にあっては「国語講習所」が当局にとって高い関心事であったことが明らかである。「国語講習所」制度には、義務教育制度を実施しない状況下にあって、学校へ通わない多くの台湾民衆に対する国語普及、国民教化が期待されていたのである。

以下、義務教育を施行しない状況下で国語普及を図るために、国語普及施設が設立され、それらが「国語講習所」へと発展していく過程を、公学校の設置状況とともに検討する。

二　国語普及政策の確立

1　伊沢修二と国語教育の創始

台湾において国語による教育を提唱し実践したのは伊沢修二である。伊沢は当時日本において、師範教育や音楽教育、また吃音教育でも知られた教育者であり、国家教育社の社長を務めていた。伊沢は、忠君愛国精神を育成する国家主義教育を新領土となる台湾に対しても行うべきだと主張し、広島の大本営に初代台湾総督となる海軍中将樺山資典を訪ね、その教育方針を伝えた(12)。一八九五年五月八日、日清戦争講和条約である下関条約が批准され台湾が日本へ割譲されると、樺山が台湾総督に就任し、五月二一日に台湾総督府仮条例を制定し、総督府が組織された。学務部は民政局の中に設置され、「教育に関する事務を掌る」こととされた。(13)

伊沢は学務部長就任後、樺山総督に対し台湾における教育方針を上呈し、急要の教育関係事項として、台湾人と日本人との意思疎通の途を開くこと、そして永遠の教育事業として師範学校と小学校を設置する考えを述べた。一方では当面、意思疎通の手段として台湾人には日本語を学ばせ、日本人教員には台湾語に通じさせることを意図し、他方では長期的な教育事業として師範学校を開設することとし、将来的に台湾人の日本への同化を意図した。(14) 一八九五年一〇月、東京へ「日本語講習員」を募集するため赴いた帰途、台南に寄った伊沢は、英国長老教会宣教師であり台湾人の教育に長年従事してきたトーマス・バークレー（Thomas Barclay）を訪ね、台湾人の教育に関して意見を交換した。バークレーは、自身の英語を使っての教育の失敗から、台湾人に対しては教員が先に台湾語を学び台湾語を使用して教えるべきだとの意見を述べ、伊沢の考えに反対した。伊沢は忠告を聞きながらも、自身の教授方法を変える考えはなかった。(15) 伊沢にとって台湾での教育は、国家主義教育の実践であり、国語による教育は単なる文字通りの教育にとどまらず、国語教授により台湾人を日本人にすることが意図されていたからである。(16)

伊沢は、台北の芝山岩に学務部を設置し、芝山岩学堂を開設して六人の台湾人子弟を相手に日本語教育を始めると同時に、学務部員に台湾語の研究に従事させ日本人台湾人双方の意思疎通を図る途を実践した。(17) 芝山岩学堂の教育は、一八九六年一月一日に学務部員六名がゲリラに殺害されるという芝山岩事件が発生して一時中断されたが、伊沢が日本で募集した講習員たちが渡台し、学堂は再開された。その教育が軌道に乗ったことを受けて、台湾総督府は一八九六年三月三一日、台湾総督府直轄諸学校管制（勅令第九四号）を公布し、国語学校および国語伝習所が設置されることとなり、五月二一日、国語伝習所名称位置（府令第三号）が発布され、全島一四カ所に国語伝習所が設置された。同年六月二二日に発布された国語伝習所規則（府令第一五号）の第一条は「国語伝習所ハ本島人ニ国語ヲ教授シテ其日常ノ生活ニ資シ且本国的精神ヲ養成スルヲ以テ本旨トス」と規定され[18]、国語教育により台湾人を同化させることが国語伝習所設置の本旨とされた。

2　公学校の整備と書房の「改良」

一八九八年七月二八日台湾「公学校令」（勅令第一七八号）が公布され、国語伝習所を地方経費で設立する六年制の公学校に代替することが規定された。同年八月一六日に発布された「台湾公学校規則」（府令第七八号）によると、「公学校ハ本島人ノ子弟ニ徳教ヲ施シ実学ヲ授ケ以テ国民タルノ性格ヲ養成シ同時ニ国語ニ精通セシムルヲ以テ本旨トス」と定められ、ここから国語教育が公学校教育の重点であったことが分かる[19]。

総督府は、領台後間もなく「国語普及」の教育を確立し、公学校を主要な「国語普及」機関としたのであるが、公学校の就学率は長期にわたり低迷した。公学校学齢児童の就学率は、一九一五年度の段階で九・六三％に過ぎず、一九一九年度になってようやく二〇・六九％と、初めて二〇％を超えた程度であった[20]。公学校生徒は在学中の異動が多く、中退者も少なくなかった。一九一一年度以前において、生徒数に占める中退者の割合は平均三分の一に達し、その後、次第に減少したものの、一九一八年度に至るまで中退者は八分の一を占めていた[21]。一八九九年度から一九一八年度における公学校の卒業生の累計は、計五万三、四〇一人であったが、これは当時の台湾人人口の一・五％に過ぎなかった[22]。また、国語普及率は、前述したように、一九〇五年時点で〇・三八％、一九一五年でも一・六三％に過ぎなかった。

このように国語普及の成長率が緩慢であった理由は、公学校教育の普及率が低かったことに求められる。一九二九年度になって三〇・六八％と、公学校の就学率はようやく三〇％に達した。その後、就学率は徐々に上昇し、一九三五年度に四一・一％、一九三九年度に五三・二％と半数を超え、一九四一年度に六一・六％、義務教育が実施された一九四三年度に六五・八％に至る[23]。公学校教育だけでは国語普及が図れなかったため、総督府は学校教育以外の手段として、国語普及運動を展開していった。

総督府が国語伝習所を設置した時点で、台湾にはすでに書房という伝統的な漢文を教授する民間の教育機関が存在していた。書房の存在は当初、国語伝習所の拡張を阻害する要因となった。国語伝習所が設立された当初、総督府は、各地の有力者を利用して学生募集に協力させるとともに、学費免除の制度を設け、台湾人子弟の入学を奨励した。しかしながら、台湾社会においては当然のことながら漢文が通用しており、日本語を習得しても日常生活で役に立たない上に、日本人に対する各種の疑義も重なり、台湾人子弟の大部分は書房で漢文を学んだ。国語伝習所の生徒募集は困難を極め、さらには欠席、中退者も続出し、国語伝習所はとても書房に太刀打ちできる状態ではなかった。総督府は、現実的な需要に応える原則に基づき、書房の管理規程を制定するとともに、一八九七年一〇月、国語伝習所規則の改正を行い漢文の科目を増設し、書房の教師を招聘して、漢文の授業に当たらせる等の施策を取った。これにより、生徒募集の問題は解決されていった[24]。

公学校がある程度普及してきた一九二〇年代からは、地方庁の奨励と補助の下で、多くの書房が公学校の代用施設となっていった。書房においては漢文が教授されていたが、多くの書房が「改良書房」として、国語、算術等の科目を中心的に教えるようになっていった[25]。この時期、国語普及施設を兼ねる書房は、一九一〇年代より増加し、一九三〇年代になって「国語講習所」が成立すると、当局によって「模範的書房」と認定された書房は

次々と「国語講習所」へと改変されていった。(26)

三　国語普及運動の開始とその展開

1　各地における国語普及施設の設置

一九一〇年代初期、台湾社会において、纏足解放と断髪の運動が起こった。各地の街庄長はこの状況を利用して、社会指導階層自らが風俗改良会、同風会、敦風会、敦俗会、矯風会等の社会教育団体を組織することを奨励した。(27)一九一五年になると、総督府はさらに進んで保甲制度を利用した纏足解放、断髪運動を全面的に推進するとともに、「始政二〇周年記念事業」として台湾人の同化を促進するために台湾各地の社会指導層が風俗改良会と国語普及会を開設するよう奨励した。この時期になって台湾各地では、社会教育団体が次々と設立され、社会教育の性質を有した国語普及運動が展開されていくことになった。(28)

各地では、「国語練習会」「国語普及会」「国語講習会」等の名称で、国語普及施設が設立された。それらは、市街庄等の補助や援助の下に常設されたものもあったが、講習会の形式をとって臨時に開催されたものが多く、地方の実情に応じて経営されており、統一性はなかった。(29)講習時間はほとんどが夜間であり、地方によっては農閑期を利用しているところもあった。(30)

この時期の国語普及施設に関しては、総督府嘱託であった山根勇蔵による統計調査報告が『台湾教育』に載せられている。この統計に基づくと、一九一九年の国語普及施設の名称は、「国語普及会」「国語練習会」「国語奨励会」「国語講習会」「国語夜学会」「国語研究会」「国語伝習会」等があり、中には女子用の普及施設もあり、その総数は、八八七カ所にのぼった。最も設置が多かったのが桃園庁であり二八四カ所、次いで台南庁が二二三カ所と、この二カ所で半数以上を占めている[31]。会場は、公学校を使用したものが最も多く二七七カ所、民家が一八〇カ所、保甲事務所が一六二カ所、廟宇が一三二カ所、特設会場を有するものが二四カ所であった。科目は国語を主とし、これに修身・作法・漢文・算術・家事・裁縫・唱歌等の一科目または数科目を加えるところもあった。会期は各施設様々であったが、三カ月が最も多く二一九カ所、六カ月が一八八カ所、一二カ月が一六七カ所であった。一週間の授業時間数は一日から七日で、六日が二七九カ所、三日が二六一カ所、二日が一七九カ所であった。一日の教授時数は、一時間から六時間であったが、二時間が最も多く七七〇カ所であった。講習時間は、普通夜間に開催されたが、女子に関する施設は昼間開催するものも少なくなかった[32]。

会員は、青壮年を主としていたが、公学校に入学できない少年や老年もあり、また少年のみを会員とするところ、区長・保正・甲長等の公職者のみを会員とするところ等があった。一九一九年一一月末の会員数は、男子会員三万五、六五九人、女子会員八、六四三人で合計四万四、三〇二人であった。講師は二、一六四人、そのうち公学校教職員が九八二人、警察官吏が四六〇人と多くを占めていた。経費は、地方有志家の寄付金によるものが四九四カ所と一番多く、会員から会費を徴収して支辨するものが一五九カ所であった[33]。

以上のように、各地各々の取り組みとして展開されていた国語普及運動であったが、これらが、総督府により整備されはじめていくのが、内地延長主義下の一九二〇年代である。

2 内地延長主義下の国語普及運動

一九一八年、明石元二郎が台湾総督に就任すると、同化主義が施政方針に掲げられた。翌一九一九年一月、

「台湾教育令」が発布され、田健治郎が最初の文官総督に就任すると、「内地延長主義」を統治方針に掲げ、国語普及を徹底させることが最大目標とされた。この時期は内地においても大正デモクラシーの下、政治や社会面において、自由民主の思想が勃興し、このことが植民地の行政にも影響を与え、同時に植民地の知識人たちの活動を活発にした。国語普及運動も、この時期、さらに推進された。台湾社会では、それぞれの母語が通用していたが、一九二〇年、「地方制度改革」が推進され、州、市、街、庄の協議会では国語が会議用語とされた。この時期に至って、総督府は法令を通じて国語を公用語とすることを明確に規定して示したのである。(34)

内地延長主義下の台湾では、公学校が増設された。一九一九年から一九二三年の間、公学校は四三八カ所から七一五カ所に増設され、生徒数は一二万五、一三五人から二〇万九、九四六人に増加している。(35)就学率でみると、一九一八年に一五・七一%であった公学校就学率は、翌一九一九年に二〇・六九%に、一九二〇年には二五・一一%に上昇し、その後はほぼ二八%前後で推移し、一九二九年に三〇・六八%と、三〇%を超えた。(36)一九二二年に交付された第二次「台湾教育令」では、国語を常用する台湾人子弟の小学校入学が認可された。

この他、社会教育行事として、各地主要都市を巡回的に会場として開催される全島規模のスピーチコンテストである「国語演習会」が開催された。これは一九一五年より継続して行われてきた行事であった。この他、国語普及を表彰する団体として、一九二三年に「恩賜財団台湾済美会」、一九二五年に「恩賜財団台湾教化事業奨励会」が設置され、毎年定期的に各地の優良国語普及事業や国語普及事業功労者に対する表彰が行われた。(37)

一九二〇年代初期までに国語普及施設は台湾各地に設置され、国語普及運動が各地で盛んになった。一九二三年には「国語練習会」は、全島で九〇〇あまり設立され、修了生は四万二、〇〇〇人あまりに達した。しかし、その後、国語普及熱は冷め、毎年の修了生は約二万人前後に落ち着いた。(38)

台湾総督府は、一九二七年、文教局の下に社会課を設置し、その中に社会教育係を置き、国語普及に関する事項を扱わせることとした[39]。これにより、それまで各地の組織に任され推進されてきた社会教育事業は、正規の管理下に置かれることとなった。その結果、一九三〇年に至るまで、各地の国語普及施設の設置数と修了者数は顕著な伸びを見せた。全島の国語普及施設の設置数と修了者数は、一九二七年八三二カ所一万三、七六五名、一九二八年七六八カ所一万九、七八三名、一九二九年一、七一一カ所二万一、三三三名、一九三〇年九五五カ所三万三、九八九名であった[40]。

総督府が国語普及運動を推進していたのと同じ時期、新知識人たちにより国語普及によらない民衆の啓蒙、教育を目指す「反国語普及運動」が起こった。

3　知識人による「反国語普及運動」

台湾総督府は、台湾領有の初期から国語普及政策を推進したが、台湾人の日常生活では依然としてそれぞれの母語が使用されていた。台湾社会で漢文が使用されていたことに鑑みて、総督府は漢文を漸進的に廃止していく政策を採り、書房の存続を認めながら、公学校に漢文科を設置し、社会の需要に応えた。しかしながら、一九一九年の公学校規則の改正によって、漢文科の毎週の授業時間は従来一年生から四年生まで五時間、五、六年生で各四時間あったのが二時間に縮小され[41]、一九二二年、第二次「台湾教育令」が発布されると漢文は随意科目とされた[42]。多くの公学校が国語普及運動に合わせ、社会の需要を顧みず父兄の同意を経ずに独断で漢文科を廃止したため、社会大衆の疑惑と不満を生むことになった[43]。

第一次大戦終結後、世界各地では、民族自決主義に基づいて、民族運動が起こっていた。日本の植民地においては、大正デモクラシー下での民主思想の影響も受け、植民地支配に対する反対運動が勃興し、朝鮮においては一九一九年三月一日、「三・一独立運動」が起こるなど、民族運動がわき起こった。日本へ留学した台湾人知識人たちは、こうした民主思想と民族自決主義の影響を受けて、一九一九年「声応会」、「啓発会」、「新民会」を組織し、『台湾青年』、『台湾』等の刊行物を創刊し、総督の専制植民地統治を批判し、民衆の覚醒を喚起した。一九二一年、台湾内外の若い知識人たちによって「台湾文化協会」が設立され、台湾社会の啓蒙運動および反植民地統治体制を掲げた民族運動が積極的に展開された。台湾議会設置請願運動[44]などの政治的平等を求める運動と同時に、総督府に対する要求の中には、義務教育制度の施行も含まれていた。日本人に対しては義務教育があるのに対し、台湾人には義務教育制度が敷かれていなかった。日本人台湾人の共学も同様に要求された。この時期、総督府に対する一連の差別撤廃要求と並んで、これら新世代の知識人たちによって、国語によらずに民衆を啓蒙していこうとする運動、いわゆる「反国語普及運動」が展開されていった。

国語によらない民衆教化として、「漢文復興運動」、「白話文運動」、「台湾語ローマ字」および「台湾白話字運動」が起こった。知識人たちは、民族系新聞『台湾民報』等を通じて、総督府によって進められていた国語普及運動および漢文に対する制限に批判を加え、漢文普及を奨励した[45]。一九二二年、第二次「台湾教育令」が発布され、多くの公学校において漢文科が廃止されると、その後数年間にわたって各地の生徒の父兄から漢文科を復活させるよう、公学校および郡、州当局に対して陳情が行われた。その一方で、各地の有識者たちは漢文平民教育や漢文書房あるいは夜学会の設立を提唱し、公学校における漢文教育の不足を補い、教育を受ける機会を失した民衆に対して教育を施すことで、社会の需要に応えようと試みたり、漢学研究会や詩文研究会、漢学講演会などが提唱されたりした[46]。こうした台湾人の世論を背景に、一九二六年「台湾文化協会」は漢文委員会を設置し、漢文普及の方法を研究し、各地に委員を置き、講演会、研究会等を開いたり、漢文教科書を編集したり、書房の改革を徹底したりした。また一方では、総督府に対し、漢文科廃止を取り消しこれを必修科目にするよう要求した。(47)

「漢文復興運動」と同時に、一九二〇年代初期、白話文運動が提唱された。中国大陸では一九一七年以降、胡適、陳独秀らにより言文一致を主張する「白話文運動」が展開され、台湾の新世代知識人に対して影響を与えていた。(48)台湾においては、黄呈聡らが、総督府の国語教育を批判し、白話文による台湾民衆の教化を訴えた。黄は、一九二三年、雑誌『台湾』において、「白話文の新使命」と題した文を発表し、その中で、台湾文化の進歩が遅滞している原因は、社会において民衆が容易に書物を読み、新聞を読み、ものを書く普遍的な文がないことにあるとされた。(49)黄らを中心として、白話文の具体的な普及活動として、一九二三年四月、『台湾民報』が創刊され、白話文を社会教育の手段として普及させようという試みがなされた。これらの活動により、『台湾民報』は台湾新文学運動の中心となり、(50)それだけではなく、多くの漢文書房や研究会では、当時中国大陸で流行していた白話文教科書を教材とするなど、(51)白話文の運動は台湾社会に広がっていった。こうした状況は、総督府が推進する国語普及運動を阻害する要因となった。

「漢文復興運動」、「白話文運動」のほかに、「台湾ローマ字運動」および「台湾白話字運動」もまた、新世代知識人によって提唱された。北京官話を標準とする白話文と台湾語には、大きな差異があった。台湾民衆に受け入れられやすい文字として、台湾語ローマ字化運動を提唱したのは、蔡培火であった。台湾語ローマ字表記は、英国キリスト教長老会宣教師たちが宣教活動を行うために考案したものであり、二四個のローマ字を組み合わせて閩南語の表音文字を作り、そこに符号を加えて声調の高低を表した表音文字である。一般的に文盲であっても、このローマ字を学べば二、三週間で十分な閲読能力を養うことができ、聖書や賛美歌、教会会報等も自ら読むことができるようになり、見聞を広められるとされた[52]。

一九二三年一〇月、「台湾文化協会」は、第三回総会を開き、ローマ字を普及していくこと、ローマ字の書籍等を編纂、発行していくことを決定し、これらを当会の重要事業の一つと位置づけた[53]。一九二四年一〇月、蔡はローマ字を用いて『十項管見』を執筆し、その中で、ローマ字を習得すれば多くの利点があり、漢文、日本語の自習や知識の吸収および著述等に利用できることを強調した。一九二五年、「台湾文化協会」は、男女学生一〇〇人を募集してローマ字講習会を開催することを企図したが、総督府はこのことが国語普及を阻害し、日台人の融合の妨げとなることを理由にこの開催を許可しなかった[54]。一九二九年、蔡は、『羅馬字課本』の編纂を行い、「羅馬字宣伝歌」三首を創作し、自らローマ字を教えることを宣言し、「羅馬白話字研究会」の名義で講習会を開催したが、しばらくして総督府はその活動を禁止した[55]。

一九三四年、蔡培火は、『台湾白話字普及の趣旨』という小冊子を出版し、台湾と日本の各界に配布し、自ら各地の指導層を訪ね支持を求め、多くの台湾、日本における各界名士の賛同を得た。しかしながら、この前年、台湾総督府は「国語普及一〇カ年計画」を打ち立て、国語普及率五〇%を目標に、国語普及事業を積極的に推進していた。一九三五年、総督府は「台湾白話字運動」の禁止措置を実施した[56]。

以上のように、一九二〇年代から一〇年以上にわたって、台湾の知識人たちによって国語によらない民衆の啓蒙、教育の道が模索された。総督府はこれらを制限したが、この間、知識人による「反国語普及運動」が衰えることはなかった。このことは、台湾語の保存、および漢文の維持・擁護と改革を助けることにもつながっていった[57]。

一九三〇年代になると、それにもかかわらず、総督府は台湾新知識人たちの運動を制限し、全島に「国語講習所」を設置し、積極的に国語普及運動を推進していった。

四　国語普及運動の強化

1　「国語講習所」の成立

一九二九年、台中で「国語講習所」が一、二カ所設置された[58]のをはじめとして、一九三〇年以降、各地で「国語講習所」が設置された。台北州では一九三〇年四月二日、訓令第九号「国語講習所要項及簡易国語講習所要項」が発布され、講習時間や講習生、教職員などに関する規定が定められ、「国語講習所」はこの規定により設立されることとなった。これにより、従来の国語普及施設は、初めて統一性のある公的施設となった。その後、他の州庁においても「国語講習所」要項が発布され、各州庁において「国語講習所」に関する規定が定められた。講習料は無料であり、各州庁が負担していたが、「国語講習所」増設の趨勢を受けて、総督府は、一九三一年一二月二九日、府令第七三号「台湾における公立の特殊教育施設に関する件」を発布して、「国語講習所」を含む公立の特殊施設に対して統一的な規定を定め、国庫補助を行うこととし、各地の市街庄において設立される「国語講習所」を、簡易な日本語教育施設として正式に確定した。これをもって、「国語講習所」は、公立の特殊教育施設の一部となった。一九二〇年代まで各地で行われてきた「国語練習会」等の国語普及施設が州庁で規定され、それを総督府が公認した形である。その背景には已然として国語普及率が低迷していることがあった。

前述のように、国勢調査による一九三〇年の国語普及率は、一二・三六％（男一九・三五％、女五・一四％）にとどまっていた。公学校に就学しない多くの台湾民衆に国語をはじめとする科目を教えたのが「国語講習所」で

〈表 1-1〉 国語普及状況 1932-1942 年（単位：人）

項目／年度	公学校生徒数	公学校卒業者累計	国語普及施設生徒数	国語普及施設修了者累計	合計	台湾総人口数	パーセント（%）
1932	291,067	364,386	42,381	324,537	1,022,371	4,496,870	22.7
1933	317,309	394,686	58,903	356,611	1,127,509	4,612,274	24.5
1934	359,267	429,018	98,523	400,366	1,287,174	4,759,197	27.0
1935	389,290	467,443	120,481	474,126	1,451,340	4,882,288	29.7
1936	418,592	507,461	150,463	564,487	1,641,003	4,990,138	32.3
1937	458,022	551,146	263,371	661,461	1,934,000	5,108,914	37.8
1938	527,127	594,241	317,756	765,157	2,204,281	5,263,389	41.9
1939	544,632	605,158	496,531	812,139	2,458,460	5,392,806	45.6
1940	582,615	616,394	763,263	855,631	2,817,903	5,524,990	51.0
1941	691,823	736,795	735,303	1,076,041	3,239,962	5,682,233	57.0
1942	—	—	—	—	3,386,038	6,294,468	58.0

出典：台湾総督府『台湾の社会教育』1938 年度、1942 年度、台湾総督府『台湾事情』1942 年度より作成。

あった。「国語講習所」制度が総督府により推進されるようになると、国語普及率は飛躍的に伸びていった。

〈表1-1〉を見ると、「国語講習所」設置の二年後の一九三二年には、すでに国語理解者は二二・七％と、二〇％を超え、急速な伸張を見せている。

この統計によると、一九三五年に国語普及施設修了者数が公学校修了者数を抜き、その後国語普及施設の生徒数は毎年増加を続け、国語普及率増加の主要要因となったことが分かる。総督府は、一九三三年に「国語普及一〇カ年計画」を立て、一〇年後に国語普及率を五〇％に引き上げることを目標に打ち立てたが、実際には、この計画を上回る速度で国語普及がなされ、一九四〇年の時点で、五一％の普及率に至っている。

この他、「国語演習会」、ラジオにおける「国語普及の時間」や優良国語普及団体、国語普及功労者の表彰を行う[59]ほか、国語の週、国語の日、国語集会等が開催され、国語普及が奨励された[60]。

2 皇民化政策と国語常用運動

一九三七年、日中戦争が勃発した。一九三一年満州事変の勃発以来、日本中央においては軍部が影響力を拡大していたが、このことは民衆の生活にも影響を与えていた。一九三七年、第一時近衛内閣により「国民精神総動員運動」が展開された。台湾ではその前年の一九三六年九月に文官総督から再び武官総督へと総督が代わり、小林躋造総督の下、皇民化、工業化、南進基地化の統治三大方針が打ち出された。

戦時体制が敷かれ、皇民化運動が推進される中、国語普及運動は、この時期には国語常用運動へと、同化をさらに強化したものへと変貌していった。「国語講習所」が増設されるほか、一九三七年にはまず台中州において「国語講習所」講師の検定が、翌一九三八年には「国語講習所」講師の養成所規則が制定されるなど、各州庁において専任講師の養成が行われるようになった。また、就学前の幼児に対しては「国語保育園」が設置された。一九四一年には、国民学校（すなわち公学校）に入学できない学齢児童に対し教育を施す「特設国語講習所」が設置された。

「国語講習所」等の教育を中心とした国語教育がなされる一方で、各地域では部落振興会等を中心に、国語常用運動が展開された。すでに推進されていた「国語演習会」、国語ラジオ放送、国語功労団体、個人の表彰等はこの時期、国語常用運動の重要事項の一つとなった。さらに、家族全員が国語を話す「国語常用家庭」が、各州庁下で推進され、社会のみならず家庭においても国語を話すことが奨励された。皇民奉公会においては、一九四三年、徴兵令実施に備えて国語常用強化運動を展開し、中央本部に国語委員会を設置し、国語推進員、国語生活優良者の表彰、国語日の制定、普及施設の強化統一に関する件が審議、決定され、この決定を受けて市支会および街庄分会に国語推進員が設置され、また推進隊が結成され、各地で国語常用運動が推進されていった。

こうした国語常用運動により、台湾社会には「国語普及網」が張り巡らされていった。その結果国語普及率は上昇を続け、「国語普及一〇カ年計画」の普及率五〇％の目標は、予定より三年早い一九四〇年に達成されたのである。

一九四三年、台湾において義務教育制度が敷かれた。この時、すでに戦局は悪化しはじめ、それから二年後、日本の敗戦により台湾の植民統治は終焉した。同時期、台湾・朝鮮の植民地に対して参政権が認められたが、これも行使されることなく終わった。

五　小括

本章では、国語普及政策の成立とその展開を、台湾統治五〇年にわたって検討した。「国語講習所」制度は州庁において規定された制度であり、それを総督府が公認し、公立特殊教育施設と位置づけられ、国庫補助金が支出された。「台湾教育令」、「朝鮮教育令」などの植民地における教育令が、日本中央で審議され、勅令によって制定されていたのに対し、国語普及に関する法令は、植民地の地方主導で制定されていた。

台湾領有の初期は、伊沢修二により国語普及政策が確立され、公学校の設立と書房の「改良」により国語普及が推進された。しかしながら、義務教育制度を実施しない状況下での国語普及率は低く、この状況を打開するために、総督府は一九一〇年代から、地方の社会的エリートたちが「国語練習会」等の国語普及施設を開設することを奨励し、各州庁において国語普及運動が推進されていった。同時期、大正デモクラシーの影響下、新知識人たちにより日本語によらない民衆の啓蒙、教育の手段として、「反国語普及運動」が起こり、総督府の推進する国語普及運動を阻害する要因となった。

一九二〇年代後期より、日本中央では軍国主義が台頭し、植民地における政策も、一九三〇年代から戦時体制へと傾斜していった。新知識人たちの「台湾白話字運動」は抑制され、国語による台湾人の同化が一層強調されるようになった。この時期、全島統一的な施設として「国語講習所」が設立された。日中戦争が勃発した一九三七年からは、国語常用運動が展開され、学校や「国語講習所」における国語教育のみならず、家庭や地域でも国語生活を営むような運動が展開された。

このように日本統治下の五〇年間にわたり、日本語は「国語」として、公学校とならび「国語講習所」を主とした社会教育施設によって台湾社会に浸透していった。台湾において義務教育制度が施行されたのは一九四三年、日本統治末期であった。この間、「国語講習所」は常に公学校を補完する役割を果たし、国語普及の上で大きな役割を担ったのである。多くの台湾民衆は、教育を通じて母語のほかに「国語」を併用する経験に晒された。このことは、台湾社会に「国語」概念を植えつけることとなった。戦後、国民党政権の下で「国語」は日本語から標準漢語へと替わった。接収当初、知識人らの間にこれに対抗する動きが見られたが、台湾社会にとって二度目の「国語」は学校教育や公の場を通じて普及していった。第2章、第3章では、一九三〇年から一九四五年までの国語普及の理念と「国語講習所」制度の実施状況を取り上げ、台湾社会に国語が普及していく状況を検討する。

(1) 臨時台湾戸口調査部『明治三八年臨時台湾戸口調査結果表』一九〇八年、台湾総督官房臨時戸口調査部『大正四年第二次臨時台湾戸口調査結果表』一九一八年、台湾総督官房臨時国勢調査部『大正九年第一回台湾国勢調査結果表』一九二四年、台湾総督官房臨時国勢調査部『昭和五年国勢調査結果表全島編』一九三四年、『外地国勢調査報告　第五輯：台湾総督府国勢調査報告』第九冊三四二―三四七頁、第二二冊三八八―三八九頁、第三二冊四一〇―四一一頁、第四八冊一二六―一六三頁、文生書院、二〇〇〇年。

(2) 公文類聚「秘甲第一〇六号　台湾公学校令制定ノ件提出ス」一八九八年七月一三日。

(3) 公学校令公布前の国語伝習所の実際の設置数は一六カ所、分教場が一八九七年時点で一九カ所であった（台湾教育会編『台湾教育沿革誌』二一一―二一四頁）。

(4) 上沼八郎「「台湾教育令制定由来」（資料）について―植民地教育史研究ノート・その一―」『高千穂論叢』第二六巻第三号、一九九一年、二四九―三〇五頁。阿部洋「『隈本繁吉文書』について―植民地教育資料の紹介」国立中央図書館台湾分館『台湾学系列講座専輯二』二〇〇九年、五三―六九頁。

(5) 枢密院審査報告「台湾教育令審査報告」一九一八年一二月一三日。

(6) 枢密院会議筆記・1「台湾教育令」一九一八年一二月一八日。

(7) 寺崎昌男・戦時下教育研究会編『総力戦体制と教育―皇国民「錬成」の理念と実践』東京大学出版会、一九八七年、一五頁。

(8) 台湾教育会編『台湾教育沿革誌』一九三九年（一九八二年復刻、青史社）、一二〇―一二七頁。

(9) 李正連『韓国社会教育の起源と展開―大韓帝国末期から植民地時代までを中心に』大学教育出版会、二〇〇八年、一〇二頁。

(10) 「台湾教育令中改正説明資料」一九三五年二月、外務省茗荷谷研修所旧蔵記録「本邦ニ於ケル教育制度並状況関係雑件　台湾関係」『外務省茗荷谷研修所旧蔵記録　戦中期植民地行政史料　教育・文化・宗教篇』ゆまに書房、二〇〇三年。

(11) 「義務教育関係統計資料（手持用）」一九四一年、外務省茗荷谷研修所旧蔵記録「教育概況　台湾総督府」『外務省茗荷谷研修所旧蔵記録　戦中期植民地行政史料　教育・文化・宗教篇』ゆまに書房、二〇〇三年。

(12) 国府種武『台湾に於ける国語教育の展開』第一教育社、一九三一年（二〇〇五年復刻、冬至書房）、一四―一五頁。

(13) 前掲『台湾教育沿革誌』、五頁。

(14) 同前書、六—一〇頁。
(15) 伊沢修二還暦祝賀会編『楽石自伝教界周遊前記』一九一二年（一九八八年復刻、大空社）二一三—二一五頁。
(16) 国府、前掲書、一七頁。
(17) 芝山岩学堂における国語教育は漢文を交えながら教えられ、その経験を基に対訳語を付した教科書『日本語教授書』が一八九五年に、『新日本語言集甲号』が一八九六年に出版された。芝山岩学堂での教育内容に関しては、拙稿「日治初期「芝山巖學堂」（一八九五—九六）的教育—以學校経営、教學實施、學生學習活動之分析為中心」『台湾文献』第五二巻第一期、二〇〇一年を参照。
(18) 前掲『台湾教育沿革誌』、一六八頁。
(19) 同前書二二三、二二四頁。公学校の教科目は、国語（国語・作文、読書、習字）に加え、修身、算術を主たる科目とし、国語の毎週教授時数は、第一学年から第六学年のどの学年でも全教授時数の七〇％以上を占め、最多では第一、二学年で七五％を占めていた（『台湾教育沿革誌』、二三二—二三八頁）。同時期の小学校では、国語（読書・作文、習字）は、第一学年から第四学年でほぼ五〇％、第五、六学年ではわずかに三三％を占める程度であった（同、四一七—四二〇頁）。このことから公学校教育が国語を重視していたことが分かる。
(20) 鄭梅淑『日據時期臺灣公學校之研究』東海大學歴史研究所碩士論文、一九八八年、一三六頁。
(21) 呉文星『日據時期臺灣社會領導階層之研究』正中書局、一九九二年、三一七頁。
(22) 同前書、三一七—三一八頁。
(23) 同前書、三一七頁。
(24) 同前書、三一四—三一五頁。
(25) 同前書、三三八頁。
(26) 呉文星「日據時期臺灣書房教育之再檢討」『思與言』第二六巻第一期、一九八八年、一〇四—一〇五頁。
(27) 保甲制度は、一〇戸を一甲とし甲長をおき、一〇甲を一保として保正をおく隣組制度であり、清朝時代からの制度を継続させ統治に利用したものであった。

(28) 呉、前掲書、三二三―三二四頁。
(29) 宋登才『国語講習所教育の実際』光昭会出版部、一九三六年、一六―一七頁。
(30) 同前書、一七頁。
(31) 山根勇蔵「国語普及に関する施設」『台湾教育』第二一四号、一九二〇年三月一日、五―八頁、「国語普及に関する施設調査」(二)『台湾教育』第二一五号、一九二〇年四月一日、一二―一五頁。桃園地方は、一九一五年、「始政二十周年」を記念して地方有志の主唱により台湾で初めて「国語練習会」を創設した地域である(新竹州役所編『新竹州管内概況及び事務成績概要』四、一九三一年二七―二八頁)。新竹州においては、「国語練習会」に関する規定も発布され、その活動は「国語講習所」設置以降もそれと並立して継続された。
(32) 山根、同前論文、五―八頁、一二―一五頁。
(33) 山根、同前論文、六頁、「国語普及に関する施設調査」(三)『台湾教育』第二一六号、一九二〇年五月一日、六―九頁。
(34) 呉、前掲書、三二七頁。
(35) 台湾教育会編『台湾教育沿革誌』、四〇九―四一〇頁。
(36) 鄭梅淑、前掲論文、一三六頁。
(37) 中越栄二『台湾の社会教育』台湾の社会教育刊行所、一九三六年、九一―九二頁。
(38) 呉文星「日據時期臺灣總督府推廣日語運動初探」(上)『臺灣風物』第三七巻第一期、一九八七年、一九頁。
(39) 前掲、『台湾教育沿革誌』、一二〇―一二七頁。
(40) 呉、前掲論文、一九―二〇頁。
(41) 前掲『台湾教育沿革誌』、三二三―三二四頁。
(42) 同前書、三六一―三六二頁。
(43) 呉、前掲『日據時期臺灣社會領導階層之研究』、三三五―三三六頁。
(44) 大正デモクラシー期に起こった台湾議会設置請願運動は、帝国議会でも議論され、植民地に対する内地延長主義と自治主義の議論を巻き起こした。詳しくは、若林正丈『台湾抗日運動史研究　増補版』研文出版、二〇〇一年を参照。

(45) 呉、前掲書、三三六―三三七頁。
(46) 同前書、三三七頁。
(47) 同前書、三三七―三三八頁。
(48) 李雲漢『中国近代史』三民書局、一九八五年、三五〇―三五二頁。
(49) 呉、前掲書、三四〇頁。
(50) 同前書、三四〇頁。
(51) 呉、同前書、三四〇頁。
(52) 同前書、三四一頁。
(53) 同前書、三四三頁。
(54) 同前書、三四三頁。
(55) 同前書、三四三―三四四頁。
(56) 同前書、三四四―三四五頁。
(57) 同前書、三四五頁。
(58) 中越、前掲書、六八頁。
(59) 同前書、九一―九二頁。
(60) 同前書、一一四―一一六頁。

第2章
一九三〇年代初期の国語普及政策とその状況

植民地台湾における国語普及運動は、社会教育や社会運動という点から捉えると一九三〇年から一九四五年までを指すが、総督府の政策上、また地域社会の運動の性質上、この時期はさらに大きく二期に分けられる。前期は一九三〇年から一九三六年までで、この時期の国語普及政策は、各地域に設置された「国語講習所」を中心として、学校教育を受けない大多数の台湾人に国語を教え、同時に日本精神を培おうとしたものである。一方、後期は日中戦争が始まり台湾総督が再び武官となり、皇民化政策が提唱される一九三七年から一九四五年までである。後期は、特に前期と区別して、国語常用運動期と呼ばれる。

本章では、一九三〇年から一九三六年までの「国語講習所」制度の成立とその実施状況を、各州の要項、専任講師の養成、「国語講習所」、「簡易国語講習所」の設置状況、新聞雑誌に表れた報道などを通じて検討する。

〈表 2-1〉「国語講習所」設置数

年度＼州庁	台北州	新竹州	台中州	台南州	高雄州	台東庁	華蓮港庁	澎湖庁	計
1931	18	11	35	—	4	—	—	—	68
1932	19	14	61	79	8	1	1	2	185
1933	47	36	76	169	22	3	3	5	361
1934	91	100	358	260	120	4	21	6	960
1935	225	297	562	315	165	6	22	7	1,599
1936	413	362	782	378	222	8	22	11	2,198
1937	776	417	1,016	813	322	13	80	17	3,454
1938	1,075	528	1,333	917	580	16	109	29	4,587
1939	1,088	617	1,661	2,234	624	25	109	30	6,388
1940	1,095	922	1,733	6,646	636	34	110	30	11,206
1941	847	701	1,737	1,229	580	32	129	109	5,364
1942	705	638	1,570	1,248	541	37	208	64	5,011

出典：台湾総督府『台湾総督府事務成績提要』1931 年度～1942 年度より作成。

一　「国語講習所」の開設とその要項

「国語講習所」は、一九二九年、初めて台中州において各郡市に一、二カ所設立された[1]。続いて、台北州において一九三〇年四月二日、「国語講習所要項及簡易国語講習所要項」（台北州訓令第九号）が発布され、講習時間や講習生、教職員などに関する規定が定められ、各市街庄が「国語講習所」を設立する際の拠り所とされた。これにより、従来の私設の国語普及事業は、初めて統一性のある公的事業となった。こうした「国語講習所」規定は一九三一年三月二六日台南州（台南州訓令第三号）、同年四月三日台中州（台中州令第四号）、同年四月一四日台東庁（台東庁訓令第五号）で発布された。講習料は無料であり、各州が負担していたが、「国語講習所」増加の趨勢を受け、総督府は一九三一年一二月二九日、「台湾に於ける公立の特殊教育施設に関する件」（府令第七三号）

〈表 2-2〉「国語講習所」生徒数

年度＼州庁	台北州	新竹州	台中州	台南州	高雄州	台東庁	華蓮港庁	澎湖庁	計
1931	2,012	689	1,727	—	15	—	—	—	4,443
1932	1,676 (1,747)	939 (600)	2,995 (36)	4,410 (3,894)	567 (530)	65 (43)	82 (40)	86 (35)	10,820 (6,925)
1933	3,728 (1,953)	3,146 (1,009)	3,643 (2,420)	10,770 (6,189)	1,696 (1,276)	225 (95)	164 (63)	308 (68)	23,680 (13,073)
1934	6,965 (5,200)	8,128 (2,556)	20,567 (4,243)	17,768 (11,572)	9,397 (2,806)	289 (297)	2,103 (1,315)	450 (276)	65,667 (28,265)
1935	14,941 (10,151)	20,450 (7,932)	32,328 (18,304)	19,657 (16,344)	15,416 (16,344)	256 (354)	2,134 (1,721)	588 (507)	105,770 (71,657)
1936	26,000 (14,183)	23,115 (7,517)	39,444 (27,055)	23,861 (18,805)	15,891 (10,508)	377 (287)	2,250 (910)	861 (678)	131,799 (79,943)
1937	66,821	27,489	56,933	37,619	20,223	933	3,388	1,459	214,865
1938	121,437	41,530	84,330	66,418	42,958	933	6,804	2,672	367,082
1939	133,461	40,947	100,442	58,159	44,094	1,803	6,014	2,427	387,347
1940	114,480	77,236	93,578	208,768	42,358	3,054	5,975	2,020	547,469
1941	64,228	34,531	90,854	79,759	34,826	2,266	6,342	6,952	319,758
1942	53,532	43,113	77,338	70,579	29,048	1,828	6,797	3,318	285,553

出典：台湾総督府『台湾総督府事務成績提要』1931年度〜1942年度より作成。(　　) 内は修了者数。

を発布して、「国語講習所」を含む公立の特殊教育施設に対し統一的な規定を定め、国庫補助を行うこととし、[2] 市街庄において設立される「国語講習所」を簡易な日本語教育施設として正式に確立した。これをもって、「国語講習所」制度は公立特殊教育施設の一部となった。そして、これを受けて、各州庁で「国語講習所」要項が発布された。一九三二年二月一四日、花蓮港庁（花蓮港庁訓令第二号）、一九三三年四月二日、新竹州（新竹州訓令第八号）、同年六月二四日、高雄州（高教第九四六号内務部長依命通達）でも「国語講習所」規定が発布された（各州庁要項は付録を参照）。

〈表2-1〉と〈表2-2〉は、一

〈表 2-3〉「簡易国語講習所」設置数

年度＼州庁	台北州	新竹州	台中州	台南州	高雄州	台東庁	華蓮港庁	澎湖庁	計
1931	—	—	—	—	—	—	—	—	—
1932	116	161	143	164	65	19	16	18	702
1933	118	230	159	151	115	49	18	17	857
1934	164	306	97	135	164	22	12	9	909
1935	248	56	50	167	211	19	—	3	754
1936	60	30	847	607	163	28	—	6	1,741
1937	28	675	629	2,046	342	75	14	43	3,852
1938	197	1,023	1,244	6,137	2,630	28	14	74	11,347
1939	197	886	1,323	5,898	350	—	—	84	8,738
1940	339	1,018	1,098	—	2,082	10	—	80	4,627
1941	1	643	608	8,353	1,245	5	6	3	10,864
1942	217	1,883	615	6,489	1,261	37	7	—	10,509

出典：台湾総督府『台湾総督府事務成績提要』1931年度～1942年度より作成。

九三〇年から一九四二年までの「国語講習所」の設置数と生徒数、〈表2-3〉と〈表2-4〉は同期間の「簡易国語講習所」の設置数および生徒数を表したものである。

一九三七年の皇民化運動開始以降、全島的に設置数、生徒数が増加しているが、「国語講習所」は設置数、生徒数ともに一九四〇年にピークを迎えているのに対し、「簡易国語講習所」は一九三八年である。また、増加率を見ると、前年比二倍以上の増加を見せているのは、統計の欠落の多い初年度を除いて、「国語講習所」の設置数が一九三四年であり、生徒数が一九三三年、三四年である。特に一九三四年の増加率が設置数二・六六倍、生徒数二・七七倍と高いのは、一九三三年に総督府によって「国語普及一〇カ年計画」が提起され、当時二〇％前後であった国語理解者を五〇％にまで引き上げようと、「国語講習所」が各地に増設されたからだと考えられる。一方、「簡易国語講

〈表 2-4〉「簡易国語講習所」生徒数

年度＼州庁	台北州	新竹州	台中州	台南州	高雄州	台東庁	華蓮港庁	澎湖庁	計
1931	—	—	—	—	—	—	—	—	—
1932	4,134 (4,242)	5,086 (4,745)	6,387 (3,317)	6,289 (4,410)	2,129 (2,105)	1,223 (1,223)	1,948 (1,681)	479 (436)	27,675 (22,159)
1933	4,826 (4,424)	8,563 (5,015)	5,824 (5,882)	3,899 (5,508)	5,723 (5,628)	1,408 (1,029)	1,830 (1,821)	774 (467)	32,847 (29,774)
1934	5,100 (5,583)	7,676 (7,023)	3,921 (4,947)	5,506 (5,032)	6,834 (3,615)	1,211 (1,106)	173 (126)	291 (947)	30,712 (28,379)
1935	8,325 (8,076)	2,412 (1,162)	2,019 (12,331)	6,768 (5,745)	9,482 (6,805)	838 (884)	—	1,615 (576)	31,459 (35,579)
1936	3,086 (3,392)	677 (528)	36,353 (37,405)	26,718 (16,654)	5,255 (4,957)	1,091 (882)	—	255 (633)	73,435 (64,451)
1937	1,071	51,286	75,518	101,242	23,483	2,206	291	2,181	257,278
1938	9,565	88,427	72,954	282,279	101,932	2,206	291	12,240	569,894
1939	9,565	75,336	68,301	299,006	72,320	—	—	12,328	536,856
1940	8,725	54,921	60,113	—	80,930	480	—	10,625	215,794
1941	40	29,559	25,453	284,636	32,192	124	556	151	372,711
1942	4,133	41,726	14,115	152,009	33,143	854	212	—	246,192

出典：台湾総督府『台湾総督府事務成績提要』1931年度～1942年度より作成。（　）内は修了者数。

習所」の増加率が前年比二倍以上の年は、設置数が一九三六年、三七年、三八年、四一年であり、生徒数が一九三六年、三七年、三八年である。中でも一九三七年の「簡易国語講習所」の生徒数は前年の三・五倍と急増しており、「簡易国語講習所」の設置数・生徒数の増加が一九三七年前後に集中していることを示している。

地域ごとの特徴は第3章に譲り、ここでは全般的な傾向の指摘にとどめるが、講習所設立当初の統計に注目すると、「国語講習所」制度成立当初の三年間、設置数、生徒数の成長は速くはなく、その数も多くはなかった。そのために、第三節で検討するように、総督府は一九三〇年代初期に新聞や雑誌を通じて積極的な宣伝を行い、それによって国語普及が迅速に推し進められることが期待されたのである。

総督府はこれら国語普及施設である「国語講習所」「簡易国語講習所」を利用して、国語普及運動を推進させた。一九三〇年代後半からは、さらに「全島国語演習会」「国語デー」「国語普及功労者表彰」「国語普及ラジオ放送」「国語部落」「国語家庭」「国語常用者」等の活動を展開し国語常用運動を徹底させた。また、一九三七年に皇民化運動が始まり、「国語講習所」設置数や生徒数にも変化が生まれるが、一九三〇年代後半以降に関しての統計の分析は、国語常用運動の内容とともに第3章で検討する。

次に、「国語講習所」とはどのような施設であったのか、「国語講習所」要項を、他の州に先駆けて発布した台北州を例に見てみよう。

国語講習所要項　台北州訓令第九号（一九三〇年四月二日）

一．目的

当該市・街・庄民中国語ヲ常用セサル者ニ対シ国語ヲ習得セシメ兼ネテ公民的教養ヲナス

二．名称

国語講習所ト称シ市・街・庄名又ハ部落名ヲ冠ス

三．講習期間

講習期間ハ一年トス

四．講習生年齢

講習所ニ入所シ得ル者ノ年齢ハ凡ソ満十二年乃至二十五年ヲ以テ標準トス

五．講習生定員
　一講習所ニ於ケル講習生ノ定員ハ六十名ヲ以テ標準トス但シ国語習熟ノ程度ニ依リ適宜数組ニ分カツコトヲ得
六．講習科目
　講習科目ハ国語、体操及唱歌トス但シ土地ノ状況ニ依リ実科其ノ他必要ナル科目ヲ加フルコトヲ得
七．講習日数及時間
　一年ノ講習日数ハ凡ソ百日トシ一日ノ講習時間ハ二時間乃至三時間トス
八．職員
　講習所ニハ主事一名、講師若干名ヲ置ク
　主事ハ小学校長又ハ公学校長ニ、講師ハ小学校若ハ公学校ノ職員其ノ他適当ナル者ニ依嘱ス
九．職務
　主事ハ所務ヲ掌理シ講習ニ従事ス
　講師ハ主事ノ指揮ヲ受ケ講習及之ニ関スル事務ニ従事ス
一〇．給与
　主事及講師ニハ手当及旅費ヲ給スルコトヲ得
一一．設備
　小学校・公学校及実業補習学校ノ設備ハ其ノ教育ニ支障ナキ限リニ於テ当該市・街・庄ノ講習所ニ之ヲ使用セシムルコトヲ得
一二．講習料
　講習料ハ之ヲ徴収セス
一三．設置

市・街・庄ニ於テ講習所ヲ設置セムトスルトキハ市尹・街・庄長ヨリ予メ左ノ事項ヲ具シ報告スヘシ但シ第一号乃至第五号ノ事項ヲ変更セムトスル場合亦同シ

(一) 名称
(二) 事務所
(三) 講習所規則
(四) 講習ノ為ニ使用スル学校其ノ他ノ建物ノ名称、位置
(五) 経費及維持ノ方法
(六) 開設年月日
(七) 開設後三箇年間ノ各年度別入所予定人員

一四 講習所規則

講習所規則中ニ規定スヘキ事項凡ソ左ノ如シ

(一) 名称、事務所ニ関スル事項
(二) 目的ニ関スル事項
(三) 講習生年齢及定員ニ関スル事項
(四) 講習科目ニ関スル事項
(五) 講習期間、講習日数及時間ニ関スル事項
(六) 職員及其ノ職務ニ関スル事項
(七) 其ノ他必要ト認ムル事項

一五 廃止

講習所ヲ廃止セムトスルトキハ市尹・街・庄長ヨリ左ノ事項ヲ具シ予メ報告スヘシ

（一）．事由
（二）．廃止期日

簡易国語講習所要項

一．目的
国語ヲ常用セサル者ニ対シ国語ヲ習得セシムルヲ以テ目的トス
二．名称
簡易国語講習所ト称シ適当ナル名称ヲ冠スルコト
三．講習期間日数及時数
講習期間ハ一箇年ヲ通シテソノ日数六十日以上トス
一日ノ講習時間ハ二時間乃至三時間トス
四．講習生
講習修了生三十名ヲ得ルヲ以テ標準トシ其ノ年齢ハ凡ソ満十二年乃至三十年ヲ以テ標準トス
五．講習科目
国語ヲ主トシテ地方ノ状況ニ依リ修身公民科算術体操唱歌等ヲ加フルコトヲ得
六．講師
地方ニ於ケル篤志家又ハ学校職員官公吏其ノ他適当ナル者ニ委嘱スルモノトス
七．講習料
講習料ハ徴収セサルモノトス
八．設立者

市街庄又ハ教化団体及其ノ他団体並ニ個人等トス

前述のように、各州庁の「国語講習所」要項は、台北州に続き、台南州、台中州、台東庁において発布された。これらの後に総督府による府令が発布され、続いて花蓮港庁、新竹州、高雄州において発布された。ここで、これら州庁の「国語講習所」要項を簡単に比較しておこう。

まず、要項は一九三一年一二月二九日の府令第七三号「台湾に於ける公立の特殊教育施設に関する件」の前後で内容に若干の相違が生じている。府令発布以前に発布されたものは、台中州を除いてほとんど台北州のものと同じである。一方、それ以後のものは花蓮港庁と新竹州のものが台北州の要項と府令とに依拠して発布されているが、高雄州は府令のみに依拠して要項を発布した感がある。これに対し、台中州のものは全く独自で、全島の中で最も内容的に充実した要項を発布しており、設置項目が類似している点から、台中州の要項を参考にして府令が作られたとも考えられる。

講習の目的は国語を常用しない者に対し、国語を教授し公民的教養を身につけることとされている。講習期間は一年から一番長いもので三年と規定されている。入所年齢は新竹州が一〇歳以上から二五歳まで、台南州が一一歳から二〇歳までとなっているほかは、すべて一二歳から二五歳までである。講習生の定員は四〇名（花蓮港庁）、五〇名（高雄州、台中州、内、台中州では女子が三〇名に達したら女子用の組を設けられるとされている）、六〇名（台北、台南、台東、新竹各州庁）で、多くの州庁で組分けが可能とされている。科目は国語、体操、唱歌のほかに修身（台中州、新竹州）、算術（台中州、高雄州）、遊戯（台中、台東庁、花蓮港庁）、公民（新竹州）、作法（高雄州）、手芸（台中、高雄州）、家事（台中州）、裁縫（台中州、高雄州）、それ以外にも必要な科目を加えることができ、公学校のそれに近いといえよう。一日の講習時間は二時間から三時間、一年の講習日数は一〇〇日（台北、台南、台東各州庁）、一二〇日（花蓮港庁）、一五〇日（新竹州）、又は二〇〇時間以上（高雄州）、週に男一三時間女一四時間（台中州）等と規定された。講習料はいずれも徴収せず、設備は小学校・公学校・実業補習学校または廟の設備を使用するとされている。主事は小・公学校の校長、講師は小・公学校の職員等とされた。府令発布以降の要項（新竹州を除く）には、名称、位置、教育規定のほかに、授業開始期日、敷地および建物の平面図、職員およびその職務、一年の収支概算などの事項が加えられた。なお、台中州に関しては、詳細に講習科目や州指定の教科書を規定しているほか、講習期間や休業日および式日をも定めている。以上から分かるように、「国語講習所」とは、国語を常用しない台湾人に対し「公民的教養」を備えさせるために、国語等の科目を教授する所と規定されている。

ここで、「公民的教養」の内容を検討したい。「公民」という言葉は、当時「国民」や「皇民」と同意義に使われることがあった。台北州をはじめとする要項の目的には、「当該市・街・庄民中国語ヲ常用セサル者ニ対シ国語ヲ習得セシメ兼ネテ公民的教養ヲナス」とある。この「公民的教養」は、日本国民としての教養でもある。その具体例が現れているのが、台中州の要項である。その第一条には、「国語講習所ハ国語ヲ常用セザル者ニシテ成規ノ學校教育ヲ受クルコトヲ得ザル者ニ對シ国語ヲ授ケ徳性ヲ涵養シ智能ヲ啓発シテ国民タルノ資質ヲ向上セシムルヲ以テ目的トス」と記されている。ここでは、具体的に「徳性の涵養」と「智能の啓発」という目的が挙げられている。これらは、公民としての資質である。日本精神の表れである国語を授け、国民精神を涵養すると同時に、社会の一員としての資質、すなわち「公民的教養」をも授けることが記されているのである。

「国語講習所」の教育は、生徒の実生活の要求に応じる内容が多かったが、要項の目的にも実際の教育において重視された「公民的教養」が掲げられている。日本精神の涵養と同時に、公民精神の涵養も、「国語講習所」教育の目的に含まれていたのである。

二　「国語講習所」講師の養成

各地での「国語講習所」の成立にともない、専任講師が各州庁において養成されるようになった。公学校教師が「国語講習所」の講師を兼任するなどの例は見られたが、それとは別途専任講師が養成され、各地の講習所で教育に当たった。本節では、台中州を例に、「国語講習所」講師の養成を検討する。資料の制約上、他州庁の例を詳細に取り上げられないが、他州に先駆けて専任講師養成を始めた台中州を例として、専任講師養成の状況を検討する。

「国語講習所」講師に対する講習会は、台中州報によると、一九三四年に行われている。三月二二日より開催された「国語講習所講師講習会」は三月二七日に修了し、同日五四名に対し修了証書授与式が挙行された。当講習会の講習科目は次の八科目であった。

(1)　国語講習所ノ指導精神
(2)　国語教育ノ神髄
(3)　国語講習所ノ指導法
(4)　学校教育ト社会教育トノ関係
(5)　社会教育者トシテノ態度

（6）国語講習所ノ一般指導
（7）国語講習所経営ノ実際
（8）国語講習所ノ唱歌、遊戯[3]

第二回「国語講習所講師講習会」は一九三五年七月二九日より八月二七日までの三〇日間、台中師範学校において開催され、五三名が講習会を修了した[4]。このような講習会は他州でも行われており、例えば、新竹州下の竹南公学校では、一九三四年一一月一四日に当該校の礼堂にて「国語講習所」と「国語練習会」の講師に対して「国語講習所」経営と指導法の講習会が開催されている[5]。

台中州においては「国語講習所長打合会」も開催されている。一九三四年一二月二八日の台中州報に掲載された「台中州主催国語講習所長打合会開催要項」によれば、その目的は「国語講習所ヲ社会教育施設トシテ充分其ノ機能ヲ発揮セシメンガ為研究協議ヲ重ネ連絡統制ヲ図リ之ガ普及徹底ニ一層努力セシメントス」とされ、「国語講習所」を社会教育施設として機能を発揮させるために研究協議を重ね、連絡統制を図ることが掲げられた[6]。さらに、台中州では「国語講習所研究会」も開催された[7]。この時期、国語研究会は各地で催され、新竹州下の竹南公学校で一九三六年一〇月一六日に開催され[8]、また、同州下の関西庄でも一九三七年六月二五日と九月二九日に開催されるなど[9]、記録を見ると度々行われたことが分かる。

このような講習会、打合会等の開催を経て、一九三七年五月二五日には、台中州令第一七号により、「台中州国語講習所講師検定規則」が定められた。全一五条からなる検定規則の中では、検定は学識、技能、性行および身体について行われること、試験検定と無試験検定の二つに分けられること、前者の学科目は修身、教育、国語、算術、歴史、唱歌および体操であり、後者は一九二三年府令第六四号台湾教員免許令施行規則第七条第一項第一号乃至第七号に該当する者、台中州主催の「長期国語講習所講師養成所」を就業した者等が挙げられ、検定の合格者には「国語講習所」講師免許状が公布されることが定められた。[10] そして、州令第一七号に基づき、公立の「国語講習所」講師は、検定規則による免許状を有する者より任用することが、台中州令第一八号によって定められた。[11] これ以降、各年の検定試験合格者が台中州報に掲載されたが、一九三八年度の全科目合格者は二七名、[12] 科目別合格者は一七一名であった。[13] 一九三九年度の検定試験合格者は四七名、科目別合格者は一九七名、[14] また、無試験検定の合格者は一五三名であった。[15] 一九四一年度の検定試験合格者は一五名、科目別合格者は五〇名であった。[16]

続いて一九三八年九月六日になると、台中州令第二二号により、「台中州立国語講習所講師養成所規則」が制定され、養成所規則が詳細に定められた。当規則によると、教育の目的は、「国語講習所」の指導経営に関する理論と実際を授け、「部落」教化の中心となる「国語講習所」講師を養成することとされた。修業期間は六カ月、入所資格は中等学校卒業者およびこれと同等の学力を有する者、または一九三八年台中州告示第五〇号により設立された青年団の団員ならびに青年団の修了者で成績優秀な者のいずれかに該当し、男子であり、年齢は二〇歳以上三〇歳未満、身体強壮、思想健実、社会教化に熱意を有し所轄郡守、市尹の推薦のある者とされた。[17] 生徒定員は六〇名、教科課程および毎週授業時間は〈表2-5〉のとおりである。毎週の授業時間は国語が最も多く一四時間、次に教育が八時間、修身公民および音楽が三時間、国史、体操、課外講話が各二時間、算術および地理が各一時間の合計三六時間である。養成所は台中市の教化会館内に置かれた。[18]

養成所の第一回修了式は一九三九年三月二二日に挙行され、五五名に対し講師検定免許状が授与された。[19] 同年九月には第二回修了式が催され、六一名に対して免許状が交付された。続いて一九四〇年三月二八日、五七名の

第三回修了生に対し免許状が交付され[20]、一九四一年には第一回女子部修了生五七名に対しても免許状が授与された[21]。

以上のように、台中州では検定試験や養成講座が設けられ、これにより多くの「国語講習所」講師が輩出されていた。皇民化時期の一九四一年には女子教員の養成もなされていたことが分かる。総督府の「国語講習所」増設に伴い、こうした各州庁の検定、養成による講師が増え、実際の講習所の教育に当たっていった。このことは、総督府が「国語講習所」を正規の国語普及施設として重視し、その整備を図ったことを示していよう。

〈表 2–5〉「台中州立国語講習所講師養成所」教科課程および毎週授業時間数

教科目	毎週授業時間数	課程
修身公民	3	日本精神、国民道徳
教育	8	教育学、教授法
国語	14	読方、話方、作文
算術	1	算術、珠算
音楽	3	歌曲楽曲、楽器
地理	1	日本地理
国史	2	日本歴史の大要
体操	2	遊戯、体操、教練
課外講話	2	
計	36	

出典：『台中州報』第 1899 号（1938 年 9 月 6 日、344 頁）。

〈図 2–1〉「国語講習所講師養成所」修了式

出典：『台中州社会教育要覧』1941 年（国立台湾大学図書館所蔵）。

三　「国語講習所」の活動状況の宣伝

では、「国語講習所」は当初どのような生徒が入所し、どのように運営されていたのであろうか。当時日本語で刊行され総督府寄りの立場を表明していた新聞『台湾日日新報』と、同じく総督府の関連する団体であった台湾教育会より毎月発行されていた雑誌『台湾教育』から「国語講習所」の活動状況がどのように報道されたかを見てみよう。

1　「国語講習所」の盛況ぶりに関する報道

「国語講習所」開設当初の一九三〇年代初期、『台湾日日新報』はその応募状況を連日大々的に報道した。例えば、一九三〇年四月一八日の記事では、台北州において開所された五カ所の「国語講習所」がいずれも盛況である様子が次のように報じられた。

国語講習所の開所式が台北州下五カ処で一斉に挙行された。当講習所は公学校に入れない青少年男女を収容する。当初は募集者が定員に満たないのではないかと憂慮されたが、各処とも定員を超過した。応募者の大部分は二十歳前後である。将来好成績が得られると期待される。(22)

『台湾日日新報』では、新しく開所された講習所が各地とも定員を超過していることを報じている。また、その一年後の一九三一年四月一六日には、台北州下の「国語講習所」は先の一九三〇年設置の五カ所の講習所の成績が意外に良好であったことに鑑みて、一九三一年には州下一三カ所に増設したと報じられた(23)。そして、既設講習所は引き続き入所希望者が多いため、新たな入所志望者を収容する余地が極めて少なく、また、「新開設の講習所も入所希望者は各郡とも非常に多く収容人員の二倍三倍の盛況で到底その全部を収容するを得ない有様(24)」だと描かれており、台北州に限らず、台湾各地で「国語講習所」の応募状況が極めて盛況であることが強調されている。また、講習生には女子学生が多く、女子だけの講習所もあり、講習所の中には一つの椅子に五人も六人も座らせて辛うじて講義している様子などが報じられている。

このように「国語講習所」への応募状況が盛んである様子が報道されると同時に、講習生が日本語の必要性を自覚し、進んで入所したという記事も少なくない。例えば、台中州竹山郡に関する記事である。台中州竹山郡は、元来交通が不便であるため、州下で最も「民度」が低く、公学校の就学率も州下で一番低かった。そこへ、産業道路改修に郡民が多数出役し、その報酬の伝票を渡されたが、日本語が読めずに破棄した者が多数おり、後にそれをくやしがり、そのためにわかに「国語熱」が高まり、希望者が激増し、竹山庄だけでも講習所を四カ所新設し国語講習を行うという内容である(25)。また、台南州下の新豊郡では、隣接する台南市に野菜を売り歩く行商人が多数いるが、日本語が分からないために多くの内地人顧客を失うことになり、「部落」民間でも日本語の大切さが理解され、全般にわたって自発的に日本語を知りたい、習いたいという傾向が濃厚になってきたと報じられている(26)。このように、『台湾日日新報』の記事では、各地の「国語講習所」開設後間もなく、都市、農村を問わず、台湾民衆が「国語講習所」の開設を歓迎し、「自主的に」(もっとも、それは為政者の作り出した環境に合わせる努力であるが)入所を希望し、講習所への応募が定員を超過して、すべての希望者を収容しきれない状態であることが強調されている。

次に、講習生と講師に関する記事を見てみよう。講習生は、規定では約一二歳から二五歳までを標準とするとあるが、実際には高齢者の参加もあり、生徒は老若男女多岐にわたっていたようである。例えば、『台湾教育』では、台中州下の鹿港の「国語講習所」の入所希望者に関して次のように報じている。

（入所希望者は）二百名を突破し、志望者中には五二歳のカラスミ商人あり、四五歳の夫婦揃っての篤学者あり、或いは漁業組合よりは一団として其仕事上入所を希望し、或いは年齢外の家庭婦人が子の母性愛から嘆願する等、結局其中から熱烈な志望者男七五名、女七〇名丈を収容せざるの止むなきに至った。(27)

記事には、講習志望者の動機や年齢、職業の多様性が物語られている。報道の中では、女子の参加が特に多く、公学校に就学できない女生徒が、日中は働き夜は「国語講習所」に通ったと報じられている。中には二人の子どもを連れて懸命に勉強している者、(28)乳を飲ませながら、あるいは眠った小児を机に寝かせて受講する生徒の姿が描かれている。(29)修了生の中には修了を悲しんで、月謝を出してもいいからぜひ続けてほしいと懇願する講習生もあるという。(30)こうした学生の熱心さに職員も感激し一切を犠牲にして報酬などほとんどなしに授業をしているといった内容である。(31)

講師は、公学校教員の兼任講師が多かったが、講習所によっては専任を置く所もあった。講師が熱心に教育に当たる様子も報じられている。例えば、台南州斗六郡九弓林の講師を勤めた呉開興氏は、林内公学校の准訓導で、二年半の間、多忙な本職の傍ら、毎夜風雨をもいとわず三〇丁を通勤し国語講習に当たり、その不眠不休の努力と堅忍不抜の精神や熟練した教授法と態度は、「部落」民から慈父の如く慕われていたといった内容である。(32)いずれの記事も講習生、教師とも夜間にもかかわらず極めて熱心に授業に参加し、多くの講習所で出席率が九〇%を超えていると報じられている。総督府はこのように、日中は働きながら夜は講習所の授業に欠かさず参加する生徒や、公学校での本職の傍ら教壇に立つ講師等の活動を新聞・雑誌を通じて報じることで、模範的な「国語講習所」の姿を宣伝することができたのである。

国語普及の上で、地方の有志、特に保甲役員が積極的に「国語講習所」の設立に努める姿も強調されている。『台湾日日新報』は一九三三年一〇月六日から、台南州斗六郡の「国語講習所」に関する記事を五日連続で掲載している。記事によると、斗六郡は全島一国語熱旺盛で、全島無比の一街に一八カ所の「国語講習所」を有しているという。同郡に「国語講習所」がなぜこれほど多く設置されたのか。それは地方有志の援助があったからである。彼らは自費を投じて講習所を作り、書籍、紙、鉛筆、黒板等を寄付したり、また祭祀公業の廟が少なからぬ経費を寄付するなど、物質的援助と、講習所に時折参観に行って出席を督励したり、あるいは生徒募集に東奔西走する等の精神的援助とが相まって、「国語講習所」の増加につながったという(33)。

斗六郡での地元民による国語普及運動の様子は、一〇月七日の記事に続けて紹介されている。記事によると、当郡では、部落の有志、巡査、そして保甲役員といった地方の有力者が協力しあって「国語講習所」の建設に努めているという。まず、巡査である内地人が中心となって、「国語講習所」が開設された例が挙げられている。その内容は次のようなものである。

一九二六年、林内連合保甲事務所で書記を務めた呉秋冷青年は、生活をバラス採集に頼り、公学校に行くなど思いもよらない陰惨な郷里の乾渓子を、明るい部落に変えたいと、林内派出所の佐藤巡査に相談した。佐藤巡査は林内公学校長井上正氏とバラス採集の親分張温良氏に相談し、張氏が国語講習専用の会場を建て、同年男一七名女七名を講習生とし、呉氏自らが講師として教壇に立った。張氏は土地の寄付、自費で講師の招聘、講習生全員に教科書を与え、出席を督励し生徒を募集した。爾来風雨の夜も日曜祭日も休まず熱心な講習が続き、部落内の風紀は日々に改良され、明るい空気が部落に漂い、地方民は国語講習の存在を認め国語の必要性を痛感した。佐藤巡査は乾渓子の他九弓林でも国語講習所を設け講習所と部落振興会事業に努力し、一方石榴班派出所の原岩次郎巡査も講習所を創設、昼は派出所勤務、夜は自ら講師として教壇に立った。(34)

このように記事には巡査と地方の有力者とが積極的に協力しあって、講習所が運営され、地方民が国語教育の必要性を認める様子が描かれている。

次に、地方の保甲役員たちが指導して「国語講習所」が開設された例がいくつか挙げられている。例えば、「斗六郡大湖底で、一九三〇年保正を務めた李日郡氏は六〇過ぎの老人であったが、自ら家屋を提供して講習所を作り入学勧誘に努め、娘を講師に当たらせ国語普及に奮闘した。(35)」という記事である。他にも、保正が「国語講習所」を開設する記事が掲載されている。その内容は次のようなものである。

九弓林部落の第一保正総代の蔡松氏と第二区保正総代の李寶氏とは昔からの犬猿の仲であった。乾渓子国語講習所の成功を見て大いに心動かされた第二区総代の李氏は、自費二千円を投じ自宅前方を増築、これを会場として国語講習所を開設し、一九二八年五月会員一〇〇余名をもって開講、娘を講師助手に、自らは教授用具や腰掛けオルガン等を購入し、国語普及事業を天職と信じ活動した。そのため、会は盛んになるし部落民の信望も一斉に氏に集まった。その後第一区総代も国語普及に理解を示し、両総代は協力しあって国語普及に努めるようになった(36)。

さらに、保甲役員たちが「国語講習所」を開設するのみならず、自らも国語講習に参加した記事もある。

台南州北門郡西港庄後営において、一九二八年後営保甲連合会長を務めた蔡大氏は、自らの国語不理解を嘆いていた。かつて台中での産業大会に出席し、どの委員も自分の意見を発表するのに、自分は国語が分からぬためにそれらの意見も聴取できず、また自分の意見も発表できずにすごすご帰って来たことがあった。爾来、国語理解の重要性を理解し、熱心な国語普及宣伝者となり、国語学習の模範とすべく、率先して保甲役員有力者を訪問説得し、ついに一九三二年一〇月、保甲役員を中心とする特殊国語講習会を開き、六八歳を頭に五〇歳以上の保甲役員達が懸命に講習に参加した。蔡氏は視察が見えると国語で挨拶し、誰に向かってでも国語宣伝をし、相手が国語が分からぬ時は「こんにちは」と声をかける(37)。

台南州斗六群斗南庄石亀渓では、同「部落」の活動中心となる第一保から第四保までの保正および甲長有志を五〇名、年齢は三〇歳から五四歳までの老人組を講習生として入所させている(38)。いずれも年齢の高い保甲役員たちが国語講習に参加する様子が報道されている。

このように地方の有力者や保甲役員が、あるいは内地人巡査等と協力しあって「国語講習所」を開設したり、あるいは自ら率先して講習に参加したりする様子は、総督府の施策を支持する新聞・雑誌にとって、国語普及の格好の宣伝材料となり、このような報道は各地についてなされている。同時に、これらの記事を新聞や雑誌に掲載することで、総督府は自らにとって望ましい「国語講習所」の姿を台湾社会にアピールすることができたのである。

2 報道に表れた「国語講習所」の効果とその実況

「国語講習所」は所によって国語講習のほかに算術、修身、唱歌等の教科や女子には裁縫等も教えていた。そのため、関係者は「国語講習所」を「夜の公学校」と位置づけていた[39]。したがって、講習修了後は単に国語が上達するだけでなく、日本国民としての資質を備えることを当局は期待していた。それでは、実際に講習を修了した後、どのような効果があると宣伝されたのであろうか。『台湾日日新報』は一九三二年一二月二〇日の記事で、女子の講習生が多いことに関して次のように述べている。

……国語の外に女子として必要な礼儀作法及び裁縫も教習させるので一定期間之を受けた者の婚嫁先きに於いて非常に評判がよいといふ。畢竟之に依て女子が人としての要素を具へると共に国語を解せぬ者は母としても不適当であるとの観念が、深く本島人家庭の間に根ざして来たものと考えられ、誠に喜ばしいことであると思ふ[40]。

講習を受けた女子は国語の外に礼儀作法や裁縫も習得し、嫁ぎ先で評判が良いだけでなく、母親としての素養も兼ね備えられるということである。

また、『台湾教育』では、「鳳山国語講習所」における講習後の学生の生活態度の変化について、次のように述べられている。

講習生の過半数は、下女、或は其の日其の日の生活にさへも困難である貧困者の子妹、若くは、一家の生計を支へる為めの日傭人で、家庭的にも、経済的にも恵まれない同情すべき人々である。第一期生として新に入所する彼等は、無教育者の誰もに見られる（それは止むを得ないことではあるが）あの粗暴野卑の心が、或はその言葉遣ひの上に、或は動作の上に遺憾なく現はされ、之が果して教育され得るであろうかと、少なからず疑惑せざるを得なかった。然るに、指導の日を重ねるに従ひ、何時とはなしに、而も、他より強制された不自然の形としてではなく、女性らしい態度や言葉遣ひが次第に見えて来る。これは、人間の、女性の、本性を覆ふていた野卑粗暴の外皮が、教育の力によつて自ら取り除かれて行くからであらふ。そして、修了期の近づくにつれて、言葉態度は勿論、その姿態、容貌までもが別人の如く上品に美化されて来る。(41)

「鳳山国語講習所」では講習目標を「一人前の人間にまで指導し、日本国民としての自覚をもたせ、国語は少なくとも公学校四年修了程度の力を養わせる」としている。(42)

このように、未教育の者に講習を施すことによって「一人前の日本国民」が生まれ得ることが、講習所関係者によって訴えられている。「国語講習所」は国語だけでなく、算術や裁縫をも教授したため、商人や女子等の講習生を多く引きつけた様子である。これ以外にも、講習を続けるうちに講習生の態度や言葉遣いに変化が見られるという記事が、しばしば見られる。一九三八年『台湾婦人界』七月号、八月号に掲載された「国語講習所」の教師と生徒たちとの座談会の記事にも同様の内容が掲載されている。

この座談会の中で、教師たちは入所したての生徒たちが大声で話したり、「野生そのまま」であったりするため一列に並ばせるのも一苦労であると発言している。しかし、「国語講習所」の集いにおいて、入りたての一期

〈図2-2〉 新竹州「港子墘国語講習所」講習風景

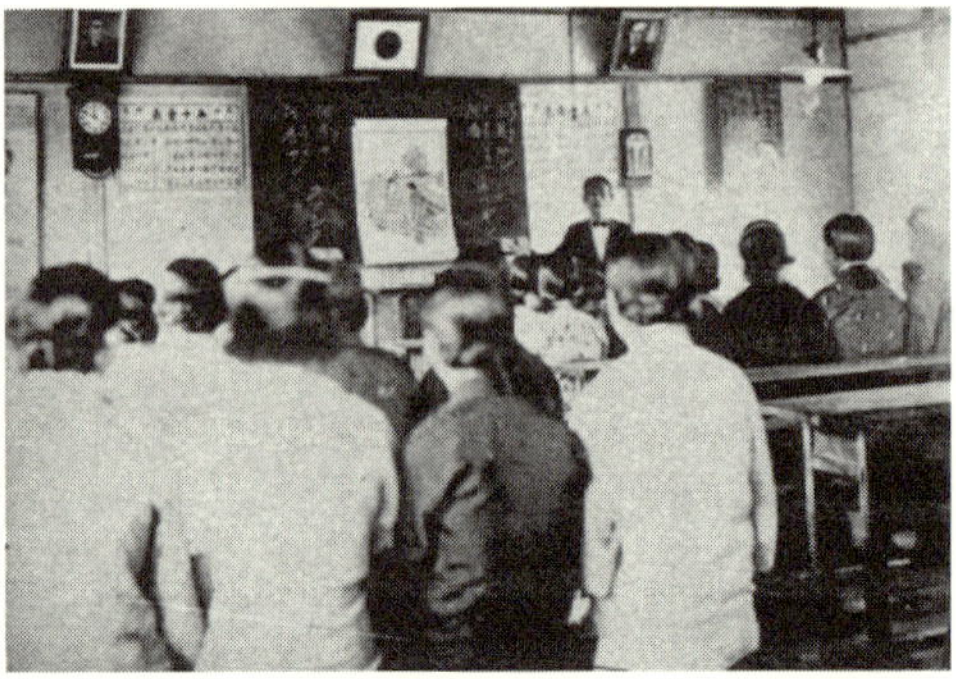

出典：『台湾の社会教育』1938年（国立台湾大学図書館所蔵）。

生が大あくびをしたりするのを二期生がたしなめるようになることや、最初は授業中でも煙草を吸う者があったりするのが、一期修了の頃には「一通りの礼儀をわきまえる」ようになり、「人柄がガラリと変わってくる」とし、これが「教育の力」であるとされている(43)。さらに、教師たちは、生徒たちに広い世界を教えることが大切だとしている。「彼等は極く狭い世界しか知らないのだから、異なつた世界を『こんなこともあるのだ、こんな世界もあるのだ』と、どんどん見せてゆくことが大切(44)」であるとし、講習を通じて社会的ルールや社会の概念が教えられることが語られている。講習のこうした効果は、文献を見る限りしばしば強調されているが、社会的指導が講習所の実際の教育の中で大きな位置を占めていたことは、第二部の事例調査でも見られる特徴である。国語のみならず他の教科や社会的指導も行っていたことから、「国語講習所」は「夜の公学校」であるという認識が生まれたのである。

なお、講習期間は、要項には「国語講習所」は一年から三年とされているが、実際には一年から四年と講習所によって格差があり、二年のものが一番多かった(45)。「簡易国語講習所」も同様にその期間には三カ月から六カ月と幅があった。また、「国語講習所」講師講習会や研究会が総督府によって開催されるようになり、さらに、第二節で検討したように、各州庁において講師の教育が重視され、まず台中で一九三七年に「国語講習所」専任講師養成所が開設されたのをはじめとして、その他の州庁でも同様な機関が設立された(46)。こうして「国語講習所」

の制度は、大々的に報道される一方で、着々と整備されていった。

〈図 2-3〉1934 年「霧峰第一簡易国語講習所」修了記念写真

出典：台中市（中央研究院台湾史研究所檔案館所蔵）。

四　「国語講習所」拡張のための議論

一九三〇年代に入ってからの国語普及政策は、戦時体制を整える重要な国策の一つであった。主要な国語普及機関である「国語講習所」の必要性、およびそれに対する期待はどのように報じられたであろうか。また、国語普及を順調に遂行するためにマスコミを通じてどのような議論が提示されたであろうか。以下、『台湾日日新報』および教育雑誌等に表れた「国語講習所」を拡張するための議論を探る。

『台湾日日新報』は一九三一年四月二二日の社説で「国語講習所」設立に関し、「国語普及の新運動」と題し報じている。その内容は次のようなものであった。

> 国語とは一国の国民精神が宿ったものであり、国語普及は正に国民精神作興のための第一の手段である。したがって、台湾各州庁が総督府文教局と相俟って、全島的に国語普及の手段を実

現したことは、実に意義深い[47]。

この記事では国民精神作興のために、全島的な国語普及施設である「国語講習所」が設置されたことを高く評価している。同時にこれら講習所で「正しい」日本語、即ち標準語が教えられることが提唱され、「質の改善も併せて必要」であるとされた[48]。この時期、新聞・雑誌では「国語講習所」での教授内容は生徒の生活に即した日本語が授けられることが提言されている[49]。

また、一九三二年一二月二〇日には「国語普及施設の拡張に就いて」という記事が掲載されている。記事の冒頭では、中川健蔵総督が国語普及の重要性を強調したことに触れ、国語は国民精神の象徴であり、国語を無視して国民精神を語ることはできない、よって、大多数の新附の民を擁する台湾では、国民精神を鼓吹し振興するための常設的措置として、国語の普及に最大の努力を払わねばならないと主張されている。さらに、「国語演習会」や「国語常用家庭」等の各国語普及運動や「国語講習所」の様子が述べられた上で、一九三二年現在、国語理解者が二割に過ぎない事実に触れ、「国語普及一〇カ年計画」の目標である国語理解者五割達成を目指し、文教当局は勿論のこと、台湾人も時勢を理解し、自覚を持って進んで国語講習を受けるようにならなければならない、と叱咤激励している[50]。以上から分かるように、新聞の論調は国語普及の成長に対し不満を表し、当局に対して国語普及を推進するように促している。

ここには、当時の国語普及宣伝に共通した思想が現れている。即ち、国語は国民精神の表れであるという主張である。それは、「国語に通じ、国語を話すことに依って、自然に日本精神を修得し、国家個性を識り、国体の神髄を会得することが出来る[51]」とする主張である。即ち、日本語を話すようになれば、自ずと日本精神を会得するようになるというのである。新聞雑誌には、さらに次のような主張さえ現れた。「本島人の最大幸福は其の日本人たるの個性を完成し、内台一元の実をあぐるに存す」[52]と、台湾人の幸福は完全な日本人となることにあるとしている。そして、このために一層の国語普及の徹底が必要であると叫ばれたのである。このような趨勢を受けて、総督府は「国語講習所」を迅速に増設していった。

一九三四年三月一日、総督府並びに中央教化団体聯合会により、台湾社会教化協議会が開催された。会には台湾における主たる文武官約一五〇名が出席し、社会教化の方策について協議された[53]。この中で中川総督は挨拶をし、社会教化の徹底が緊要であると述べた。中川は「社会教化事業は未だ日が浅いが、皇国精神の涵養、国語の普及奨励、勤労精神の訓練、生活改善、公民的精神の普及等、近時著しき進展を示し、至る処新興の気運勃然たるものが認められる」としながらも、これらの社会事業は台湾の実状に鑑み、また当時の社会教育の重要性と併せて考えると「今後大いに社会教化の普及徹底を図らなければならない」、また「本島の実状に即したる教化対策を確立し以て国民教化の普及徹底に資したい」と述べている[54]。そして、この協議会の決議を受けて「台湾社会教化要綱」が発布され、指導精神、教化施設、奨励方策等項目に関しての要項が規定された。このうち、教化施設の項目中には「国語普及」に関して、各市街庄の各部落に「国語講習所」または「簡易国語講習所」を設置することが規定された[55]。これ以降、「国語講習所」の設置は拍車をかけていった。

このように、「国語講習所」は単に国語を教授するところではなく、日本国民養成の場であり、全島規模の国語普及計画の基盤であったことが当時の報道から見て取れる。国民的教化の普及徹底を図るために、何よりもまず国語の普及を図ることが急務であったのである[56]。そして、「国語講習所」の増設のために多額の予算が組まれ、またそれが奨励された。一九三二年八月に『台湾日日新報』で報じられた国語普及は「国民的思想感情を涵養し国民的融合の実現を期し、同時に本島住民の文化を向上進展せしめ、以て一視同仁の聖旨に副い奉る所見である」[57]という見解は、「国語講習所」設立の理念を端的に表していよう。そして総督府はその施策を支持する新聞・雑誌と相まって、この理念を台湾社会に訴えているのである。

一九三〇年代初期の「国語講習所」に対する宣伝は、一方で非常に盛況を博していることが報じられながら、他方では社説や教育雑誌を通じて、現状では量質両面において不足しているとされ、さらなる国語普及の強化が訴えられている。これは当時の国策と深く関わっている。ファシズム体制下、日本内地においても言論思想統制が行われていた。植民地台湾においては、学校教育を受けない多数の一般民衆を教化するには、社会教育に頼らざるを得なかった。そして、社会教育の中で、最も重要なものは国語普及であった。このような状況の下、「国語講習所」に対する当局の期待は、単に国語講習を行うのではなく、国語教育を通じて日本国民を養成することにあり、それがひいては大日本帝国統合の手段になると考えられたのである。こうした計画を促進するため、「国語講習所」は国民精神涵養の場であるという宣伝が繰り返しなされ、講習所が量質ともに躍進することが期待されたのである。

以上検討したように、「国語講習所」設立当初は、新聞雑誌には、いずれも定員を上回る募集があり、授業では生徒、教師とも極めて熱心に取り組んでいる様子が報道された。設置されてからの二、三年は、実際の普及状況はそれほど盛んでなかったが、新聞・雑誌ではその盛況ぶりが度々強調された。そして、生徒が自主的に日本語を学ぼうとする姿もまた頻繁に報じられている。それらは決して強制によるものではなく、日本語を知らないために損をしたとか、あるいは公学校に通うことができなかったからせめて夜学に通いたいという実質的な要求に根ざしていたと報じられている。また、地方の保甲役員等の有力者が自主的に、時には私費をもって講習所を開き、生徒勧誘を行い、場合によっては自らも受講し、時には内地人と協力しあって国語講習をするという積極的な態度で国語普及に奔走する姿が描かれている。『台湾日日新報』や『台湾教育』をはじめとする新聞雑誌では、こうした生徒や教師の意気込み、地方有志の貢献等が報道され、国語普及がいかに台湾民衆に受け入れられ、順調に推進されているかが強調され、同時に、模範的な「国語講習所」の姿が描かれているのである。

一九三三年、台湾総督府は「国語普及一〇カ年計画」を打ち立て、皇紀二六〇〇（一九四〇）年には日本語理解者を五〇％にしようと国語普及を推進したが、実際にはそれを遥かに上回る勢いで日本語普及がなされた。新聞や雑誌には、「国語講習所」の生徒が盛んに「国語演習会」に参加するなど、その上達ぶりが披露されている。こうした講習所の増設や講習生の増加と同時に、「国語講習所」は国民精神を養う場であるという主張が盛んになされている。国語は国民精神の現れである以上、それを学ぶことによって、台湾人が完全に日本人となることが期待できるというのである。そして現状の国語普及は量、そして国民精神の自覚という質的な面に於いても不足であると主張されている。国策として社会教育を捉える総督府にとっては、「国語講習所」は日本精神涵養の場でなくてはならなかったのである。そのため、総督府は新聞や雑誌等の媒体と相まって、模範的「国語講習所」の姿を報道すると同時に、国語普及の重要性を繰り返し強調したのである。

五　小　括

本章では、「国語講習所」設立当初の設置数、生徒数、要項の内容、講師養成、そして講習所の報道を検討した。一九三〇年台北州をはじめとして各州庁で発布された「国語講習所」の要項では、当該施設では国語を常用しない者に国語を教授すると同時に、徳性の涵養、智能の啓発といった「公民的教養」を授けることが目的とされた。「国語講習所」は各州庁で要項が発布されながらそれと前後して、一九三一年一二月二九日、府令第七三号「台湾に於ける公立の特殊教育施設に関する件」の発布によって、正式な総督府の国語普及施設として規定された。講習所が設置されて最初の二、三年は、実際の国語普及率はそれほど盛んではなかった。そのため、総督府は新聞・雑誌を通じて、各地で講習所の活動が活発に行われている様子を報道し、またその中で模範的な講習所の姿を報じ、同時に「国語講習所」が単なる国語教授の場でなく、日本国民精神涵養の場であるという理念を強調した。

総督府は、一九三三年、「国語普及一〇カ年計画」を打ち立て、積極的に講習所を増設した。これに伴い、各地では専任講師の養成も行われた。他の州庁に先駆けて講師養成を始めた台中州では、一九三四年より講師に対する講習会を開催し、一九三七年には講師検定規則、一九三八年には講師養成所規則が制定され、多くの「国語講習所」講師が輩出された。

本章で明らかにされたように、国語普及運動は、一九三〇年代初期から総督府の台湾人に日本精神を涵養するという理念に基づき、迅速に推進されていった。正規の学校教育だけでは不足している国語普及を、社会教育により推進していったのである。この結果、学校に通わない多くの台湾人民衆を「国語講習所」に入所させることに成功し、国語普及率は飛躍的に上昇していった。講習所の増加に伴い、各州庁においては専任講師の養成も行われ、「国語講習所」は総督府の正規の国語普及施設として整備されていった。

国語普及運動は、一九三七年前後から時局の影響を受けて、国語常用運動へと転換された。「国語講習所」が増設されるほかに、家庭内でも国語常用を推進し、台湾人民を総動員する運動へと展開されていった。

(1) 中越栄二『台湾の社会教育』台湾の社会教育刊行所、一九三六年、六八頁。
(2) 台湾教育会編『台湾教育沿革誌』一九三九年、一〇一七—一〇一八頁。
(3) 『台中州報』第一一四三号、一九三四年三月三一日彙報、一〇九頁。
(4) 同前報、第一三八三号、一九三五年九月八日彙報、三八八頁。
(5) 林廷輝翻訳・林修澈註釈『竹南国民小学沿革史　戦前篇』苗栗文化観光局、二〇一〇年、三五六、三五七頁。
(6) 前掲報、第一二六三号、一九三四年一二月二八日彙報、四九五頁。
(7) 同前報、第一二七七号、一九三四年二月六日彙報、五一頁。
(8) 林、前掲書、三七二、三七三頁。
(9) 「関西庄国語講習所教案・日誌」一九三七年（第7章〈表7-4〉参照）。
(10) 前掲報、第一六八二号、一九三七年五月二五日州令、二一九頁。
(11) 同前、二二〇頁。
(12) 同前報、第一八六二号、一九三八年六月二日公告、二三四頁。
(13) 同前報、第一九二二号、一九三八年一一月五日公告、四一八頁。
(14) 同前報、第二〇六六号、一九三九年九月二七日公告、三九一—三九二頁。
(15) 同前報、第二〇七七号、一九三九年一〇月一九日公告、四二九頁。
(16) 同前報、第二四五九号、一九四一年一一月二一日公告、五三〇—五三一頁。
(17) 同前報、第一八九九号　一九三八年九月六日州令、三四四頁。
(18) 同前報、第一九一五号、一九三八年一〇月一五日告示、四〇一頁。
(19) 同前報、第二〇七七号、一九三九年一〇月一九日公告、四二九頁。
(20) 同前報、第二二四五号、一九四〇年三月二八日公告、一二七頁。
(21) 同前報、第二三二九号、一九四一年四月五日公告、一三三頁。
(22) 『台湾日日新報』一九三〇年四月一八日夕刊、第四版（漢文）第一〇七六七号「国語講習開所式州下一斉挙行　将来一般多所期待」。
(23) 同前紙、一九三一年三月二九日、第七版 第一一一二〇号「台北州下の国語講習所本年十三箇所増設」。
(24) 同前紙、一九三一年四月一六日、第七版 第一一一三七号「台北州新設の国語講習所開所式十六日一斉に挙行 入所希望者多数」。
(25) 同前紙、一九三〇年五月九日、第五版 第一〇七九八号「盛んになった国語練習 竹山郡下で」。
(26) 同前紙、一九三三年八月二六日、第三版 第一一九九四号「台南州下新豊郡下の国語習得熱旺盛 専任の講師をおいて本格的に講習を続く」。
(27) 「国語普及運動」『台湾教育』第三四七号、一九三一年六月、一七五頁。
(28) 前掲紙、一九三一年五月五日、第七版 第一一一五六号「台北州下の国語講習所入所者の熱心さに職員も懸命に授業」。
(29) 同前紙、一九三三年一〇月一〇日、第三版 第一二〇三八号「何んな山奥にも国語の話せぬ者はない（四）全島一国語熱の旺盛な台南州斗六郡」。
(30) 「国語普及運動」『台湾教育』第三五五号、一九三二年二月、一三六頁。
(31) 前掲紙、一九三一年五月五日、第七版 第一一一五六号「台北州下の国語講習所入所者の熱心さに職員も懸命に授業」。
(32) 同前紙、一九三三年一〇月七日、第三版 第一二〇三五号「何んな山奥にも国語の話せぬ者はない（二）全島一国語熱の旺盛な台南州斗六郡」。
(33) 同前紙、一九三三年一〇月六日、第三版 第一二〇三四号「何んな山奥にも国語の話せぬ者はない（一）全島一国語熱の旺盛な台南州斗六郡」。
(34) 同前紙、一九三三年一〇月七日、第三版 第一二〇三五号「何んな山奥にも国語の話せぬ者はない（二）全島一国語熱の旺盛な台南州斗六郡」。
(35) 同前紙、同記事。
(36) 同前紙、同記事。
(37) 北門郡後営国語講習所「国語普及の親分」『台湾教育』第三七五号、一九三三年一〇月、一〇〇―一〇二頁。

(38) 前掲紙、一九三四年四月二二日、第三版 第一二二三〇号「保甲長らが国語を習ふ五十四歳の老人もある」。
(39) 朱萬成「国語庄！ 田寮」『台湾教育』第三七九号、一九三四年二月、三四頁。
(40) 前掲紙、一九三二年一二月二〇日、第二版 第一一七四七号「国語普及施設の拡張に就て 国語を解する者僅か二割」。
(41) 白潟保「国語講習所の経営」『台湾教育』第三七九号、一九三四年二月、四二頁。
(42) 白潟、同前論文。
(43)「国語講習所の先生と生徒の座談会「皇民化は婦人から」の頼しさを聴く」『台湾婦人界』一九三八年七月号、一四―一五頁。
(44) 同前記事、一五頁。
(45) 中越、前掲書、六九頁。
(46) 慶谷隆夫「国語普及の新段階」『台湾時報』第二一八号、一九三八年一月一日、一六頁。皇民奉公会中央本部『第三年目に於ける皇民化運動の実績』一九四四年、四一―五一頁。
(47) 前掲紙、一九三一年四月二二日、第二版 第一一一四三号「国語普及の新運動 質の改善も併せて必要」。
(48) 同前記事。
(49) 曾栄源「国語講習生の指導に対する管見二」『第一教育』第一一巻第八号、一九三二年九月、九一―九二頁。
(50) 前掲紙、一九三二年一二月二〇日、第二版 第一一七四七号「国語普及施設の拡張に就て 国語を解する者僅か二割」。
(51)「国語普及について」『台湾教育』第三七九号、一九三四年二月、一頁。
(52) 同前記事、二頁。
(53) 前掲紙、一九三四年三月二日、第二版 第一二一八〇号「社会教化の方策を確立する協議会けふ百五十名出席して開かる」。
(54) 同前紙、一九三四年三月二日、第二版 第一二一八〇号「社会教化の徹底は台湾として将に緊要 中川総督の挨拶要旨」。
(55)「台湾社会教化要綱」『台湾時報』第一七四号、一九三四年五月、九五―九八頁。
(56) 佐々木亀雄「台湾に於ける国語運動」『台湾時報』第一六一号、一九三三年四月、三二頁。
(57) 前掲紙、一九三二年八月一八日夕刊、第一版 第一一六二四号「国語普及によって国民的融合を実現 長官訓辞教育課長会議第一日」。

第3章

一九三〇年代後期から一九四五年までの国語普及政策とその状況

本章では一九三〇年代後半から一九四五年までの国語普及運動を扱う。それまでにすでに進められていた国語教育の社会への浸透は、この時期、一九三七年以降推進される皇民化運動の中で、新聞の漢文欄廃止に加え役場その他の公共・半公共的機関での台湾語の禁止など、なかば強制的な国語普及へと進展する。そして、「国語常用家庭」などを中心として、社会生活のみならず家庭生活においても国語の常用が訴えられるようになる。

本章では、国語常用運動期に当たる一九三七年から四五年までの期間、総督府の国語教育理念を取り上げながら、皇民化政策期、台湾社会に対する国語普及の状況を検討する。

一　皇民化政策の成立と国語教育方針の転換

1　「アジア共同体」思想の形成と植民地に対する皇民化政策の始動

日本の対アジア膨張が、西洋列強との不平等条約が撤廃されない状況下で推進されたことは周知のことである。明治以降の指導者たちは西洋諸国に対し常に被害者意識をもち、ヨーロッパ諸国の世界分割がアジアに及ぶと、自身の安全のため、「東洋の平和」の名の下に日清戦争、日露戦争、そして植民地帝国の獲得へと駆り立てられていった。(1)

一九三一年「満州事変」以来、日本国内は軍国主義の色彩を濃厚にしていった。天皇を中心とするファシズム体制は強烈な国家主義の思想を有し、日本国内は皇国民思想一色に染められていった。こうした思想状況の中、一九三七年に日中戦争が始まると、日本国内の論壇はこれを「聖戦」と見なし、西洋諸国に対する「東亜の統一」が訴えられるようになった。(2)「東亜協同体」「東亜連盟」「東亜民族」「東亜新秩序」後に「大東亜共栄圏」など一連の「東亜」の名称で呼ばれた帝国の建設は、「アジアの共同体」という言葉で想像されるようになったのである。(3)

こうした「アジア共同体」思想の出現は、日本帝国内の諸地域の文化の日本化を推進させ、台湾や朝鮮でも民衆の日本への文化統合は、極端な同化主義を唱える皇民化政策となって現れた。

台湾における教育政策は、初期は「民度」を理由に、日本人と台湾人とを区別した制度が取られ、徐々に同化を進める漸進的同化政策が提唱されていた。しかし、日本国内が大正デモクラシー期を迎えると、それまで武官が歴任してきた総督が文官へと代わり、新しい文官総督の下で台湾は日本国内と同様の制度を敷くべきだとする

「内地延長主義」が唱えられ、名目上は教育制度等における日台人間の区別はなくなった。しかしながら、その実は台湾人に対する差別構造が深まり、台湾総督府の意図する同化は遅々として進まないというのが現状であった。[4] そして、戦時期を迎えると、「アジア共同体」思想の形成と相まって、植民地の民衆を総動員するために、さらなる同化の強化として皇民化が唱えられるようになったのである。

日本国内においては、一九三七年、第一次近衛内閣により、国民の総力結集を促すために「国民精神総動員運動」が展開された。台湾では同年、再び武官総督を迎え、小林躋造総督の下に皇民化、工業化、南進基地化の統治三大方針が打ち出された。戦時下の台湾は、日本帝国が東南アジアに進出するにともない、南進基地として重要な位置を占め、島内人民の日本帝国への統合は一層強化された。

さらに、一九四〇年、日本国内で大政翼賛会が結成された。この政治、経済、教育、文化等の各方面にわたる全体主義国家建設組織は、植民地においても、台湾では皇民奉公会、朝鮮では国民総力聯盟、南樺太では国民奉公会、関東州では興亜奉公聯盟という名称で組織され、民衆はこの組織の下、戦時体制に組み込まれた。この組織結成を受けて台湾では、一九四一年から皇民奉公運動が展開され、皇民化運動が一層推進されることとなっていった。

2　皇民化政策の内容と国語教育理念の強調

皇民化とは、字義的には「皇化に浴せしめる」ことであり、植民地の人民を日本人たらしめる精神をもって行う諸々の運動が皇民化運動とされる。その際には日本精神の発揚が声高に唱われ、指導者側の倫理が強調されている。[5] 皇民化運動が植民地人民の日本への同化であったことは多くの研究者に指摘されており、[6] その多くは戦時体制に備えた日本化として取り上げられている。皇民化という文字の示すとおり、それは大きな概念としては植民地人民を天皇制国家へ同化させるものであるが、視点を台湾社会の側に転じると、実際の皇民化運動は、植民地人民の生活の様々な局面に携わる運動であり、同化以外の機能も備えていたように思われる。そこで、運動の内容を具体例を挙げて検討し、皇民化運動が内包する機能を検討してみよう。

日中戦争勃発五カ月後の一九三七年一二月、基隆市では、国民精神作興、民風刷新、弊風打破、勤労奉仕等を積極的に援助、遂行するために、皇民化心得を模造紙に印刷して各戸に配付している。その要綱は十数項目にわたるが、具体的には、次のような内容が含まれていた。「神社参拝を励行すること」「毎朝神棚を拝むこと」「国旗を大切にすること」「国語修得に努めること」「子どもには内地式名前をつけること」「冠婚葬祭の諸弊風を改めること」「勤労奉仕を進んで行うこと」「保甲役員だけでも一足先に台湾服を廃止すること」(7)。

ここから分かるように、神社参拝や子どもの命名など日本への同化を意図したものが目立つ一方で、冠婚葬祭の改善や勤労奉仕など、必ずしも日本への同化のみだけでは説明できないものもある。この他に、衛生概念の導入といった生活改善化も皇民化運動の一つとしてよく挙げられている。例えば、「日常ハンカチ鼻紙使用を励行すること」、「風呂場設置奨励」や「便所設置奨励」それに「時間の励行」(8)等である。戦時下特有の項目も見られる。「報国貯金の実行」(9)、「遵法精神の鼓吹、特に戦時体制諸統制法令の遵守、物資軍夫の応召に率先応ずる美風強化」(10)などである。

こうした項目を整理すると、皇民化運動の内容は、主に次の三つに大別できよう。

（1）日本への同化

（2）戦時動員体制化

（3）　生活改善化

（1）は、神社関係の規定や民間信仰の取締りなど宗教に関するもののほかに、国旗掲揚、和服の着用などが挙げられる。また、一九四〇年に導入される改姓名などもここに分類される。そして何より、日本への同化の手段として国語の習得と常用が強調されている。（2）は、戦時体制に備えるもので、前述の「報国貯金」や「戦時体制諸統制法令の遵守」、一九三七年に始まる志願兵制度も含まれる。（3）は、衛生概念や時間遵法概念の導入など、いわゆる「近代化」を志向する諸々の生活改善運動である。[11]

当時の知識人の中には、日本への同化の過度な強調が、生活改善化の妨げになることを危惧している者もある。台北帝国大学助教授の中村哲は、仕事に不便な女子の和服を奨励することは生活の合理化につながらないとして反対している。中村は、「文化政策としての皇民化は日本の国民的な生活様式を普及さすことも、その生活様式がいくらかでも従来の本島人のそれよりも便利なもの、合理的なものであることを要する」と述べ、「台湾の風土・気候を考慮した上で合理的な文化内容を皇民化運動として入れなければならない[12]」と主張している。

こうした主張は、皇民化運動が明らかに社会生活、家庭生活の能率向上を志向するものであることを示している。このように検討してみると、皇民化運動は、従来の通説になっている極端な日本化のみでなく、戦時動員体制化、そして生活改善化といった要素が渾然一体となった複合体であったといえよう。国語教育もまた、日本化のみでなく公教育的機能をも有し、実際の教育では日本精神の涵養のみならず社会的ルール等も教えられていたのである。次に、皇民化期国語教育の理念を検討しよう。

国語教育によって日本精神を涵養するという考えは台湾領有の初期からあったが、この時期にはそれが一層強調されるようになった。小林躋造総督は一九三八年一二月一〇日に挙行された第二五回全島国語演習会において、次のように述べている。「……国民精神を養ふことは本島統治の根本であるがしかも国語は実に之を養ひ育てる苗床ともなり、畑ともなるのである。これは或国の国語の中には其の国の国民精神が十分に含まれて居るからである」[13]。この告辞の中では、国語は国民精神を具現したものであり、その教育によって日本国民精神が培われるという主張がなされている。こうした主張は、皇民化期の台湾の新聞、雑誌、あらゆる宣伝工作の中に見られるもので、この時期の運動は、その名称が「国語」で始まるもので占められていく。

一九三九年六月二〇日から二二日までの三日間、文部省主催の「国語対策協議会」が開かれ、朝鮮総督府、台湾総督府、関東局、満州国、南洋庁、興亜院各地連絡部の官吏や教育者を中心として、東亜における国語教育についての協議がなされた。この協議会は国語教育の統一を図り、教科書を編纂するために開かれたもので、以下の事項が可決された。(1)国語の調査統一機関設置の件、(2)日本語教育連絡機関設置の件、(3)日本語指導者養成の件、(4)標準日本語辞典編纂の件、(5)日本歌詞・楽曲選定の件、(6)レコード竝に発声映画製作の件[14]。これらは日本語を「アジア共同体」に普及させるための措置であり、この中で学校教育、社会教育と共に一定の普及をなしていた台湾は、東亜の日本語普及の指導的役割を果たすように期待され、こうした外的要因も加わり、台湾島内の国語普及運動は加速し、国語教育は日本人意識の育成のみならず、台湾一地域に限らず、大東亜共栄圏における日本語普及をも念頭に置いたものへと変貌していった。

3　国語普及運動から国語常用運動へ

国語普及は、台湾総督府にとって台湾領有以来一貫した重要政策であったが、その普及率は低く、したがって意図する国民精神の育成もなされ得ない状況であった。こうした国語普及の現状に対する批判は、すでに一九三六年頃より出始めている。台湾領有四〇年が経過し、学校や「国語講習所」の国語教育、「国語演習会」やラジオといった国語普及がなされているものの、台湾人の多くは学校などの限られた空間でのみ国語を使用し、社会や家庭においてはそれぞれの母語を話すのが現状であった。当時の雑誌には、「四十年の継続事業とされて来た国語普及が表面的のものとされていて、内実的には何物をもないと言ふ有様」[15]と、国語普及の現況を嘆く記事も見られた。そして、こうした状況を打破し、台湾人に国語を常用させ、帝国の臣民としての自覚を持たせなくてはならないという世論が為政者を中心に沸き起こってきた。

こうした世論と国策とに後押しされ、国語常用期には国語普及期にも増して国語を通じて日本的国民精神が涵養され、しかもそれが社会の隅々にまで浸透するように強調された。戦時下の国語教育には必ず国民精神の涵養という使命が付いて回ったのである。当時の論説の中には国語普及の躍進を賛美するものがある一方、その普及が言葉の側面にとどまり、国民精神の育成がなされていないと嘆くものが少なくない。教養のある紳士が公共の場で台湾語を話したり[16]、一部の内地人婦人が行商人と台湾語混じりの日本語を話したりすること[17]への不快感と危機感が表されている。

このことは、とりもなおさず諸々の国語普及が行われているにもかかわらず、大多数の台湾人の間に日本国民としての精神が見られないのみならず、国語理解者が台湾語を使用したり、日本人が台湾語と日本語を混用したりしていることが日常的に見られたことを示している。だからこそ、声高に国語常用が叫ばれ、また、同一文化の「東亜の建設」を掲げる以上、台湾人の日本化は緊要な政策であり続けたのである。

こうした現状を踏まえて提示される議論は、当然強制的な国語普及論であった。中には官庁や会社で国語不解者を採用しないようにする[18]、若しくは政策的な措置をとって国語ができなければ社会生活ができないような環境を作ることが提案された。[19]実際に台中州下東勢郡各街庄の役所では、出入りする国語不解者から通訳代として一回に付き一〇銭を徴収したり、同州甲郡龍井信用組合では最低限のあいさつは国語でなければ貯金も貸付金も受けつけないといった措置をとったところ、民衆の国語力が高まったという報告[20]や、台南専売支局では管内の煙草小売人七四五名に対し、来る更新を機に徹底的に国語普及を図るために市街地においては小売人たりうる第一条件は国語を理解する者でなければ許可しない方針で臨んでいることが報道されている。[21]同時に人目につく所に国語常用標語を置くなどの措置もとられた。[22]しかしながら、当時の台湾社会では日本語は生活用語になっていなかった。そのような状況下で日本語を常用させるためには、大衆に受け入れられやすい教化方法が考案されなくてはならなかった。

島民の全面的国語生活を目指す皇民化運動下の台湾では、誰にでも分かりやすい視覚や聴覚に訴える手段が提案されている。そこで取り上げられるのは、紙芝居や演劇などである。紙芝居は、物語りと絵から構成されて子どもの直感に訴えるものであり、それを教化手段として取り入れることの有用性が公学校教員によって指摘され、殊に日本内地に比べて紙芝居が少ないことに鑑みて、台湾にこの教化手段が導入されることが提案されている。[23]同様に、日本の民族生活を直感させるものとして映画も挙げられている。[24]

また、親しみやすい教化手段として皇民化劇も挙げられた。皇民化運動の台頭によって、台湾の伝統的芝居が禁止されている状況下、新劇形式の皇民化劇を上映することは、皇民としての生活様式や思想傾向を伝達できると同時に、大衆の娯楽としての機能をも果たし一挙両得であるというのである。[25]これら皇民化劇は、台湾総督府文教局の支援するところとなった。[26]

その他、国語理解者が周囲の国語不解者を教育する[27]など、日々の生活の中で国語常用が行われるような提案が多々なされている。これらは国語教育の大衆化の一例に過ぎないが、こうした措置から当局が台湾社会の隅々にまで国語を行きわたらせ、場合によっては、強制的手段に講じてでも国語普及を徹底させようとしていたことが読みとれるのである。

二　国語常用運動と社会の国語化

本節では、国語常用運動の社会への浸透を「国語講習所」「簡易国語講習所」の設置数と生徒数の変遷、そしてこの時期に開始された幼児国語教育の理念と普及状況、およびそれらを支える社会教育費などの統計を通して検討したい。また、地域社会で行われた国語常用のための運動を考察し、「国語」がどのような手段で社会に普及していったかを検討する。

1　社会教育による国語常用運動

(1)「国語講習所」の増設

一九三〇年より設置された「国語講習所」および「簡易国語講習所」の設置数および生徒数は、一九四〇年頃まで徐々に増加を続けている。まず、「国語講習所」に関しては、〈図3-1〉に示されるように、総督府が「国語普及一〇カ年計画」を打ち出した一九三三年前後からほとんどの州庁で設置数が増加しているが、一九四二年までの増加曲線は、三つの類型に分類できる。まず、講習所箇所数では、一定して増加率が低い台東庁、花蓮港庁、澎湖庁が第一型として分類できる。最多数は台東庁で一九四二年の三七カ所、花蓮港庁で同年の二〇八カ所、

〈図 3-1〉「国語講習所」設置数

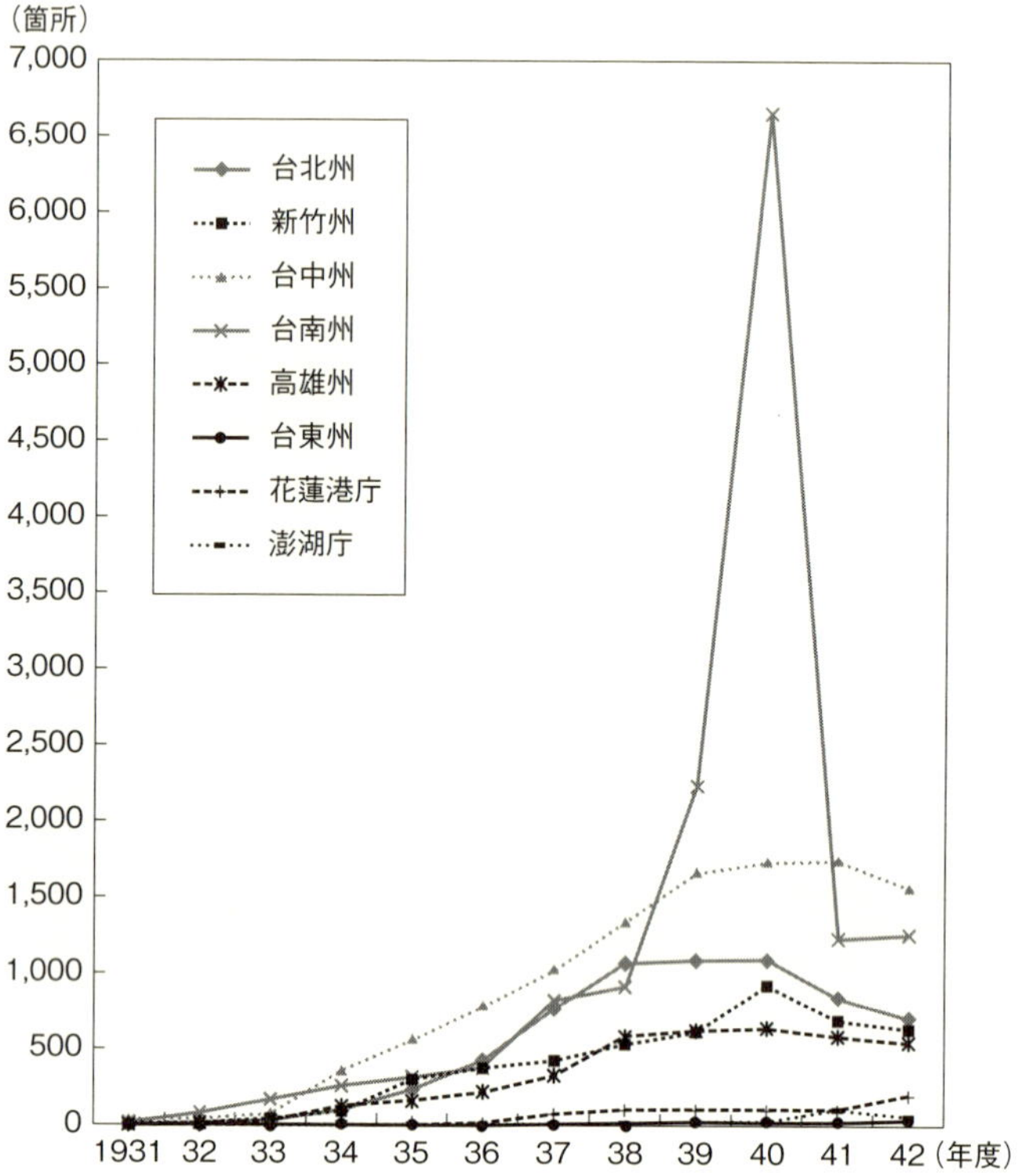

出典：『台湾総督府事務成績提要』、『台湾総督府学事年報』より作成。

澎湖庁で一九四一年の一〇九カ所と、いずれも少ない。これは〈図3-2〉の生徒数でも同様の傾向が示されており、台湾東部および澎湖島での「国語講習所」の普及が活発でなかったことを示している。

第二型は、台北、新竹、台中、高雄の四州であり、一九三三年頃より一定の成長率を見せ、一九四〇年頃にピークを迎えているものである。日中戦争が勃発した一九三七年からの講習所設置数は一定して増加傾向にあり、皇民化政策を受けて講習所が増設されていることを示している。この四州の中では、台中州が一貫して設置数が最も多く、次いで台北州、新竹州、

〈図 3-2〉「国語講習所」生徒数

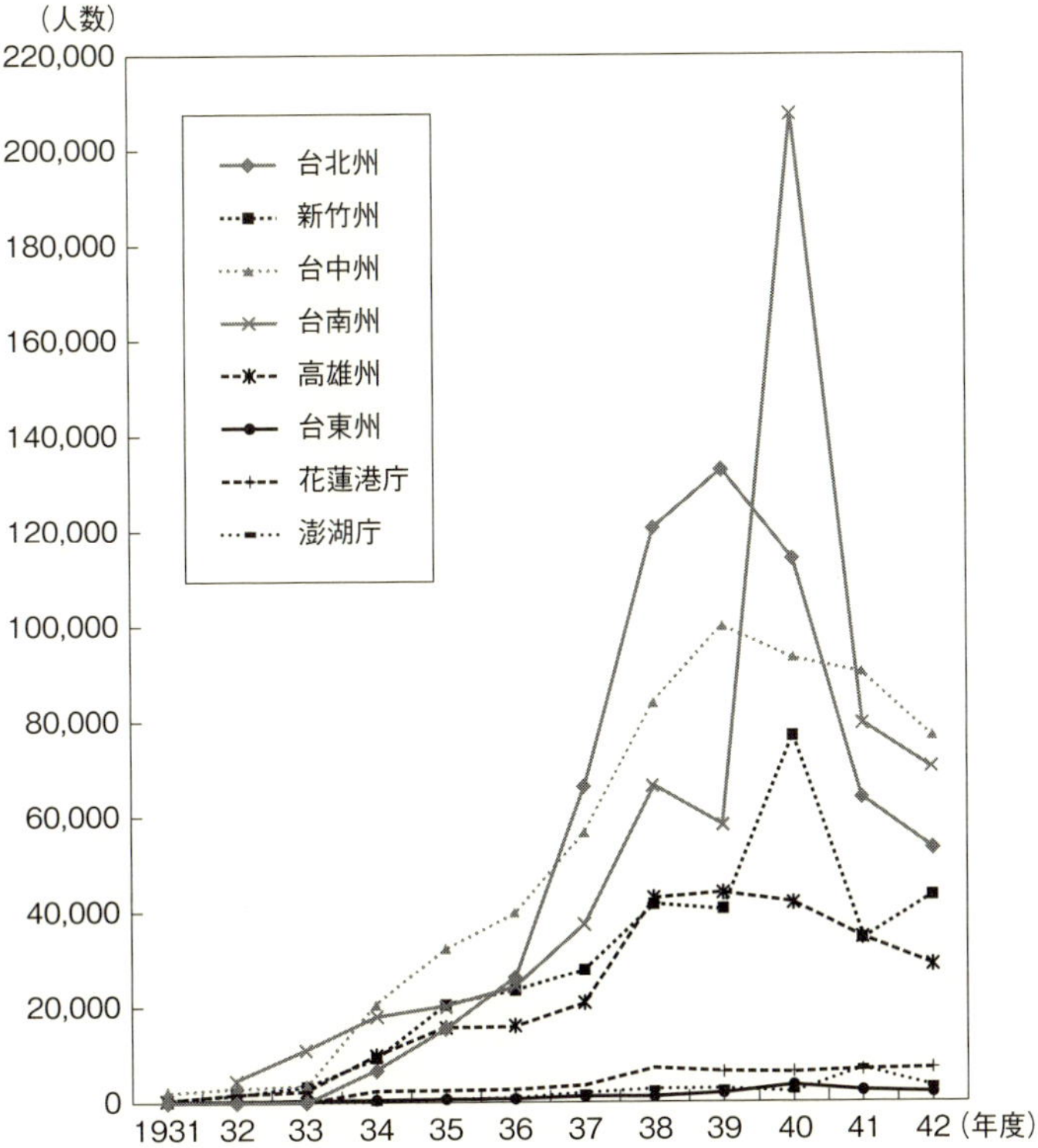

出典：『台湾総督府事務成績提要』、『台湾総督府学事年報』より作成。

高雄州の順番であるが、〈図3-2〉の生徒数を見ると、一九三七年から一九四〇年までは台北州が最も多く、台中州はその次である。これは、皇民化政策発動に対しての反応が台北州が一番大きいこと、講習所一カ所当たりの収容生徒数も最多であることを示している。また、台北州の「国語講習所」生徒数の大幅な増加は、〈図3-3〉、〈図3-4〉に示されるように、同州の「簡易国語講習所」の設置数、生徒数が極端に少ないこととも関連していよう。

第三型は、台南州である。曲線は第二型と類似しているが、箇所数、生徒数ともに一九四〇年に爆発的な伸びを見せている。なぜこ

〈図 3-3〉「簡易国語講習所」設置数

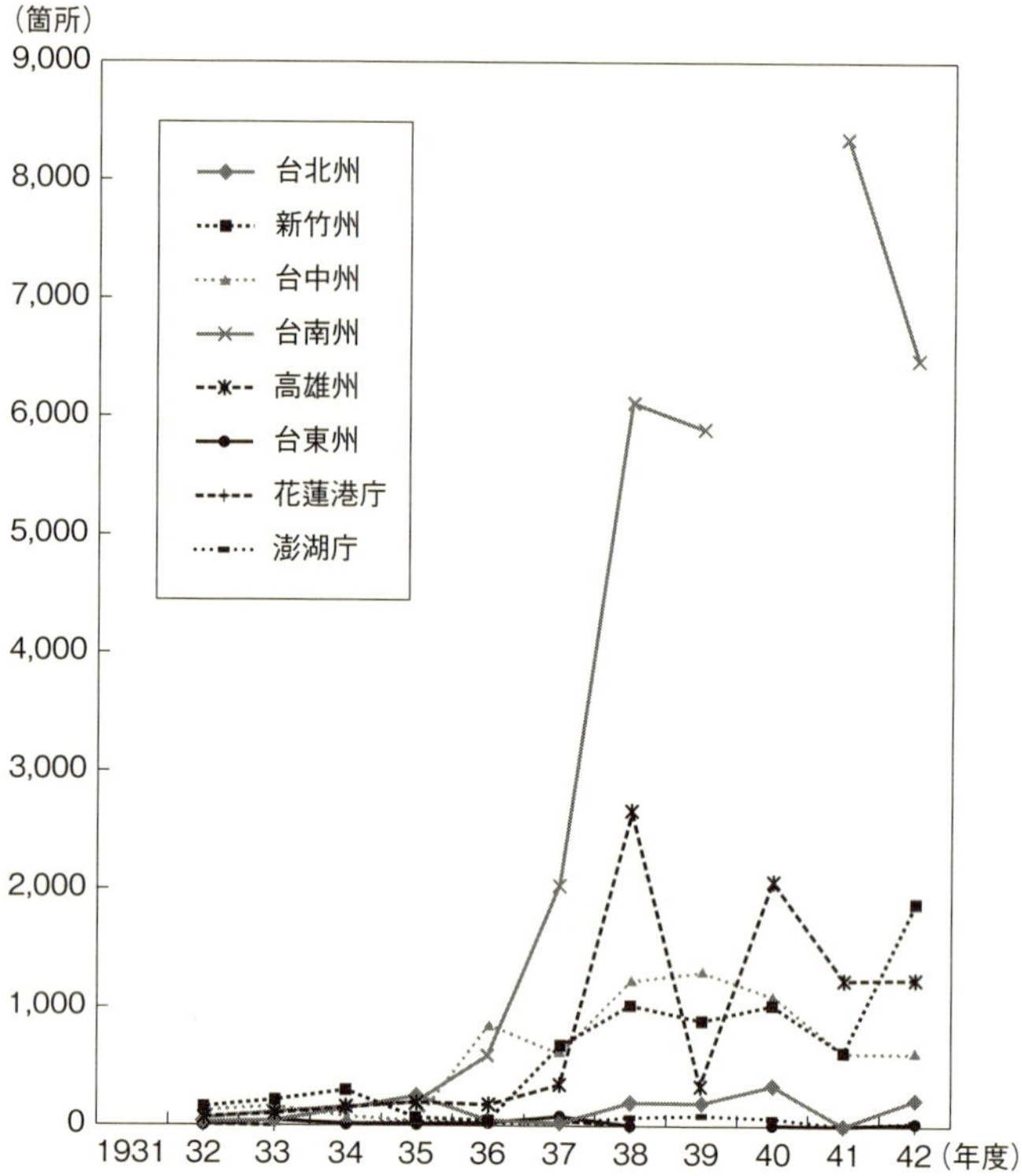

出典：『台湾総督府事務成績提要』、『台湾総督府学事年報』より作成。

の年のみ増加しているのかは、今後の検討課題として残される。

次に、〈図3-3〉〈図3-4〉に示される「簡易国語講習所」の設置数および生徒数の変遷を見てみよう。これもおおむね三類型に分類できる。第一型は、設置数、生徒数ともに低成長の台東、花蓮港、澎湖各庁そして台北州である。三庁に関しては、「国語講習所」同様、「簡易国語講習所」も普及率が低いことが分かる。興味深いのは、「国語講習所」生徒数では高い数値を示している台北州が、「簡易国語講習所」では設置数生徒数ともに極めて少ないことである。講習期間の長い「国語講習所」の方が短期の「簡易国語講習所」より多く設置されたということである。

〈図 3-4〉「簡易国語講習所」生徒数

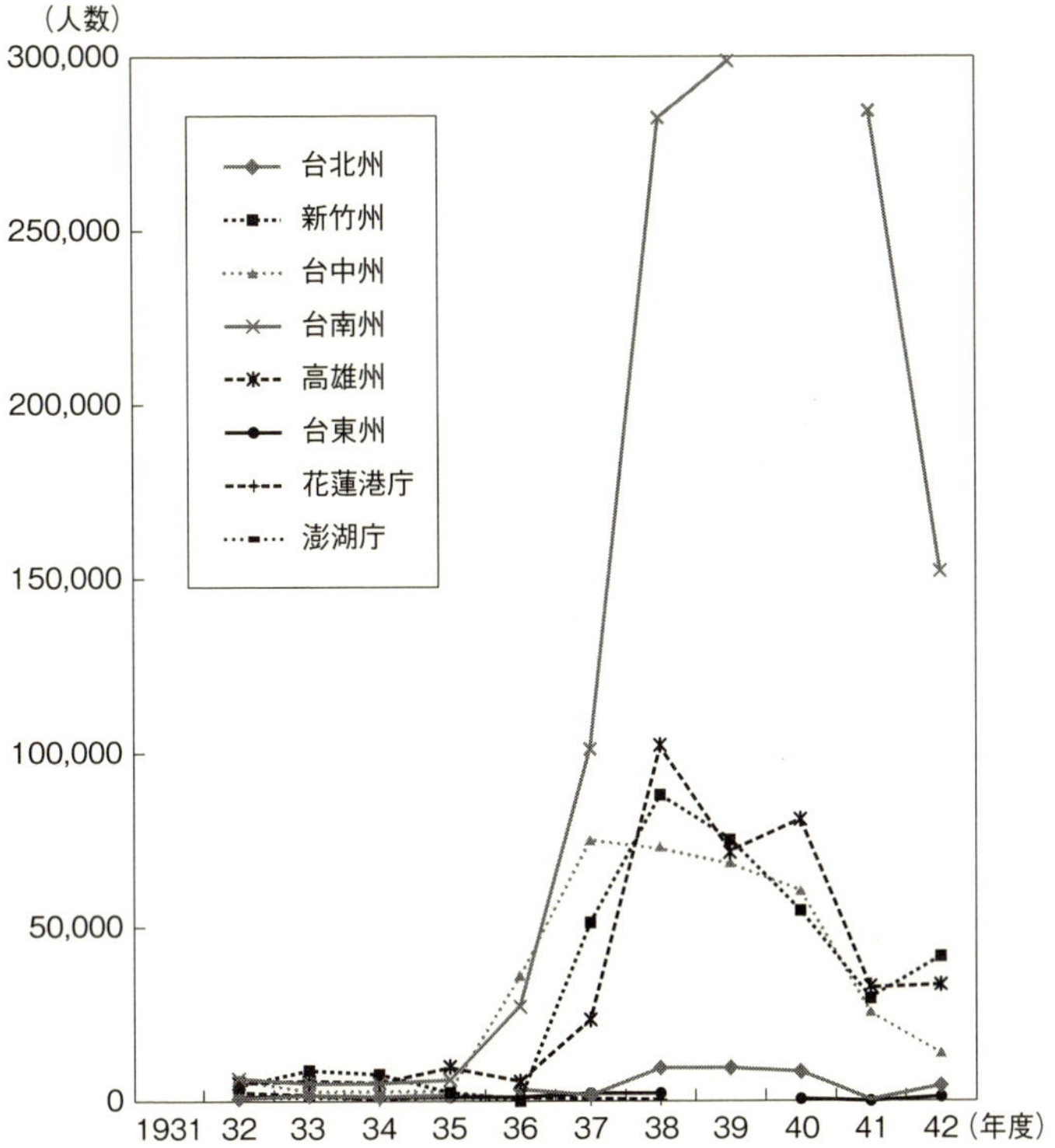

出典：『台湾総督府事務成績提要』、『台湾総督府学事年報』より作成。

第二型は、新竹、台中、高雄の三州である。設置数では、高雄州に一九三八年・三九年に若干の変動があるものの、その曲線は三州とも類似しており、生徒数の変動もおおむね一九三七年から一九四〇年までをピークとしており、皇民化政策に連動しているといえよう。

第三型は、台南州である。設置数、生徒数ともに一九三七年より（途中統計のない年があるが）一九四二年まで、他州より圧倒的に多く、最高値は設置数で一九四一年に八、三五三カ所、生徒数では一九三九年の二九万九、〇〇六名である。これは、他州の最高値が高雄州の一九三八年二、六三〇カ所、一〇万一、九三二名であることに比べれば、それぞれ三倍前後の値であることが分かる。その理由は、公学校の就学率と関連していると考えられる。

一九三七年度、台北市では約六六％に該当する三万三、三九五名が就学しており、不就学は約三四％に該当する一万七、一五五名である。一方、最多の学齢児童人口を有するのは台南州下の庄で、その数は、毎年度ともどの市、街、庄よりも上回っている。就学は、三五％に該当する五万九、五一九名であり、不就学は、約六五％に該当する一一万一、五七九名である。[28] 台南州の就学率は一定して他のどの州庁よりも低く、一九三八年度末で男五九・一六％、女二四・四九％、一九三九年度末には男六二・六二％、女二八・二七％となっており、殊に女児の就学率の低さは、一九三九年度末、他州庁がそれぞれ、台北州五七・〇六％、新竹州三七・二〇％、台中州三五・二四％、高雄州三六・〇八％、台東庁六七・七〇％、花蓮港庁五一・六八％、澎湖庁三一・〇四％[29]であるのに比べて際だって低い。そして、それら不就学者の多くが「国語講習所」や「簡易国語講習所」に収容され、〈図3‐3〉、〈図3‐4〉に表されるような「簡易国語講習所」の設置数と生徒数の多さとなって現れていると考えられるのである。

以上を要約すると、「国語講習所」は、すべての州で普及率が高く、一方「簡易国語講習所」は台北を除く州に多く設置されたが、特に就学率の低い台南州で皇民化期に躍進的な普及を見せ、公学校の代替を果たしたといえよう。また、「国語講習所」は、一九三三年度頃から設置数、生徒数が増加しはじめているのに対し、「簡易国語講習所」は、三六年前後からである。「国語講習所」制度の成立が一九三〇年であるから、「国語講習所」の方が「簡易国語講習所」より普及が早く、総督府の国語普及政策への反応が早い傾向にあることを示している。その一方で、庁においては普及率が低く、「国語講習所」制度への反応が鈍いことが分かる。一九三七年からは、各州で「国語講習所」、「簡易国語講習所」とも生徒数で大きな伸長を見せており、各庁も絶対数は少ないながら増加を見せており、皇民化運動の台湾社会への普及を窺い知ることができる。

(2)「幼児国語講習所」の設置

語学の教育は幼い頃から、という主張は今も昔もあるもので、皇民化期には幼児の語学吸収力を利用し、日本語を覚えさせると同時に、日本国民の精神を育成しようという試みがなされた。「幼児国語講習所」または、「国語保育園」と呼ばれる教育施設では、初等教育を受ける前の台湾人幼児が集められ、教化が施された。

〈図3-5〉 台南州「新化幼児国語講習所」講習風景

出典:大塚清賢『非常時下の台湾全貌』中外毎日新聞社1939年(国立台湾大学図書館所蔵)。

保育内容を、台北州編『国語保育園保育細案』(一九三七年)を例に検討してみよう。「幼児国語講習所」の目的は、「国民学校入学前の本島人幼児に対して、その家庭及社会に於ける境遇的欠陥を補ひ、心身を健全に発達せしめ、善良なる性情・習慣を涵養すると共に、国語に習熟せしめ、皇国民たるの資質を育成する」(30)ことしている。つまり、家庭や社会で不足している幼児教育を行うことで、日本語に習熟させ皇国民の資質を養うことがその目的とされ、幼児版日本国民の育成を意図しているのである。

保育内容の項目は、「お遊び」「唱歌・遊戯」「観察」「手技」といった幼児教育に一般的に見られる項目のほかに、「行事」「躾」「国語」という国民精神を涵養する項目が見られる。特に「国語」では幼児が台湾語を会得する前に日本語に慣れさせるために、幼

〈表 3-1〉「幼児国語講習所」設置数・生徒数

年度	設置数・生徒数	台北州	新竹州	台中州	台南州	高雄州	台東庁	花蓮港庁	膨湖庁	合計
1937（年度末）	設置数	73	52	30	144	11	3	—	—	313
	生徒数	3,375	2,234	1,443	6,288	530	33	—	—	13,903
1938（4 月末）	設置数	155	89	—	—	30	—	—	—	274
	生徒数	8,165	3,445	—	—	1,965	—	—	—	13,575
1939（5 月末）	設置数	176	78	119	805	78	—	—	—	1,256
	生徒数	8,179	3,351	6,350	33,775	3,581	—	—	—	55,236
1940（4 月末）	設置数	251	108	144	980	96	2	2	—	1,583
	生徒数	12,193	4,046	6,330	36,675	4,684	115	180	—	64,223
1941（4 月末）	設置数	335	100	86	937	176	3	—	1	1,638
	生徒数	16,227	3,846	3,785	36,757	8,243	110	—	61	69,029
1942（4 月末）	設置数	375	178	128	879	217	8	6	6	1,797
	生徒数	17,016	6,949	5,908	29,914	9,456	299	560	333	70,435

出典：台湾総督府編『台湾総督府事務成績提要』より作成。（　）は調査月。

稚園で国語生活環境を作るように指示されている。

こうした保育内容は、子どもの自由な活動に合わせて国語と国民感情の育成を意図したものであり、保育者は「三つ児の魂百まで」をモットーに保育に当たり(31)、幼児期からの国民精神の育成が試みられているのである。

〈表3−1〉に見られるように、「幼児国語講習所」は台北をはじめとする各州でほぼ一定の成長率で設置されている。州庁別で見ると、新竹州、台中州、台南州、台東庁で一九四一年の一年間あるいは一九四二年までの二年間、設置数または生徒数、あるいはその両方が減少しているが、全島では、一九三七年は三一三カ所、生徒数一万三、九〇七名、一九四〇年は一、五八三カ所、六万四、二二三名、一九四二年は一、七九七カ所、七万〇、四三五名と増加傾向にある。設置数・生徒数ともに最多なのが台南州で、各年の設置数・生徒数が全島合計の半数程度を占め、一九三九年は設置数が全島の六四%、生徒数が六一%を占めており、同州が「国語講習所」と並んで幼児教育にも力を注いでいたことが分かる。その一方、台東、花蓮港、澎湖各庁では「幼児国語講習所」も「国語講習所」と同様に一定して普及率が低く、全般的に社会教育の普及が低調であったことを示している。

このように、皇民化期の幼児教育は、総督府の重視を受け、「幼児国語講習所」が各所に設置され、主に女子青年団員らによって保育がなされた。殊に一九四三年に義務教育が導入されることが決定すると、初等教育への準備段階としての幼稚園の有用性が訴えられるようになり、(32)「幼児国語講習所」はより一層重視されるようになった。

(3) 社会教育費予算の増加

次に、「国語講習所」の運営を支える予算を見てみよう。第2章で検討したように、一九三一年「台湾に於ける公立の特殊教育施設に関する件」(府令第七三号)の発布により、国庫補助金が交付されるようになり、「国語講習所」は国家の事業として位置づけられた。「国語講習所」に対する国庫補助金の交付額は一九三一年には一万三、四〇〇円であるが、年々増加して一九三七年にはその三一倍以上の四二万円が交付され、一九四二年には一七四万八、〇〇〇円となっている。交付カ所数は、一九三一年三八カ所、一九三七年二、一〇〇カ所と増加を続け、「国語講習所」設置数が最多を記録している一九四〇年が最も多く九、二〇七カ所の講習所が交付を受けており、(33)これは各州庁の講習所の伸び率と連動している。

次に〈図3-6〉の各州庁別の社会教育費予算の変遷を見てみよう。

〈図 3-6〉 各州庁歳出中の社会教育費予算

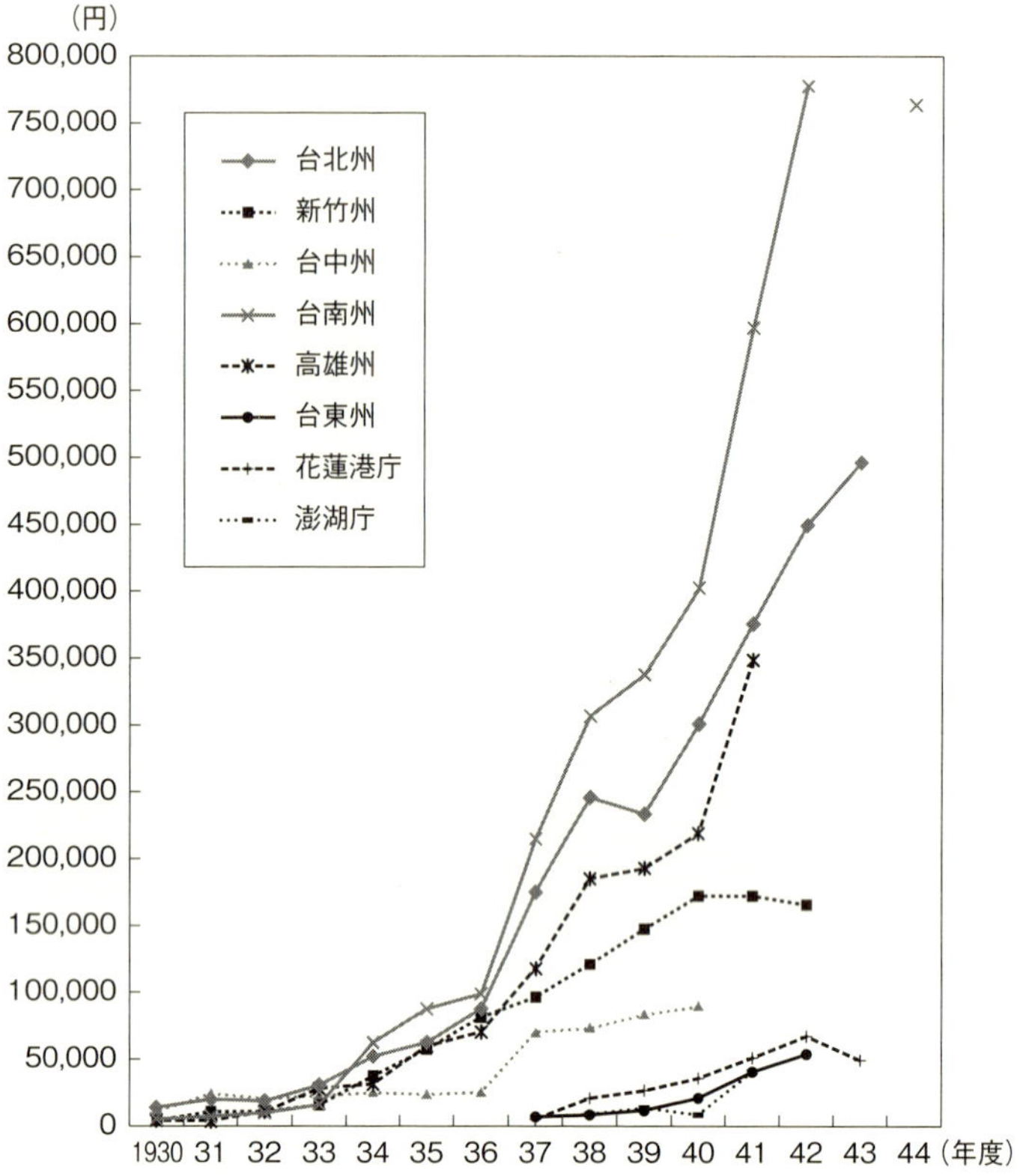

出典：各州庁報 1930 年度〜1945 年度より作成。

全州庁とも、一九三六年頃から予算が増大しはじめており、社会教育が皇民化運動開始の前年にすでに重視されていたことを示している。社会教育に多額の予算を組んでいるのが、多い順に、台南、台北、高雄、新竹の各州であり、これは講習所の設置数ともおおむね一致している。特に、台南州の「簡易国語講習所」の設置数、生徒数が一九三六年から他州に比して著しく増大しているのは、こうした多額の社会教育費に支えられてのことだといえよう。

例えば、台南州の一九四〇年度教育費予算は、総額三二九万二、五一五円で、その内訳の比率は、小公学校費七四・五六%、社会教育費一一・八〇%、高等女学校費三・〇二%、中学校費二・八三%、台南専修工業学校費二・七五%、実業学校費二・三一%、国庫納金〇・九九%、台南盲唖学校費〇・七六%、学事諸費〇・五六%、農業国民学校費〇・四三%となっている[34]。教育費予算の約七五%が初等教育に、そして一二%近くが社会教育に費やされており、教育機関の中で初等教育に次いで社会教育が重視されていたことが分かる。台東、花蓮港、澎湖各庁に関しては、一九三六年以前の統計がないため一概に断言できないが、皇民化時期の予算はおおむね一定の増加を示しているといえよう。一方、台中州は講習所数が多いにもかかわらず、予算は多くない。社会教育費に頼らない普及が行われていたと想像できるが、その詳細は今後の検討課題である。

一般的に、社会教育費の増加と講習所の増設は一九四〇年頃まで比例しており、社会教育が総督府に重視され、国庫補助金、州庁予算による教育費が増大し、それが講習所の増加につながっていたといえよう。一方で、公費によらない講習所もあったので、「国語講習所」は、官民双方で推進された制度であったといえよう。

2　地域団体を利用した国語常用運動

本節では、「国語講習所」以外の社会を国語化する運動を検討する。国語常用運動は、総督府の指導の下、各州庁の市街庄で展開された運動である。各地域では、国語普及をモットーとして様々な運動が推進された。台湾総督府による国語常用運動の最終目的は、台湾人が国語を常用し日本的国民精神を育むことであるが、その具体的手続きは、(1)家庭の国語化、(2)「部落」の国語化、(3)市街庄の国語化とされ、「国語講習所」をはじめとする社会教育施設での教育がその手段となった[35]。

台中州を例にとってみると、国語普及はまず、一「部落」において「国語常用家庭」が五〇%以上に達した場合、これを「国語の部落」として表彰し、次に「国語の部落」が八〇%以上に達した時は、これを「国語の街、庄」として表彰することが定められている[36]。こうした「国語共同体」を作るために、各地では「部落」単位の組織を中心に国語常用運動が展開された。この中で中心的な役割を果たしたのは部落振興会であるが、すでに一九二〇年代に農村を中心として設置されていたこの組織は、皇民化期には国語普及推進の中心的組織となった。台湾教化団体連合会では優良部落振興会の表彰を行っており、一九三九年には全島三、〇四五カ所中、五つの部落振興会が表彰されている[37]。また、優良街庄や自治功労者も台湾自治協会によって表彰され、一九三九年は全島で五つの街庄、六名の自治功労者が表彰された[38]。

このような「部落」単位の運動は、「国語講習所」講師や教化委員、青年団員等を中心に進められた。すでに国語普及期において行われていた国語ラジオや「国語演習会」、国語常用者の表彰といった運動は、この時期一層強化され、皇民化運動の重要事項の一つとして盛んに行われた。特に皇民奉公会は一九四三年になると、徴兵令実施に備えて国語常用強化運動を展開し、中央本部に国語委員会を設置し、国語推進員、国語生活優良者の表彰、国語日の制定、普及施設の強化統一に関する件を審議、決定した。この決定を受けて、市支会および街庄分会に国語推進員が設置され、また推進隊が結成され、国語生活を習慣づけるために毎月の一日、一一日、二一日が国語日に定められた[39]。

このように各地「部落」で展開された「草の根国語運動[40]」は、公的私的手段によって台湾社会に浸透していった。もっとも、その普及程度は、決して総督府の満足するところではなく、日本語を話せるようになっても、自宅や知人との会話では台湾語を使用している台湾人が多いことが度々問題として取り上げられ、このような二重言語生活をなくすように、新聞雑誌では強制的国語普及を訴える議論がしばしば展開された[41]。

こうした一連の「国語」で始まる運動は、台湾社会に「国語」概念を植えつけるに十分なものであった。

三　国語常用運動と家庭の国語化

1 「国語常用家庭」の設置

一九三七年になると学校教育、社会教育に続いて、家庭においても国語の使用が奨励されるようになる。「国語常用家庭」と呼ばれる制度である。「国語常用家庭」（「国語家庭」、「国語の家」とも称される）は、各州庁にて、家庭内で国語を常用し、日本国民的生活を送っていると認められた場合に認定されるものである。この制度は、一九三七年二月に台北州で始められ、その他の州庁がそれに続いた。州庁レベルの制度であったため、全島統一の規定はなく、認定回数も各州庁に任されていた。例えば、新竹州は一年に一回、「国語日」で新竹州の州定記念日の四月一九日、台中州は一年に二回、紀元節の二月一〇日と始政記念日の六月一七日、台北州は最初は毎年一回で二月一一日、一九四三年からは毎年二回で六月一七日が追加された。そして、認定式では通常認定証書と門標が授与された(42)。

台北州を例にとると、認定は基本的に出願形式で、台北州の「国語家庭審査委員会」の審査を経て知事が決定する。調査委員は申請家庭に対して（1）家族各人の国語理解程度および家族全員の常用程度、（2）国民的信念および思想感情の情況ならびに国家社会に対する犠牲奉仕の実際、（3）家庭の生活様式特に国民的生活諸行事の慣熟程度、（4）其他参考事項、を調査する(43)。

ここでは、国語の習熟度以外に、日本国民として模範的な生活を送っているかどうかが審査基準に入っている。

そして、「国語常用家庭」に対しては、優先的に以下のような特典が付された。（1）小学校共学許可、（2）中等学校入学許可における考慮、（3）官公署ならびに街庄役場等の職員に採用、（4）名誉職其他社会公共諸団体の役職員の選任、（5）各種営業其他の認可許可および勧業補助等、（6）内地視察派遣其他適当と認める利便付与。[44]

このような多岐にわたる優待は、一般台湾人をして「国語常用家庭」に認定されたいという意欲を掻き立てるものであったと考えられるため、果たして認定された家庭のすべてが国民精神の発露として日本語を使用し認定されるに至ったのか、しかも実際に家庭内で常用していたかどうかは検討の余地がある。[45]

認定数に関する統計は、一九四五年時点でどれだけが認定されていたかは不明であるが、全島では一九三九年は六、七二八家庭、一九四一年は九、六〇四家庭、人数は七万七、六七九名であり、[46]これは当時の人口の約一・三％に該当する。[47]一九四一年度の州庁別認定数では、台中州が最も多く六、四一四家庭、続いて台北州が一、六二二家庭、新竹州七二八家庭、台南州五五一家庭となっている。[48]

「国語常用家庭」は、「部落」教化の中心的存在となることが期待されていた。[49]州から認定される名誉あるものであったため、認定数が多くなくとも、地域社会教化への影響力は少なくなかったと考えられる。特に、日本語を解するということ自体ある程度の教養が必要とされるので、どのような階層、役職の者がこの制度に認定されたのか検討される必要がある。台北州三峡庄の「国語常用家庭」に関しては、第5章で取り上げるが、これまでの筆者の面接調査では、三峡庄などの都市近郊では教員や役所の重役、第6章で取り上げる台北州基隆郡萬里庄や、第7章で取り上げる新竹州関西庄などの農村地域では、保甲役員などの社会的指導層が「国語常用家庭」に認定されていた。その一方で、第8章で取り上げる離島の小琉球島では、多くの「国語講習所」元生徒たちが、

「国語常用家庭」の存在を知らなかったので、地域差も大きいと考えられる。

2　家庭内国語教育の試み

「国語常用家庭」制度が採用されてから、家庭の国語化がより重視されるようになった。そして、家庭での教育は母親を中心とするため、女性が自覚をもって国語を学び、国民精神を養わなくてはならないという論調が見られるようになり、婦女子を中心とした「国語講習所」が設置されるなどして、積極的な女子教育がなされるようになった。

その一方で、家庭内において国語理解者が国語不解者を教えるという提案がなされるようになった。公学校で学んでいる児童が、国語を解さない家族を家庭内で教えるというものである。言語習得の速い児童を利用して家庭の国語化を図ろうというこの試みは、組織的には「一家国語講習所」という名称で、一九三九年より南投郡で行われている。高等科を含む公学校四年生以上の児童に、家族または近隣の国語不解者に対し必ず一人以上、学校が指定して国語を教授させるものである。南投郡の一九三九年五月末の「一家国語講習所」児童数は四、三四八名、国語修得者は一万二、九八五名であった(50)。

台北州でも、これに先だって同様の運動が行われている。州下の全学生、生徒、児童に夏休みを利用して地域社会および家庭の国語化に務めさせるものである。学生、生徒、児童は国語を解さない家族に対し、日常生活用語及び礼儀作法を教えること、中等学校以上の学生、生徒はなるべく講習所などの国語普及施設に協力すること、初等学校上学年以上の学生、生徒、児童はなるべく部落内に自発的国語会を開設すること、学生、生徒、児童は各自の家庭内の家具その他に仮名文字で国語の名称を付し、家族の国語学習に役立てることなどが指示されている。[51] 同様に、屏東市でも、児童が家庭で一日一語の国語を教える運動が展開されている。[52]

このように、皇民化期の国語普及は、地域社会の国語化のみならず家庭生活の国語化を図る運動へと変貌していった。国語常用運動は、私生活にも及ぶ一種の精神運動の様相を呈し、台湾人の社会生活、家庭生活は国語運動で染められていく。しかしながら、ほとんどの台湾人にとって日本語は生活用語にならず、知識を吸収する手段、コミュニケーション手段としての「国語」という概念が国語普及運動に付随して行きわたっていったのである。

四　小括

一九三〇年より、台湾総督府により推進された「国語講習所」制度を中心とした社会教育による国語普及は、日中戦争勃発の一九三七年ごろから日本内地で提唱され始めた「アジア共同体」思想と相まって、社会の隅々にまで国語を普及させる運動へと進展し、社会と家庭の国語化が推進された。それは当局にとっては、「想像の日本帝国」を作る作業であった。各「部落」に設置された「国語講習所」、「簡易国語講習所」を中心とする社会教育施設は、多くの州で高い普及率を見せ、ところによってはそれが公教育的役割を果たした。

また、社会教化を中心とした一連の国語普及運動に加え、「国語常用家庭」が設置され家庭の国語化も推進された。各地域では、「国語常用家庭」を基盤として「部落」の国語化を図り、その延長線上には台湾の国語化、日本帝国の文化統合という構図が描かれていた。そして「部落」の国語化のために、幼児教育や児童が家庭・地域社会で国語を教える運動が展開され、視聴覚に訴える教材・教化方法の研究等を通じて国語教育の大衆化が図られ、国語常用運動は台湾社会の隅々にまで浸透していった。

皇民化が帝国の文化統合の手段である以上、国語教育は国民精神の涵養と一体のものでなければならなかったが、多くの台湾人にとって日本語は生活用語とはならなかった。家庭や社会の多くの場面ではそれぞれの母語が話され、日本語はあくまでもコミュニケーションの手段、あるいは近代的知識の吸収手段であるという「二言語併用」生活がなされていたのである。国語常用運動は、確かに統計上では高い日本語普及率をもたらしたが[53]、こうした言語生活は変わることがなく、台湾総督府はこの事実があるからこそ、繰り返しマスメディアを通じて「二枚舌生活」をやめ、国民精神の自覚をもつように呼びかけていたのである。台湾社会の「国語」と母語という「二言語併用」生活はこの時期に浸透し、社会には「国語」というものが概念として残され、その構造は戦後国民政府の下でも継承されて、台湾社会の文化発展に大きな影響を与えた[54]。「国語」が台湾社会でどのように捉えられ、いかなる機能を果たしたのかは第二部で詳しく検討する。

次章では、台湾教育会により編纂された「国語講習所」用教科書を分析し、総督府の実際の教育レベルでの民衆教化政策を検討する。

(1) ピーター・ドウス、小林英夫編『帝国という幻想――「大東亜共栄圏」の思想と現実』青木書店、一九九八年、一六―一九頁。
(2) 例えば、蠟山政道「東亜共同体の理論」『改造』第二〇巻第一一号、一九三八年一一月、六―一〇頁。
(3) ドウス、前掲書、二三頁。
(4) このような差別構造への批判として、矢内原忠雄は、台湾総督府が教育制度において日台人間の差別撤廃を掲げた結果、台湾人用の教育機関が日本人により占められていく実状を告発している。詳しくは、矢内原忠雄『帝国主義下の台湾』岩波書店、一九八八(初版一九二九)年を参照。

（5）白井朝吉・江間常吉『皇民化運動』東台湾新報台北支局出版、一九三九年、一二―一三頁。
（6）教育学の分野では、教育制度や教師論の研究が比較的早い段階から成果を挙げている。例えば、弘谷多喜夫「植民地教育と日本人教師」『講座日本教育史3：近代2・近代3』第一法規、一九八四年。
（7）『台湾日日新報』一九三七年一二月一七日、第九版 第一三五五六号「皇民化心得 基隆で各戸に配布」。
（8）台湾総督府国民精神総動員本部『伸びゆく皇民化運動』台湾出版文化株式会社、一九三八年、一七―一八頁、四一頁。
（9）台湾総督府国民精神総動員本部、同前書、三三頁。
（10）台湾総督府国民精神総動員本部、同前書、一頁。
（11）実際、こうした生活改善運動は、皇民化運動が始まる以前より各地社会エリートを中心として展開されていた（王世慶「皇民化運動前的台湾社会生活改善運動―以海山地区為例（一九一四―一九三七）」『思與言』第二九巻第四期、一九九一年一二月、二一一―二九頁）。
（12）中村哲「文化政策としての皇民化問題」『台湾時報』第二五三号、一九四一年一月、一一―一二頁。
（13）「島内各地事情」『台湾時報』第二三〇号、一九三九年一月、一六五頁。
（14）加藤春城「国語対策協議会に就いて」『台湾教育』第四四五号、一九三九年八月、四七―五二頁。
（15）南嶽生「国語の普及は本島統治の国策―矛盾打破・是正へ」『台湾自治評論』第一巻第一号、一九三六年三月、四二頁。
（16）井上重人「芝山岩精神と本島の教育」（『台湾時報』第二一九号、一九三八年二月、一七頁）では、「日本人的個性の完成は先ず国語を生活語とする必要がある」という見地から、バスや列車内などで国語を解すると想像される紳士が「猶大声台湾語を以て放談」している姿を批判している。
（17）今井盛太郎「皇民錬成と国語常用」（『台湾自治評論』第六巻第六号、一九四一年六月、一六頁）では、「リー、いくらあるか」「高いあるな」といった「奇妙な国語」の例が挙げられている。
（18）「国語不解者の一掃には適法な絶対使用令の制定が必要」『台湾自治評論』第四巻第七号、一九三九年七月、一四―一六頁。
（19）中美春治「言葉について」『台湾時報』第二五三号、一九四一年一月、四二―四三頁。
（20）『台湾日日新報』一九三八年三月八日、第五版 第一三六三六号「国語でなければ貯金も受付ぬ 好評、龍井信組の妙案」。

(21) 同前紙、一九三八年三月八日、第五版　第一三六三六号「国語の不解者は小売人に指定せぬ　台南専売支局の英断」。
(22) 台南州では、「国語使へば心が光る」「日本精神国語から」「国語常用家庭の誇り」とエナメルで書いたブリキ製標語板三種二千枚を各市郡に配付し、講習所、市場、集会所等に釘で打ちつけ国語普及の徹底を図った（『台湾日日新報』一九三八年三月二六日、第九版　第一三六五四号「国語使へば心が光る　ブリキ製の標語板を州下に二千枚を提出」）。
(23) 山口正明「教育紙芝居に就いて」（『台湾教育』第四二八号、一九三八年三月）では、紙芝居の感化力や教育手段として利用する際の手順が詳細に記述されている。
(24) 同「言語教育の根底」『台湾教育』第四二六号、一九三八年一月、三一頁。
(25) 雅峰生「皇民化を徹底するには支那歌仔戯を芟除せよ」『台湾自治評論』第四巻第九号、一九三九年九月、三一頁。
(26) 黄得時「娯楽としての皇民化劇」『台湾時報』第二五三号、一九四一年一月、九八頁。
(27) 国語教育の人手不足に鑑みて、産業組合などでは国語を解する役職員が国語を解さない幹事たちを教育し、また事務所を利用して組合員を講習する等の提案がなされている（「国語の普及徹底に就いて」『台湾自治評論』第四巻第六号、一九三九年六月、一七頁）。
(28) 台湾総督府編『台湾総督府学事年報』一九三七年度。
(29) 台湾総督府編『台湾学事一覧』一九三九年度。
(30) 台北州編『国語保育園保育細案』台湾立川文明堂、一九三七年、「緒言」の頁（ページ番号表記なし）。
(31) 台北州編、同前書、「保育心得」の頁。
(32) 「日本精神は三ツ児の魂から培へ―閉却された幼稚園教育の検討」『台湾自治評論』第三巻第一号、一九三八年一月、三二―三三頁。
(33) 台湾総督府編『台湾総督府事務成績提要』各年度より。
(34) 『台南州報』第一八五二号、一九四〇年二月二〇日告示より計算。
(35) その延長線上には、台湾の国語化、「東亜」の国語化、そして同じ日本文化のアジアという「想像の共同体」が存在していた。ドウス（浜口祐子訳）「想像の帝国―東アジアにおける日本」（ドウス、前掲書、一九九八年）では、少なくとも初期の段階では、「同祖」「同文」といった発想により台湾・朝鮮に皇民化政策が敷かれたと指摘されている。
（36）「各地の国語普及運動」『台湾時報』第二一一号、一九三七年六月、一四六頁。
（37）台湾総督府編『台湾総督府事務成績提要』一九三九年度および「島内各地事情」『台湾時報』第二三二号、一九三九年三月、三四二頁。
（38）同前「島内各地事情」三四二頁。
（39）皇民奉公会中央本部『第三年目における皇民奉公運動の実績』台湾日日新報社、一九四三年、七一―七二頁。
（40）周婉窈「台湾人第一次的「国語」経験―析論日治末期的日語運動及其問題」『新史学』第六巻第二期、一九九五年、一三二頁。
（41）例えば、堀池重雄「国語で考へる生活」（『台湾時報』第二九〇号、一九四一年二、三月、一〇九―一一一頁）では、「国語を解する者は、明日とはいはず今日からでも台湾語を捨てて、二枚舌生活を改めやう」と、日本語理解者が、率先して国語一色の生活を推進するように主張している。このことは、いかに日本語が普及しても多くの台湾人がそれぞれの母語を用いる生活を続けていたことを表している。
（42）周、前掲論文、一二八頁。
（43）前掲「各地の国語普及運動」、一四三頁。
（44）同前記事、一四三頁。この他の特典として、筆者の「国語常用家庭」経験者への聞取り調査からは「配給が多い」または「質の良い配給品が配られる」こと等が挙げられた。
（45）当時の雑誌には「国語常用家庭」の台湾人が台湾語で話している様子が記されている（中美、前掲論文、三六頁）。また、筆者と面接した「国語常用家庭」経験者の中には、家庭では台湾語を話し、警官や役人が来た時のみ日本語を使用していたと述べた者もある。
（46）台湾総督府編『台湾の社会教育』一九四一年度。
（47）周、前掲論文、一三〇頁。
（48）台湾総督府編『台湾の社会教育』一九四一年度。

(49) 例えば、彰化市教育課長は、「国語常用家庭」に対する期待を、「生活の純化を図り部落教化の中心となって一致協力皇民化運動の促進に邁進するよう希望」する、と表現している(『台湾日日新報』一九三九年三月五日、第五版　第一三九九六号「栄ある国語の家は部落教化の中心　皇民化運動にも拍車」)。
(50) 南投郡役所編『南投郡管内概況』一九三九年度。
(51) 『台湾日日新報』一九三八年七月一〇日、第七版　第一三七五九号「学生生徒児童をあげ国語普及に協力　暑休に際し台北州が指示」。
(52) 同前紙、一九三九年三月一六日、第五版　第一四〇〇七号「学童らを中心に国語普及に拍車　屏東市の皇民化運動」。
(53) 国語普及率は、一九三七年には三七・八%、一九四〇年には五一%(前掲『台湾の社会教育』)、一九四三年には八〇%を超えていた(周、前掲論文、一三四頁)とされている。
(54) 呉文星「日據時期臺灣總督府推廣日語運動初探」(下)『臺灣風物』第三七巻第四期、一九八七年、七七頁。

第4章
「国語講習所」用教科書『新国語教本』の性格

本章では、「国語講習所」用に編纂された教科書『新国語教本』の内容を検討する。一九三三年、台湾教育会により『新国語教本』全三巻およびその指導書が発行された。これは、全島の国語講習用に初めて編纂された教科書であった。一九三九年には、『新国語教本』巻一、巻二の改訂版およびその指導書が発行された。台湾において多くの教科書の編纂・出版を行ってきた台湾教育会は、事実上、総督府の下に置かれた団体であった。したがって、この教科書の編纂、出版には総督府が影響を与えており、教科書の内容を通じて、総督府側の政策を検討することができる。

『新国語教本』に関する先行研究は、陳虹彣およびその内容を含む同人による博士論文があり(1)、台湾教育会の活動や編纂者である加藤春城を中心とした教科書の編纂過程が論じられている。教本に関しては内容に触れられているが、概略的な分析がなされており詳細には論じられていない。本章では、教科書の内容を分析し、そこから総督府が当時台湾社会を教化しようとした内容に、国家主義的な国民養成と同時に、徳育や実学を養成する内容が高い比率で含まれていたことを明らかにする。

一 『新国語教本』編纂の背景とその使用状況

1 教科書編纂の背景

(1) 社会教育用教科書

「国語講習所」が設置される以前に、官方から出版された社会教育用国語教本は、『国語捷径』(一九一五)、『国語教本』(一九二三)などが挙げられる。これらは「国語練習」会等の国語普及施設用に出版されたものである。『国語捷径』は、当時国語学校助教授であった宇井英、劉克明の二名により編纂され、一九一五年に台湾教育会から発行された。その序言には、拙速、実用を重視し、国語の普及を図ることが目的として記されている。この他に、一九二三年、『国語教本』が同じく台湾教育会から発行され、講習期間が三カ月の「国語練習会」会員用に供された。(2) 一九三三年に成定された高雄州の「国語講習所」規定では、教科書に関して、『国語教本』が指定図書の一つとして挙げられている。(3) また、この他にも一九二四年には高砂族の簡易な国語学習教材として『コクゴノホン』が発行された。(4) これらは、台湾教育会から出版されたが、各地の国語普及施設は形態や講習期間が様々であり、全島における統一的な教科書とはいえなかった。

一九三〇年以降、各地で「国語講習所」が設置された。「国語講習所」は、街庄レベルの国語普及施設を州庁レベルで「国語講習所」として制度化したため、その教育内容は地方により様々であった。教科書に関しても、各地において独自の教科書が編纂され、使用されていた。例えば、一九三一年に発布された台中州の「国語講習所」規則では、教科用図書は、「台中州に於いて著作権を有するもの」と規定されている。[5]

全島で初めて統一的な教科書が配布されたのは、「国語普及一〇カ年計画」が打ち出された一九三三年である。この年、台湾教育会から『新国語教本』巻一、巻二、巻三が刊行された。これらには教師用の指導書があり、『新国語教本教授書』巻一が一九三四年、巻二・巻三が一九三五年にそれぞれ出版されている。その後、一九三七年に日中戦争が勃発し、皇民化運動が推進されると、一九三九年に改訂版が出版された。改訂版『新国語教本』は、巻一、巻二が出版され、教師用の『新国語教本教師用』巻一、巻二も同年に出版された。さらに、『新国語教本』とは別に、「国語講習所」二期生以上を対象に『公民読本』、および『農民読本』、『商工読本』が発行された。また、一九四二年には、「簡易国語講習所」の教本として『簡易国語教本』および『簡易国語教本教師用』が発行された。[6]

(2) 教本出版の背景・目的

『新国語教本』は、初めて全島の「国語講習所」、「簡易国語講習所」向けに出版された統一的教科書であった。教本には、各巻に対応する教授書が編纂され、日本語教育に当たる教師たちに詳細な教授内容を記した指導書も同時期に出版され、それまでの教本とは巻数、形式の上で性格を異にした。

すでに先までの章で検討したように、一九三〇年代より全島規模で社会教育を中心とした国語普及が図られはじめ、国語普及は社会教化の重要事項となっていた。殊に、一九三三年に打ち出された「国語普及一〇カ年計画」は、一〇年間で国語普及率を五〇%にするという計画であり、各州庁においても、この計画に基づき「国語講習所」、「簡易国語講習所」が増設されていた。こうした潮流の中、官方から統一的教科書を配布することになったのである。

台湾教育会においては、「国語講習所」用図書をめぐって代議員会において議論が行われていた。一九三二年度、一九三三年度に行われた代議員会議事録を見ると、会議の中で、「国語講習所」用教科書が度々取り上げられ、この教科書出版が台湾教育会において大きな関心事であったことを示している。一九三二年度末に開かれた代議員会では、三屋静理事から『新国語教本』の出版に関する報告がなされている。その中では、各州庁において「国語講習所」用教科書が出版されている、あるいはこれから出版される予定があることを踏まえて、台湾教育会で統一的教科書を出すことは、各州庁の当局者の了解が得られていると述べられている。教本の編纂に当たっては、都市用にも農村用にもなり、教材も「国語講習所」、「簡易国語講習所」にも使用できるように、なるべく融通がきくように編纂方針を定めたことが明らかにされている。そして、このために、これまで他の読み物の出版に使用してきた台湾奨学会の費用を、一九三三年度には『新国語教本』の編纂発行に回すことが提言されている。[7] このため、次年度の図書販売収入は『新国語教本』のみの販売収入となり、前年度歳入に対して四〇〇円の収入減となった。[8] 台湾教育会が、暫時図書収入が減じることを承知の上で、この教本を出版したことが分かるのである。

また、教材に関しては、教本の他に「国語講習所」用掛図を同時に出版する予定であること、これまで使用されてきた『国語教本』は、毎年注文があり、一九三三年度に関しては増刷する考えであることが述べられている。[9] 現に統計によると、一九三三年度には、『新国語教本』の他に、『国語教本』『中等国語教本』が、それぞれ七、五〇〇部、五、〇〇〇部増刷されている。[10]

〈表 4-1〉　1933 年版『新国語教本』『新国語教本教授書』発行部数

年度＼書名	『新国語教本』			『新国語教本教授書』		
	巻一	巻二	巻三	巻一	巻二	巻三
1933	10,000	10,000	10,000			
1934	70,000	40,000		2,000		
1935	60,000	20,000	10,000		2,000	1,000
1936	60,000	50,000	6,000	2,000		
1937	151,000	40,000	28,000			
計	351,000	160,000	54,000	4,000	2,000	1,000

出典：『台湾総督府学事年報』1933 年度～1937 年度より作成。

2　教本の使用状況と出版をめぐる意見

それでは、『新国語教本』は実際にはどの程度普及したのだろうか。限られた資料からではあるが、検討してみよう。

〈表4―1〉は、一九三三年から一九三七年までの『新国語教本』の発行部数を表したものである。

統計資料の制約上、一九三三年から一九三七年までの五年間の発行部数であるが、ここからは、いくつかの傾向が見てとれる。まず、発行部数の合計が、三五万一千部と、『新国語教本』巻一が圧倒的に多いことである。「国語講習所」の講習期間は、一年から四年程度であったが、三カ月から六カ月の短期間の講習を行う「簡易国語講習所」では初級の日本語教育が行われたため、巻一の需要が大きかったと推測される。『新国語教本』『新国語教本教授書』ともに、初級の巻一の発行部数が一番多く、次に巻二、巻三とレベルが上がるごとに部数が少なくなっているのは、大量の初級学習者の存在によると考えられる。また、一九三七年に巻一が大量に増刷されている。この年は、皇民化運動が開始され、「国語講習所」、「簡易国語講習所」の生徒が増加した年である。

『新国語教本』が出版された一九三三年は「国語普及一〇カ年計画」に則り、全島で「国語講習所」、「簡易国語講習所」が増設された年である。この年の全島の「国語講習所」、「簡易国語講習所」を併せた総生徒数は、〈表2–2〉〈表2–3〉の統計より五万六、五二七人であり、教本全三巻の合計は三万冊である。初年度は、前述のように、『国語教本』も増刷されており、また、初版本のすべてが生徒の配布に回されたかは不明のため、『新国語教本』の普及率は、それほど高くはなかったかもしれない。しかしながら、その後の数字を見ると、一九三四年は総生徒数九万六、三七九名に対して一一万冊、一九三五年は一三万七、二二九名に対して九万冊、一九三六年は二〇万五、二三四名に対して一一万六、〇〇〇冊、一九三七年は四七万二、一四三名に対して二一万九、〇〇〇冊となっている。発行から五年間の教本発行部数の総生徒に対する割合は、少なくとも各年総生徒数の半分以上を占めており、一九三四年のように総生徒数より発行部数が多い年もある。年度が経つにつれて教本発行部数より生徒数の方が多くなっているが、講習生間や兄弟間での古本の使用や教本の共有を考えると、この教本の使用率は決して低いとはいえないであろう。筆者の調査でも、第8章で検討する小琉球島において、元生徒が一九三三年版教本巻一の本文を覚えていたり、第7章で検討する新竹州関西庄における「関西庄国語講習所」の日誌に『新国語教本』が配布されたりした記述があることから、実際にこの教科書が使用されていたことが確認されている。

台湾教育会代議員会で報告されたように、各地方においては、それぞれ「国語講習所」用の教本が編纂、使用されていた。「国語講習所」は地域差が大きく、教授内容もそれぞれであったため、各地域で使用する教科書も異っていたのである。実際、『新国語教本』が出版された後にも、台湾教育会代議員会において、地方の代議員からこの教本に対する反発が寄せられた。一九三三年度の代議員会において、新竹州の西田代議員からは、新竹においては独自の国語教本を作成していること、地方により事情が違う所があること等を理由に、台湾教育会の国語教授用教科書は遠慮してもらいたいという厳しい意見が寄せられている。これに対し、代議会理事は地方と連絡を取り合って教本を編纂したことを強調しているが、議事録のやりとりからは、この教本の発行に関して、地方からの反発があったことが明らかである。[11] 陳の分析によれば、地方の「国語講習所」の教科書編集意見によると、各地で編纂された教科書は、それぞれの地域の必要性に応じて口語を中心とした教材であった。そのため、地方が望んだのは話方の統一教材ではなく、読方用の教材や公民的教材としての統一性ある教材であった。[12] 実際、この教科書が発行された後にも、口語を中心とした「国語講習所」用教科書が、各地において編纂されている。[13]

一九三三年版の教本は、その編纂、内容に対して地方からの反発があっただけではなく、専門家からの批判もあった。台北第一師範附属公学校訓導であり国語普及会講師としての経歴をもつ宋登才は、一九三六年に出版されたその著書『国語講習所教育の実際』の中で、各講習所で講習所用図書が編纂されているが、適切なものが全島に見出せない現状に触れた後、『新国語教本』に関して、次のように述べている。

……台湾教育会編纂の「新国語教本」は大いに面目を一新したが、現代の要求――急切なる現在の要求から見て、なほ吾人を満足させるに微ならざるを得ない。編修当局で、国語講習所教育のより切実なる要求に順応し、講習生の思想・趣味ならびに事情に合致したる教科書の著作を翹望してやまぬ。価格廉価にして、その上形式内容ともに、整備したるものを、講習生らに提供することは、本島教育上、ならびに社会教化上、きはめて緊要事ではあるまいか。[14]

講習生の思想・趣味、事情という点から、『新国語教本』が、「国語講習所」の現実の要求に順応していないという指摘がなされているのである。

一九三七年、日中戦争が勃発し、これ以降皇民化運動が推進された。この年、公学校においても新しく第四期の『国語読本』が使用され始めた。時局の変化を受け、『新国語教本』も、一九三九年に内容を一新した改訂版が出版された。皇民化時期は、「国語講習所」用教科用図書は、「国語講習所」教育の方針ならびに教科目の要旨に基づいて、台湾総督府において編纂されたものを使用することと定められた(15)。

二 『新国語教本』の性格

1 教本・指導書の概要と教材内容の分析方法

(1) 教本・指導書の内容概要

まず教本の概要を紹介しよう。『新国語教本』は、挿し絵と本文とからなる日本語教科書である。一九三三年版指導書の緒言には、この指導書の構成や教授の際の注意点などが書かれている。それによると、教授時数は巻一が約一二〇時間、巻二・巻三が約一三〇時間、いずれも時間数は増加してよいとされているが、各課につき、二〜四時間程度を標準として編纂されている。全巻を通して挙げられているのが、会話の重視である。練習を多く行わせる上で、実物教材や掛け図、場合によっては生徒を現場へ引率するなど、教師が行いうる工夫について細かく記されている。文字については、初歩は読み方書き方を教授するとしているものの、程度が高くなると漢字が読めることに重きをおいているが、筆記に関しては教師の裁量に任されている。綴り方は、最終的に手紙文を書くことができる程度に目標を設定している。

一九三九年版は、巻一が約一七〇時間、巻二が約一六〇時間の時間配当、これも時間の増加を可としており、いずれも一九三三年版より長く、各課平均三時間程度の配分である。一九三三年版との差は、一九三三年版が国語の習得に重点を置いているのに対し、一九三九年版は、時局や地方性に考慮している。緒言では、教材の選択に触れ、「卑近ナル公民的教材・実業的教材・趣味的教材ヲ都市・農村両方面ニ」わたって蒐集したと述べられているが、各地方の「特殊ノ事情」もあり、また周辺の活教材もあるため、指導者がこれら教材を取捨選択して指導するように書かれている。公民的教材の中には皇民化運動の趣旨に基づいた教材が選択されていることが述べられている。緒言からは、時局と生活の実際と地域に考慮した教材蒐集がなされたことが明らかにされている。

国語教授に関して、緒言から分かることは、「国語講習所」においては話し方を中心にした教育が期待されていたということである。したがって教科書の内容も話し方や読み方の合間になるべく自然に会得できるように教師の工夫が求められている。「国語講習所」では、実生活により即した教育が求められていた。講習生の多くは日中働き、夜に講習所に通うという生活であった。彼らに公学校高学年程度の日本語習得を求めるのはあまり現実的ではない。当時の社会教育にはより実際の生活に合ったものが求められていたのである。

一九三三年版『新国語教本教授書』全三巻の大きな構成は、巻一の第一七課までが挨拶表現や初級口語表現であり、巻一の第一八課以降および巻二、巻三は『新国語教本』の各課にそって指導要領が書かれている。一九三九年版『新国語教本教師用』は、巻一の二〇課までが一九三三年版と同様に挨拶表現や初級口語表現、巻頭の挿し絵に関する表現で構成されており、巻一の二一課以降および巻二が各課の指導要領となっている。その指導要領は、授業の組立て方や教室運営の方法、必要な教材、準備に加え、教室内で使う日本語、指導上の注意までをも極めて詳細に示している。その背景には、「国語講習所」の講師が様々な人々によって構成されていたことが挙げられよう。各地方の各々の事情により、「国語講習所」では、公学校の教員資格を有する者ばかりが教えていたとは限らなかったのである。第二部で検討するように、公学校卒業者に養成を施し講習所講師とする地方も

〈表4-2〉　教材内容分類表

日常生活		
公民養成	道徳心 公共心	礼儀作法・行儀
		規律・模範
		童話・寓話
	知識 智能	社会知識
		実学知識
		衛生・時間概念
国民養成	日本文化・日本的行事	
	国語学習（国語常用）	
	国体観念	
	戦時	
その他		

あった。指導書により、詳細な教授方法を示すことで、様々な背景をもつ講師に対して一定程度の水準を保たせることが可能となろう。また、国語教授のみならず作法にも触れられている点が、「国語講習所」が学校のように集団生活の訓練をも行うという性質を兼ね備えていたことを窺わせる。

（2）　教材内容分析方法

本項では、教本の各課の教材内容を分類するカテゴリーを設定する。同時期の公学校『国語読本』については、周、許、陳などが分析を試みている。(16) これら先行研究では、教科書の題材を日本事物、台湾事物、実学知識、道徳教育、天皇関係、戦争関係等々に分類しているが、本書においては、題材を大きく四つに分類した。

〈表4-2〉は教材内容を分類した表である。教材内容は、大きく、「日常生活」、「公民養成」、「国民養成」、「その他」に分類される。日常生活とその他を除く項目は、公民養成と国民養成に大別されるが、ここで規定する「公民」とは、社会で生活する上での知識や徳育を供えた者を指す。公共心、道徳心、社会に関する知識、実学知識を育成することに重きを置いた項目を「公民養成」に分類した。当時の言葉遣いでは、公民を国民や皇民と同意義で使用している場合があるが、本書ではこれらとは区別して使用する。これに対し、「国民養成」は、大日本帝国の国民としての資質を養成するもので、神社参拝や皇室崇拝などの愛国心を涵養するものや日本伝統文化、戦時関連事項等が「国民養成」の項目に分類される。「国語講習所」は国語という国民精神の宿った言葉を授け、国民精神を涵養する場であると同時に、社会の一員としての素養を育成する場でもあった。それは、「国語講習所」要項の教育目的に、国語教育のほかに、徳性の涵養や智能の啓発が掲げられていることからも明らかである。教本の題材にもこうした二つの要素が含まれていたことを、この分類により明らかにする。分類する際には、指導書の記述をも考慮した。指導書には、指導要領が詳細に記されており、必ずしも教本の本文のみからでは読み取れない編纂の意図が示されているからである。

〈表4−2〉の各項目を説明しよう。

日常生活は、自然や動物、身の回りの事物、出来事を扱ったものである。

公民養成に関する項目は、道徳心、公共心を育成するものと、知識、智能を育成するものとがある。道徳心、公共心の養成の項目には次のものがある。

・礼儀作法・行儀は、挨拶表現を含む礼儀作法や行儀を扱ったものである。

・規律・模範は、規律や模範を扱ったものである。

・童話・寓話は、昔話や寓話から道徳を扱ったものである。教訓を含む話もここに分類される。

知識、智能を育成する項目には次のものがある。

・社会知識は、社会の有り様や、社会生活を営む上での知識や職業知識、社会制度に関わる事柄を扱ったものである。社会生活の中でのやりとりや公の場での届出・手続き、手紙や電報電話の書き方・掛け方等の生活知識も含む。大枠では、実学知識に包括されるが、この項目は極めて数が多いため、特に社会的な知識を含む内容はこの項目に分類した。

・実学知識は、博物、地理、物理、化学、産業、経済、近代技術などの知識を扱ったものである。

・衛生・時間概念は、衛生概念や医療概念、時間概念を扱ったものである。

次に、国民養成に関する項目には次のものがある。

・日本文化・日本的行事は、節句などの伝統文化や子供の日、月見などの日本的行事である。

・国語学習は、日本語学習に関するものであり、一九三九年版では、国語常用を含む。

・国体観念は、天皇制や神社、国旗などに関するものである。

・戦時は、軍事関連事項など、戦時下特有の事柄である。

最後に、どの項目にも属さないものをその他とした。笑い話、なぞなぞ等の語学教材や唱歌がここに分類される。

この分類に則って、以下、教材内容を分析する。

2　一九三三年版『新国語教本』の内容

(1)　一九三三年版『新国語教本』巻一

教本の初級においては、身近な題材が取り上げられているため、日常生活を題材にしている課が非常に多い。特に巻一は、日常身の回りの単語や簡易な文を取り上げており、先行研究における公学校『国語読本』の教材分析では、初級の巻が語学教材として一括に分類される傾向があるが、「国語講習所」は初級学習者が多いため巻一の分析は重要である。『新国語教本』の中では、日常を扱った課が多いが、その中でも礼儀作法や社会生活上の知識など、他の項目に関わる内容がある時には、それらを優先カテゴリーとした。これは、一九三三年版、一九三九年版の全巻において同様である。また、一つの課の内容が二つの項目に関わる場合は、(×0.5) と表示した。

『新国語教本』巻一には、課名がない。そこで、〈表4-3〉に課名の代わりに各課の最初の一行を示した。

これらを項目別に分類すると、〈表4-4〉のようになる。

巻一は、日常生活を扱った課が一番多く、六四・二%を占める。初歩の語学教材として、自然や身の回りの事物の単語、それらを使った文や対話が載せられている。

礼儀作法・行儀は、二番目に多く、一三・二%を占める。三一課、三二課は訪問客との対話、三三課は来客を父親に知らせる対話である。三四課は家を訪ねる対話、三六課は教師に欠席を申し出る対話、四六課は菊の花の値段を尋ねる対話、四七課は家族の安否を尋ねる対話である。これらの課は、日常生活の場面を取り上げながら、挨拶の仕方や礼儀を扱っている。

規律・模範は、三・八%を占める。四一課は遅刻に関する注意、四二課は早引きの申し出を扱っている。いずれも授業時の規律を扱っている。

社会知識は、九・四%を占める。二七課は魚屋での売り買いの知識、四八課は官衙とその長の名称、四九課、五〇課は拾い物・遺失物の警察への届け出、五二課は盲聾唖の概念を扱っている。いずれも社会生活上の知識や社会制度に関する知識、社会の構成員に対する知識、あるいは公的場での届け出の手続きを扱っている。

その他は、九・四%を占める。一三課は濁音と五〇音表を挙げている。三七課は「赤い鳥」の童謡、四三課、四四課は二匹の犬が協力して猿からお菓子を取り上げる話である。指導書には、読解教材として生徒に滑稽な内容を捉えさせるように記されている。五三課は雌鳥がアヒルのヒナを育てる話である。これも読解教材として提示されている。

〈表 4-3〉 1933 年版『新国語教本』巻一　題材一覧

1	アメ　ミノ　カサ　カラカサ	2	ハサミ　ハリ　イト　キレ
3	イモ　マコモ　レンコン　カゴ	4	ウス　キネ　コメ　モチ
5	ウシ　クルマ　ニモツ　ムチ	6	ツクエ　テホン　スミ　スズリ　フデ
7	カニ　カメ　フナ　ウナギ	8	ヲンドリ　ト　メンドリ・　タマゴ　ヒヨコ
9	イヌ　ト　ヤギ・クサ　ノ　ナカ　ニ　ヘビ・キ　ノ　エダ　ニ　セミ	10	ヰド・ツルベ　ノ　ナカニ　ミズ・ヰド　ノ　ソバ　ニ　ヲケ
11	ワタクシ　ノ　ユビワ・ネエサン　ノ　カガミ・クシ　ト　オシロイ	12	ソラ　ニ　ツキ・ニイサン　ノ　フエ・ムシ　ノ　コエ
13	五十音（カタカナ）	14	「コレ　ハ　ナン　デス　カ。」
15	「アナタ　ハ　ドナタ　デス　カ。」	16	「陳氏金サン　ハ　アナタ　ノ　イモウトサン　デス　カ。」
17	ココ　ニ　オヤブタ　ガ　ヰマス。	18	ココ　ニ　モモ　ガ　タクサン　アリマス。
19	「コレ　ハ　ドナタ　ノ　ホン　デス　カ。」	20	「ムカフ　ニ　トンデ　ヰル　ノ　ハ　ナン　デス　カ。」
21	「アメ　ガ　フリサウ　デス　ネ。」	22	ココ　ハ　イチバ　デス。
23	「アナタ　ハ　ドコ　ヘ　イキマス　カ。」	24	「チョット　マッテ　クダサイ。」
25	「ドウモ　オマタセ　イタシマシタ。」	26	「ネエサン、ドコ　ヘ　イキマス　カ。」
27	「コノ　マグロ　ハ　イクラ　デス　カ。」	28	「オクワシ　ヲ　クダサイ。」
29	オトウサン　ハ　クハ　ヲ　カツイデ　ヰマス。	30	オカアサン　ハ　イマ　センタク　ヲ　シテ　ヰマス。
31	「ゴメン　クダサイ。」	32	「ゴメン　クダサイ。」
33	「オトウサン、林阿生サン　ガ　オイデ　ニ　ナリマシタ。」	34	「林氏桃サン　ノ　オタク　ハ　ドチラ　デセウカ。」
35	「ケフ　ハ　ナン日　デス　カ。」	36	「センセイ、水曜日　ノ　バン　ヤスマセテ　クダサイ。」
37	アカイ　トリ　コトリ、ナゼ　ナゼ　アカイ。	38	「阿香　サン　ハ　ケフ　ドウシマシタ　カ。」
39	「阿金　サン、阿香　サン　ノ　ウチ　ヲ　シッテ　ヰマス　カ。」	40	「阿香　サン、ゴビヤウキ　ハ　ドンナ　デス　カ。」
41	「阿金　サン、チコク　シマシタ　ネ。」	42	「センセイ、コンバン　ハ　ハヤビキ　ヲ　サセテ　クダサイ。」
43	サル　ガ　オクワシ　ヲ　タベテ　ヰマシタ。	44	コンド　ハ　クロ　ガ　「オサルサン、ワタクシ　ニモ　ワケテ　クダサイ。」ト　イヒマシタ。
45	ココ　ハ　クワダン　デス。	46	「マア、ミゴトニ　サイテ　ヰマス　ネ。」
47	「オサムク　ナリマシタ　ネ。」	48	ハシユツジヨ　ニハ　イツモ　ジユンササン　ガ　イラッシヤイマス。
49	「カネイレ　ヲ　ヒロヒマシタ。」	50	「カネイレ　ヲ　オトシマシタ。」
51	アカチヤン　ガ　ナキダシマシタ。	52	「メ　ノ　ミエナイ　ヒト　ヲ　ナン　ト　イヒマス　カ。」
53	メンドリ　ガ　ハコ　ノ　タマゴ　ヲ　カヘシマシタ。		

〈表4-4〉 1933年版『新国語教本』巻一　教材内容分類結果

項目		課	パーセント（%）	
日常生活		1, 2, 3, 4, 5, 6, 7, 8, 9, 10, 11, 12, 14, 15, 16, 17, 18, 19, 20, 21, 22, 23, 24, 25, 26, 28, 29, 30, 35, 38, 39, 40, 45, 51		64.2
公民養成	礼儀作法・行儀	31, 32, 33, 34, 36, 46, 47	13.2	26.4
	規律・模範	41, 42,	3.8	
	社会知識	27, 48, 49, 50, 52	9.4	
国民養成		—		0
その他		13, 37, 43, 44, 53		9.4

巻一は、日常生活を扱った課が圧倒的に多い。対話文が多く、初歩の教材の性質が強く出ている。その一方で、礼儀作法・行儀、規律・模範、社会生活上の知識・社会制度などの公民的教養を扱った課の合計は、二六・四％と、全体のほぼ四分の一程度を占めていることが分かる。特徴的なのは、国民養成の課が見られないことである。一九三三年版の巻一は、語学の習得や社会道徳を扱った教材がほとんどを占めており、国民精神の涵養を意図した教材は見られない。

(2) 一九三三年版『新国語教本』巻二

次に、巻二の内容を検討する。〈表4-5〉は、巻二の課名を表したものである。

これらを項目別に分類すると、〈表4-6〉のようになる。

巻二も日常生活が一番多く、二四・四％を占める。二課「ウチノ人タチ」は、家族の紹介、四課「ユフハン」は、家族で夕飯をとる光景、八課「ブタ」は、養豚とブタ肉についてが取り上げられている。一二課「花」は、花壇の花、一四課「おねがひ」は、赤ちゃんの汗もの薬、一六課「田ウヱ」は、田植えの様子、二四課「夕立」は夕立に遭った女性二人の対話、二九課「ぼう風雨」は、暴風雨の被害についての対

〈表 4-5〉 1933 年版『新国語教本』巻二 課名一覧

1	テンチャウセツ	2	ウチノ人タチ	3	四方
4	ユウハン	5	オホサウヂ	6	ヲノノタウフウ
7	シユトウ	8	ブタ	9	ハウモン
10	マチガヒ	11	おわび	12	花
13	時計	14	おねがひ	15	せんたく
16	田ウヱ	17	わたしぶね	18	てがみ
19	きもの	20	市場	21	買物
22	ケチンバウ	23	でんわ	24	夕立
25	月見	26	あいさつ（一）	27	あいさつ（二）
28	台湾ノクダモノ	29	ばう風雨	30	ばう風雨みまひ
31	ガクゲイ会	32	おかあさんの手紙	33	おまつり
34	お産	35	しばゐ	36	おやどりとひよこ
37	国語のケイコ	38	バス	39	寒い日
40	お正月	41	招待	42	いうびんきょく
43	火事	44	ナマヅツリ	45	私の庄

〈表 4-6〉 1933 年版『新国語教本』巻二 教材内容分類結果

項目		課	パーセント（%）	
日常生活		2, 4, 8, 12, 14, 16, 24, 29, 35, 39		22.2
公民養成	礼儀作法・行儀	9, 10, 11, 26, 27, 34	13.3	57.8
	童話・寓話	6, 36, 44	6.7	
	社会知識	17, 18, 20, 23, 30, 41, 42, 43	17.8	
	実学知識	3, 15, 21, 28, 38, 45	13.3	
	衛生・時間概念	5, 7, 13	6.7	
国民養成	日本文化・日本的行事	19, 25, 40	6.7	17.8
	国語学習	31, 32, 37	6.7	
	国体観念	1, 33	4.4	
その他		22		2.2

話、三五課「しばゐ」は、芝居見物に出かける女性二人の対話、三九課「寒い日」は、寒さと雪をめぐる対話となっている。芝居は台湾固有の郷土的題材であり、一九三三年版にのみ見られる教材である。巻一が、単純に日常生活に見られる自然や周囲の事物の単語や簡易な文を扱っているのに対し、巻二は、本文がより長く、事物の様子がより詳細に描写されている。

礼儀作法・行儀は、一三・三%を占めている。九課「ハウモン」は、自宅への来客をめぐる対話、一〇課「マチガヒ」は、靴を履き間違えた時の対話、一一課「おわび」は、茶碗を壊したことを主人に詫びる対話、二六課「あいさつ（一）」、二七課「あいさつ（二）」は、他家訪問、途上のあいさつ、引っ越し入れと引っ越ししていく時の挨拶、三四課「お産」は、講習生のお産をめぐる対話である。いずれの課も日常生活の一場面における挨拶・礼儀作法を扱っている。

童話・寓話は、六・七%を占めている。六課「ヲノノタウフウ」は、小野道風が柳に飛びつく蛙を見て不断に努力することを学んだ逸話、三六課「おやどりとひよこ」は、ヒナをかばって焼死した雌鳥の母性愛を扱っている。四四課「ナマヅツリ」は、雨上がりに川釣りにでかけた少年が、乞食の子に団子をやったところ、その後釣れた大きなナマズのお腹からその団子が出てきて、気味が悪くなった少年はその後ナマズ釣りに行かなくなったという内容であり、雨上がりの川釣りの危険を説いた寓話である。いずれも道徳教材を扱った課である。

社会知識は、一七・八%を占めている。一七課「わたしぶね」は、渡し船の有り様を対話で表している。一八課「てがみ」は、国語雑誌『国光』を送る手紙文であり、指導書には手紙の形式指導も示されている。二〇課「市場」は、市場の有り様、二三課「でんわ」は、電話での対話であり、指導書には電話の実演練習も示されている。三〇課「ばう風雨みまひ」は、暴風雨見舞いのはがき文、四一課「招待」は、父親の還暦祝いの招待についての対話、四二課「いうびんきよく」は、郵便局で手紙を出す対話、四三課「火事」は消防自動車の警笛を聞いて、交換局に火事の場所を確認する内容である。いずれの課も社会生活を営む上での知識を扱っている。

実学知識は、一三・三%を占める。三課「四方」は、東西南北の概念、一五課「せんたく」は、川で洗濯をしながらの対話を取り上げながら、洗濯物の素材に関する知識を扱っている。二一課「買物」は、魚屋での主人と客の対話で、値段のやりとりから需給関係にも触れている。二八課「台湾ノクダモノ」は、台湾の特産果物を挙げ、それらが内地へ売り出される内容であり、地理的内容であると同時に、台湾郷土的内容も含まれる。三八課「バス」は、庄内にバスが開通したことにより便利になったことを対話形式で扱っている。四五課「私の庄」は、庄内の戸数や町並み、公の建物の位置等を取り上げた台湾郷土的内容である。いずれも実学への橋渡しとなるような内容が扱われている。

衛生・時間概念は、六・七%である。五課「オホサウヂ」は、保正が大掃除の日程を知らせに来て、後に警察官が大掃除が済んだことを確認に来る対話である。七課「シユトウ」は、天然痘が重篤な症状を引き起こす病気であり、種痘を受けることを勧める対話である。一三課「時計」は、時刻と汽車の時間、時計店で時計を引き取る時間を扱った対話である。いずれも衛生や時間の概念を扱った課である。

日本文化・日本的行事は、六・七%を占める。一九課「きもの」は、女性二人のきものをめぐる対話、二五課「月見」は、内地風月見を取り上げている。四〇課「お正月」は新年の挨拶に訪れる内容の対話である。いずれも日本文化や日本的行事が取り上げられている。

国語学習は、六・七%を占める。三一課「ガクゲイ会」は、講習所で催された学芸会を振り返る対話である。三二課「おかあさんの手紙」は、講習所に通う母親が息子に手紙を書く内容の対話である。三七課「国語ノケイ

〈図 4-1〉 1933 年版『新国語教本』巻二 第 28 課
「台湾ノクダモノ」

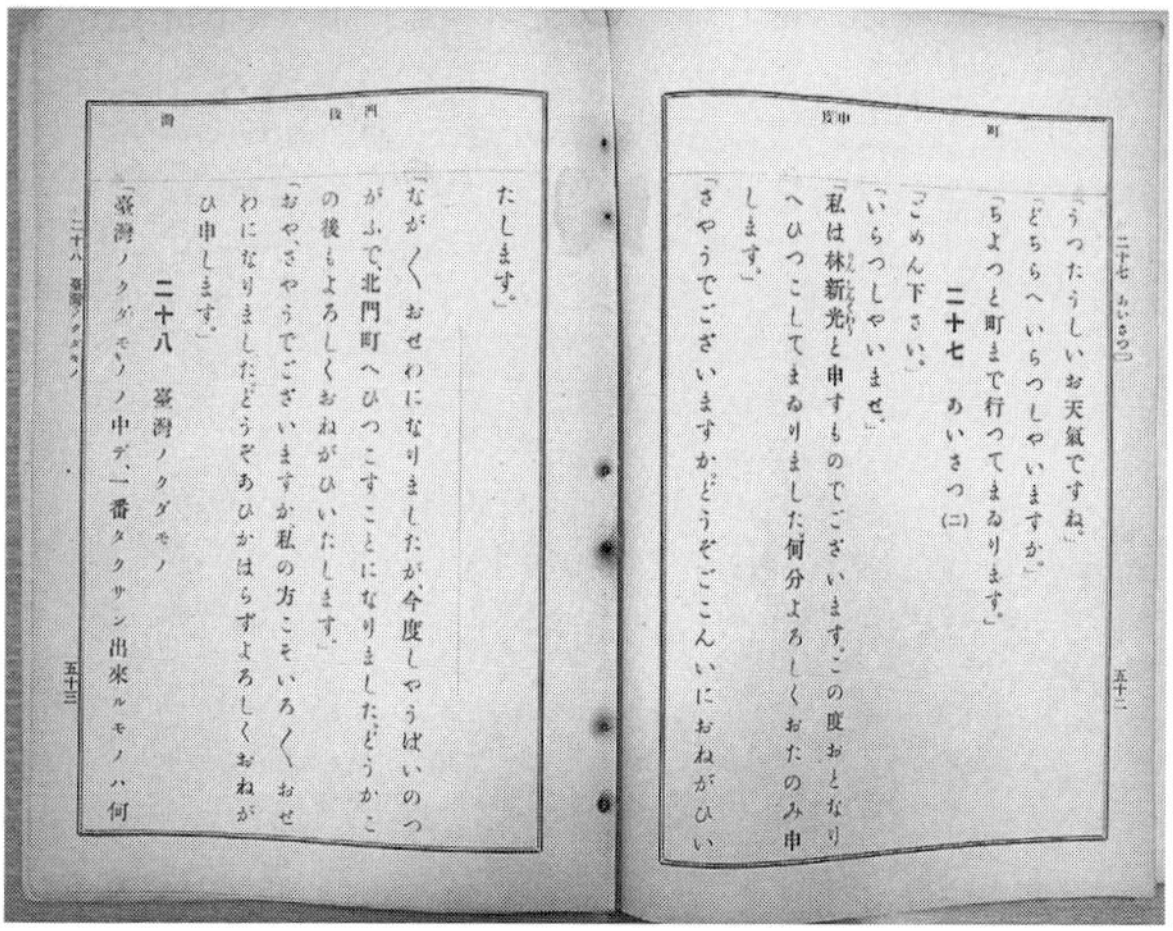
二十七 あいさつ(二)
「うつたうしいお天氣ですね。」
「どちらへいらつしやいますか。」
「ちよつと町まで行つてまゐります。」
二十七 あいさつ (二)
「ごめん下さい。」
「いらつしやいませ。」
「私は林新光と申すものでございます。この度おとなりへひつこしてまゐりました何分よろしくおたのみ申します。」
「さやうでございますかどうぞごこんいにおねがひい
五十二

二十八 臺灣ノクダモノ
たします。」
「ながながおせわになりましたが、今度しやうばいのつがふで、北門町へひつこすことになりましたどうかこの後もよろしくおねがひいたします。」
「おや、さやうでございますか私の方こそいろいろおせわになりましたどうぞあひかはらずよろしくおねがひ申します。」
二十八 臺灣ノクダモノ
「臺灣ノクダモノノ中デ、一番タクサン出來ルモノハ何
五十三

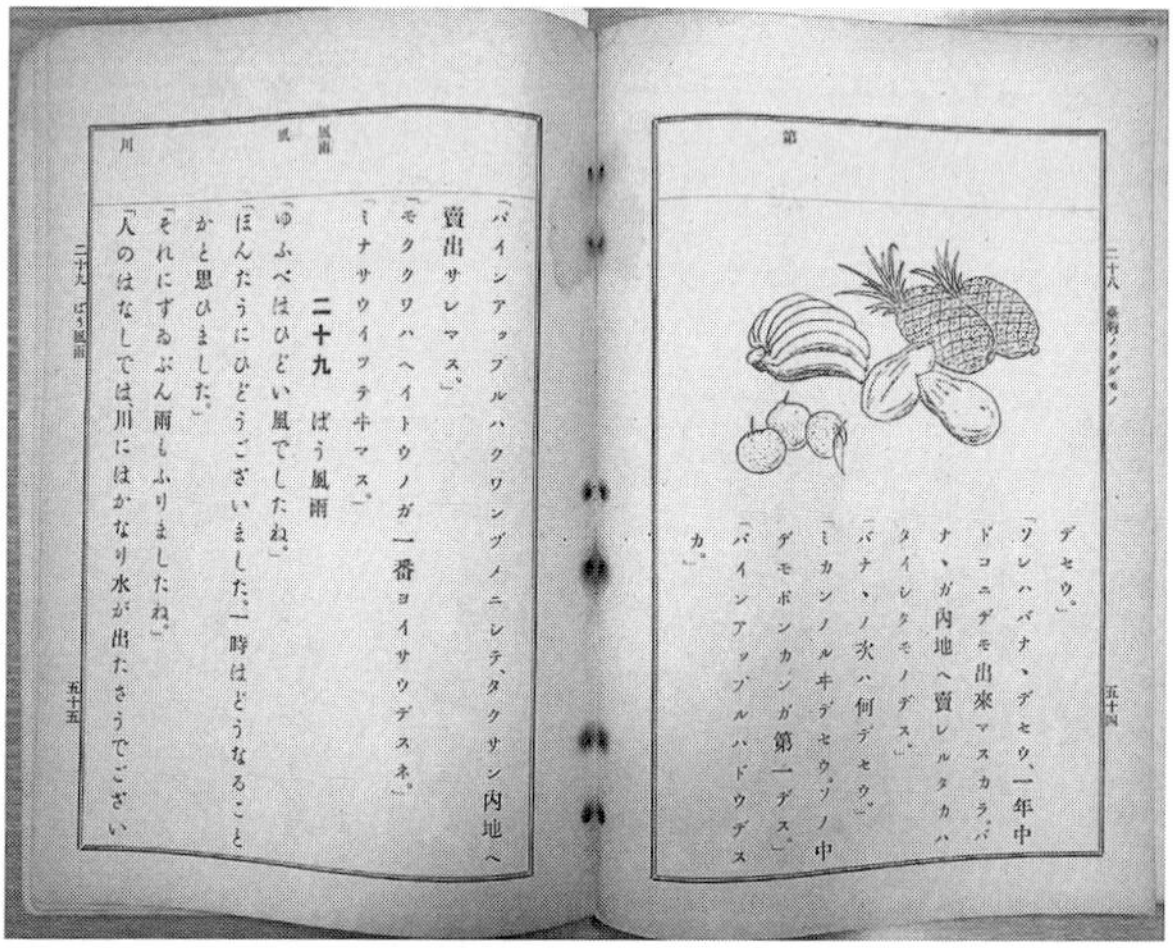
二十八 臺灣ノクダモノ
デセウ。」

「ソレハバナナ、デセウ、一年中ドコニデモ出來マスカラ、バナナ、ガ内地ヘ賣レルタカハタイシタモノデス。」

「バナナ、ノ次ハ何デセウ。」

「ミカンノルヰデセウ。ソノ中デモボンカンガ第一デス。」

「パインアップルハドウデスカ。」

五十四

二十九 ばう風雨
「パインアップルハクワンヅメニシテ、タクサン内地ヘ賣出サレマス。」
「モククワハヘイトウノガ一番ヨイサウデスネ。」
「ミナサウイツテヰマス。」
二十九 ばう風雨
「ゆふべはひどい風でしたね。」
「ほんたうにひどうございました。一時はどうなることかと思ひました。」
「それにずゐぶん雨もふりましたね。」
「人のはなしでは川にはかなり水が出たさうでござい
五十五

出典：玉川大学教育博物館所蔵。

コ」は、内地人と話すことで国語が上達したという内容の対話である。いずれも国語学習の成果を示した課である。

国体観念は、四・四%を占める。一課「テンチヤウセツ」は、天長節の日にすること、三三課「おまつり」は、台湾神社のお祭り日の様子を扱っている。天皇、神社に関する内容が取り上げられている。

その他は、二・二%を占める。二二課「ケチンバウ」は、一本の虫歯を抜くために二円払うのが惜しくて、健康なもう一本の歯と合わせて二本三円で抜歯をしたけちん坊の滑稽さを表した内容である。滑稽さを理解させる語学教材である。

巻二の公民養成に関わる礼儀作法・行儀、社会生活上の知識・社会制度、衛生・時間概念、童話・寓話、実学知識の合計は五七・八%である。半数以上の教材が公民的資質の養成に関わるものであることが分かる。

国民養成に関わる日本文化・日本的行事、国語学習、国体観念は、一七・八%である。これらは、巻二から登場する内容である。

(3) 一九三三年版『新国語教本』巻三

次に、巻三の内容を検討する。〈表4-7〉は、巻三の課名を表したものである。これらを項目別に分類すると、〈表4-8〉のようになる。

巻三は、日常生活のみを扱った課はない。

規律・模範は、六・七%を占める。二六課「道なほし」は、庄民が道を共同で補修する際の対話であり、公のために働く心がけを扱っている。二七課「かりたもの」三七課「汽車」は、汽車に乗る際のマナーを説いた内容

〈表 4-7〉 1933 年版『新国語教本』巻三　課名一覧

1	国旗	2	うちの畠	3	国語の時間	4	水道
5	さざえのじまん	6	子供の日	7	デンセン病	8	よばうちゆうしや
9	我ガ国	10	お祭のあんない	11	べうのお祭	12	笑話
13	二ひきのやぎ	14	税金	15	でんぱう	16	台湾
17	きうり売り	18	コクモツ	19	水の中の玉	20	ちょ金（一）
21	ちょ金（二）	22	私ノ街	23	出生届	24	戸口しらべ
25	左側通行	26	道なほし	27	かりたもの	28	明治節
29	いたづら山羊	30	なぞ	31	くわつどうしやしん	32	ラヂオ
33	放送の夕	34	請求書ト領収証	35	大売出し	36	買物
37	汽車	38	はちとはへ	39	おいしや様	40	病気みまひ
41	ひんぴやう会	42	紀元節	43	ゑはがき	44	くわうこく
45	もう一週間						

〈表 4-8〉 1933 年版『新国語教本』巻三　教材内容分類結果

項目		課	パーセント（%）	
日常生活		—		0
公民養成	規律・模範	26, 27, 37	6.7	80
	童話・寓話	5, 13, 19, 29, 38	11.1	
	社会知識	10, 11, 14, 15, 17（x0.5）, 20, 21, 23, 24, 25, 34, 35, 36, 40, 44	32.2	
	実学知識	2, 3, 4, 9, 16, 18, 22, 31, 32, 41, 43（x0.5）	23.3	
	衛生・時間概念	7, 8, 39	6.7	
国民養成	日本文化・日本的行事	6	2.2	15.6
	国語学習	17（x0.5）, 33, 45	5.6	
	国体観念	1, 28, 42, 43（x0.5）	7.8	
その他		12, 30		4.4

である。公共心、公共マナーが取り上げられている。

童話・寓話は、一一・一%を占める。五課「さざえのじまん」は、海底で鯛や鰯等の魚類を相手に殻をもつ自分の安全を自慢していたサザエが、網にかかって捉えられとうとう売りに出されたという寓話である。驕ることへの戒めを扱った内容である。一三課「二ひきのやぎ」は、高い崖の中腹にある狭い山道で出会った二匹のヤギが、互いに譲り合いながら道を通る内容である。譲り合いの心と態度を説いた課である。一九課「水の中の玉」は、心がけの立派な兄弟が川の中で玉を見つけ裕福となり、兄弟互譲の心が神に通じ、再度川の中で玉を得て、二人とも幸福になるという内容である。人間は正直で、まじめでなくてはならない、兄弟は仲良くするべきだということを説いた課である。二九課「いたずら山羊」は、熊の皮をかぶって猫や兎を脅かし喜んでいた山羊が、仲間の山羊の忠告を聞かずにいたずらを続け、ついに本物の熊に喰い殺されるという内容である。自惚れ、身の程知らずないたずらを犯しても反省のないことへの応報を説いた課である。三八課「はちとはへ」は、勤勉なはちは神様から剣を与えられ、身を守りながら草原で一生懸命食べ物を集めたが、怠け者のはえは、人の食べ物を盗んで回り、食べ過ぎて動けないところを、ついに蠅たたきでつぶされたという内容である。正直、勤勉を説いた寓話である。いずれの課も道徳教材を扱っている。

社会知識は、三二・二%を占める。これは、巻三の中で、一番比率が高い項目である。一〇課「お祭のあんない」は、友人に宛てた廟の祭の案内文である。一一課「べうのお祭」は、台湾の廟のお祭りの様子を取り上げている。一〇課、一一課はともに一九三三年版のみに見られる、台湾の民間信仰の祭りを扱った台湾郷土的内容である。一四課「税金」は、納税に行く父親と息子の対話を取り上げ、税金の使い道を説いている。一五課「でんぽう」は、父子の対話から電報文字の打ち方を扱っている。一七課「きうり売り」は、町にきゅうりを売りに行き、国語で会話を交わし、最後は完売して、母親に頼まれたお使いのほかに儲けも出たという内容である。きゅうり売りの際のやりとりのほかに、内地人と国語を話し国語の便利さを実感するという国語学習に関する内容も含まれる。二〇課「ちよ金（一）」、二一課「ちよ金（二）」は、貯金の機能と手続きを扱っている。二三課「出生届」は、役所に出生届を出す対話である。二四課「戸口しらべ」は戸口調査に来た巡査と主婦の対話である。二五課「左側通行」は、交通量の多い町で自動車や自転車、人力車等が左側通行を守っていることを取り上げ、交通規則の重要性を認識させる内容である。三四課「請求書ト領収証」は、請求書と領収証の実物教材が載せられた課である。本文はなく、指導書には通読および練習用紙に請求書、領収証を書く指示が載せられている。講習生の実際の生活に即した実物教材である。三五課「大売出し」は暮の町の様子を扱った課である。三六課「買物」は、布屋でのやりとりを扱っている。四〇課「病気みまひ」は、病気で休んでいる講習所の友人に宛てた手紙とその返事である。指導書では簡単な手紙文の書き方の指導も扱われている。四四課「くわうこく」は、実物広告が載せられた課である。洋雑貨店一件、薬局二件の計三件の広告に載せられた情報を読み取る内容である。三四課同様、講習生の実生活に即した実物教材である。いずれの課も社会生活を営む上での知識、社会制度に関する知識や手続きを取り上げている。

実学知識は、二三・三％を占める。これは、巻三の中で二番目に多い。二課「うちの畠」は、畠の様子と栽培状況について叙述された課である。三課「国語の時間」は、講習生の畠の様子と栽培作物の種類についての対話である。四課「水道」は、町に水道ができたこと、水道の原理、便利さを扱った課である。九課「我ガ国」は、日本の領土を示した地図とともに朝鮮以外は大小の島々からなること、一番大きいのが本州であり、北は樺太、北海道、ずっと南に台湾があること、気候はおおかた暖かく暮らしやすいこと、一番大きな都会は東京であり天皇が暮らすことなど、地理的内容が扱われている。一六課「台湾」は、台湾の州庁名、山名、河川名、都市名、湾口名、主要産物などを問答形式で扱った地理・博物的内容であり、郷土的内容である。一八課「コクモツ」は、穀物の種類、性質、用途を対話で扱った内容である。二二課「私ノ街」は、自分の街の主要建築物の位置、商店街の店の種類、廟の位置などを、街の挿し絵とともに扱った課である。三一課「くわつどうしやしん」は、庄内で活動写真が催された様子が、挿し絵とともに扱われている。活動写真という近代技術と、それを楽しみにしている庄民の様子が描かれている。三二課「ラヂオ」は、ラジオが話や音楽といった楽しみのほかに、時刻が正確に分かるという便利さもあること、そのために庄内の者が汽車に乗り遅れないようになったという内容である。四一課「ひんぴやう会」は、農業品評会に出展された野菜や家畜の様子を扱った課である。四三課「ゑはがき」は、皇居、明治神宮、東京の絵はがきの挿し絵についての対話である。前半は皇居、明治神宮の説明、後半は東京の名所の説明がなされている。地理、博物知識と同時に、国体観念にも触れた内容である。いずれの課も実学や近代技術に関する内容を扱っている。

衛生・時間概念は、六・七%を占める。七課「デンセン病」は、コレラをはじめとする伝染病の種類と予防法等を扱った課である。八課「よばうちゆうしや」は、医者と予防接種を受ける患者、それを待つ人々の列の挿し絵とともに、チフスの予防接種を受けた人が相手に接種を勧める対話を扱った課である。七課、八課ともに伝染病とその予防の知識を扱っている。三九課「おいしや様」は、医者と患者の対話から、病気に関する用語と医者との会話の練習が意図されている。いずれの課も疫病に対する予防や医院での基礎知識を扱っている。

日本文化・日本的行事は、二・二%を占める。六課「子供の日」は、五月五日が男の子の節句でこいのぼりを立てること、この日を子供の日として、強い子どもを育て立派な国民をつくるよう心がけるという内容である。

いずれも日本的行事が扱われている。

国語学習は、五・六%を占める。一七課「きうり売り」は、内地人にきゅうりを売る際、国語の便利さを痛感したという内容である。三三課「放送の夕」は、講習生がラジオ放送に出演し、講習所での成果を示すという内容である。四五課「もう一週間」は、教本の最後に配置された課で、一週間後に修了を控えた「国語講習所」の生徒が互いの国語の上達を確認しあい、教師への感謝を口にする対話である。いずれも国語学習の成果を表した内容である。

国体観念は、七・八%を占める。教本冒頭の一課「国旗」は、保正が家に来て国旗を掲揚するよう説く内容である。二八課「明治節」は、明治天皇の在位期間と明治節について、明治天皇の肖像画入りで扱った課である。四二課「紀元節」は、神武天皇と紀元節の由来を扱った課である。四三課「ゑはがき」は、皇居と明治神宮の絵はがきを紹介した内容である。いずれも、国旗掲揚や皇室に関連した内容を取り上げている。

その他は、四・四%を占める。一二課「笑話」は、伏せたつぼに口がない、裏返してつぼに底もないといったあわてものの話、池で竹竿を洗っていた子どもが、先の方は手が届かないので洗えないといった内容の笑い話である。三〇課「なぞ」は、箱の中の生物を当てさせる謎掛けである。小さな箱に手足のない、顔のない、外が固く中はやわらかい生物、即ち卵が入っている内容である。これらの話はいずれも語学の教材として扱われている。

巻三の公民養成に関わる、規律・模範、童話・寓話、社会生活上の知識・社会制度、衛生・時間概念、実学知識の合計は八〇%である。八割という高い比率の教材が公民的資質の養成に関わる内容で占められている。これは、巻一、巻二で多く取り上げられた日常生活に関する内容が、巻三では減少し、より抽象的な内容に変遷していることによる。また、巻一、巻二に見られた礼儀作法・行儀の項目が巻三では見られない。礼儀作法や行儀が、比較的初歩の段階に集中していることが窺える。

国民養成に関わる日本文化・日本的行事、国語学習、国体観念の合計は、一五・六％である。これは、巻二とほぼ同じ比率である。

一九三三年版は、巻一に国民養成の内容が見られないこと、また、巻二・巻三を通じて芝居や廟の祭りなどの台湾固有の内容が見られるという特徴がある。一九三〇年代前半は、内地や朝鮮では戦時体制がとられはじめた時期であるが、台湾においてはまだ皇民化運動が始動していなかった。台湾固有の内容が削除され、巻一の冒頭から国民養成の課が増加するのは、一九三七年に日中戦争が勃発し、皇民化運動が始動した後に出版された改訂版、一九三九年版の教本である。

3　一九三九年版『新国語教本』の内容

（1）一九三九年版『新国語教本』巻一

次に、一九三九年版の『新国語教本』の内容を検討する。〈表4-9〉は、巻一の題材一覧である。一課から九課までは挿し絵のみで本文はない。この改訂版では、初歩においては文字を指導しない方針であった。挿し絵は、一九三三年版より多く、ほぼ全課に付されている。巻頭には、アイウエオの口形図と、五〇音が付され、緒言では、全課を通じて常に口形練習、五〇音の基礎練習を行うように指示されている。巻一は、一九三三年版が全五三課であったのに対し、一九三九年版は、全五六課と、課数が多い。また、全般的に難易度が高くなっている。これは、一九三三年版が全三巻であったのに対し、一九三九年版教本が全二巻でその内容を満たし、その後は『公民読本』、『農民読本』、『商工読本』といった教本を選択するようになっていたからである。

〈表 4-9〉 1939 年版『新国語教本』巻一 題材一覧

1	絵１ 皇大神宮	2	絵２ 宮城
3	絵３ 日の丸の旗	4	絵４ 挨拶
5	絵５ ごめんください	6	絵６ 町
7	絵７ 少年少女植物	8	絵８ 母子
9	絵９ 七夕短冊作り	10	アタマ テ アシ
11	ミノ カサ カラカサ	12	ハサミ ト キレ ハリ ト イト
13	オミヤ ノ モリ イシ ノ トリヰ	14	ウシ ニ クルマ クルマ ニ ニモツ
15	スズリ ガ アリマス。	16	ワタシブネ ガ アリマス。
17	メンドリ ト ヒヨコ ガ ヰマス。	18	木 ノ エダ ニ セミ ガ ヰマス。
19	ニイサン ガ 本 ヲ ヨンデ ヰマス。	20	ヘイタイサン ガ キマシタ。
21	デントウ ノ シタ デ ソロバン ヲ ハジイテ ヰマス。	22	ヘビ ガ デテ キマシタ。
23	ウサギ ガ ハシッテ ヰマス。	24	コドモ ガ ナハトビ ヲ シテ ヰマス。
25	ゴハン ガ デキマシタ。	26	ザボン ガ、ナッテ ヰマス。
27	オヤウシ コウシ モウ 日 ガ クレル。	28	カゼ ニ クルクル カザグルマ。
29	三郎サン ガ、テガミ ヲ ポスト ニ イレテ ヰマス。	30	汽車 ガ ツキマシタ。
31	ヒカウキ ガ トンデ ヰマス。	32	時計 ガ、タクサン アリマス。
33	「貯金 ヲ オネガヒシマス。」	34	「オタク ニハ、神棚 ガ アリマス カ。」
35	「ドチラ ヘ、オイデ ニ ナリマス カ。」	36	青年団 ガ ミチブシン ヲ シテ ヰマス。
37	「集会所 ガ、デキマシタ ネ。」	38	アリ ガ、池 ニ オチマシタ。
39	稲 ヲ カッテ ヰマス。	40	「コノ 手紙 ハ、四銭 デ イヽ デセウ カ。」
41	「オ寒ウ ゴザイマス ネ。」	42	犬 ガ、ハシ ノ 上 ニ ヰマス。
43	イツモ オゲンキナ 叔母サン ガ ゴ病気トハ オドロキマシタ。	44	オ手紙アリガタウ。
45	水牛 ト オウチウ ガ ヰマス。	46	「赤チャン ガ、生マレタ サウ デス ネ。」
47	「靴下 ヲ 見セテ 下サイ。」	48	白ヂ ニ 赤ク 日ノ丸 ソメテ アヽ ウツクシ ヤ 日本 ノ ハタ ハ。
49	コノ アヒダ、ウチ ノ バークシャ ガ、子 ヲ 生ミマシタ。	50	「コノ 子ドモ ヲ、保育園 ニ イレタイ ノ デス ガ、イカガ デセウ。」
51	「モシモシ 山川商店 デス カ。」	52	「明晩、祖父 ノ タンジャウ 祝 ヲ イタシマス カラ オイデ 下サイ。」
53	「サイフ ヲ、ヒロヒマシタ。」	54	「サイフ ヲ、オトシマシタ。」
55	「戸口抄本 ヲ イタダキタイ ノ デス ガ。」	56	ウサギ ガ カメ ニ、「カメサン、アナタ ハ セカイ中 デ、一番 アルク ノ ガ、オソイ デス ネ。」ト イッテ ワラヒマシタ。

〈表 4-10〉　1939 年版『新国語教本』巻一　教材内容分類結果

項目		課	パーセント（%）	
日常生活		6, 7, 8, 10, 11, 12, 14, 15, 16, 17, 18, 19, 22, 23, 24, 26, 27, 28, 29, 35, 37, 39, 45		41.1
公民養成	礼儀作法・行儀	4, 5, 25, 41, 46	8.9	40.2
	規律・模範	36（x0.5）	0.9	
	童話・寓話	38, 42, 56	5.4	
	社会知識	21, 30, 33, 40, 43, 44, 47, 51, 52, 53, 54, 55	21.4	
	実学知識	49	1.8	
	衛生・時間概念	32	1.8	
国民養成	日本文化・日本的行事	9	1.8	18.8
	国語学習（国語常用）	50	1.8	
	国体観念	1, 2, 3, 13, 34, 48	10.7	
	戦時	20, 31, 36（x0.5）	4.5	
その他		—		0

巻一の題材を項目別に分類すると、〈表4-10〉のようになる。

日常生活は、四一・一%を占める。日常の事物を扱った課の比率は、一九三三年版が六四・二%であったので、一九三九年版ではかなり減少しているが、巻一の中では日常生活が最も高い比率を占める。

礼儀作法・行儀は、八・九%を占める。四課は、講習生が教師に挨拶をする挿し絵である。五課は神棚の前で来訪客と家の者が挨拶をする挿し絵である。二五課は、食事ができたので子どもたちを呼び、静かに食べるように語っている内容であり、家族で食卓を囲む挿し絵が付されている。四一課は、寒い日の挨拶の対話である。四六課は、出産を祝う挨拶の対話である。いずれも挨拶、礼儀作法、行儀が扱われている。

規律・模範は、〇・九%を占める。三六

課は、青年団が道普請（道路整備）をしている様子を扱った内容である。これは戦時下の勤労奉仕の内容でもある。社会奉仕の様子が描かれている。

童話・寓話は、五・四％を占める。三八課は、池に落ちた蟻を鳩が助け、後日その鳩を狙う猟師の足を蟻が噛み付いて恩返しをしたという寓話であり、相互に助け合う精神を説いている。四二課は、橋の上の犬が水に映った自分の姿に吠えて、くわえていた魚を落とすイソップ物語の寓話であり、欲を起こしてすべてを失うことを説いた内容である。五六課は、兎と亀の駆け比べの童話であり、油断大敵を説いた内容である。いずれも、教訓のある題材を取り上げている。

社会知識は、二一・四％を占める。これは、巻一の中で二番目に高い比率である。二一課は、電灯の下で商人がそろばんをはじいている様子を扱っている。三〇課は、汽車の停車場の混雑した様子を扱っている。三三課は、貯金の手続きを対話で表している。四〇課は、手紙を出す際に切手を購入するやりとりを対話で表している。四四課は、病気見舞いのはがきと、その返信である。四七課は、靴下を買う際の店での対話である。五一課は、商店に電話して米を注文する対話である。五二課は、知人を祖父の誕生祝いに招く際の対話である。五三課、五四課は拾得物、遺失物の届けを派出所で行う対話である。一九三三年版巻一の四八課、四九課も同様の内容であるが、細かい表現が変更されているほかに、落とした場所が「ベウノマヘ」（廟の前）から「アソコノカド」（あその角）に変わっており、台湾郷土的な廟が改訂版では削除されている。五五課は、戸口抄本を取る時の手続きの対話である。いずれも社会生活を営む上で必要な知識や社会制度に関する知識や手続きを扱っている。

実学知識は、一・八％を占める。四九課は、自宅でのバークシャ種の養豚の様子を扱っている。家畜に関する実学的知識が扱われている。

衛生・時間概念は、一・八％を占める。三二課は、時計店の中に沢山の柱時計、置き時計のある挿し絵と、時計が動いている様子を扱っている。時間概念が扱われている。

日本文化・日本的行事は、一・八％を占める。九課は、巻頭最後の口絵で、洋装とセーラー服の少女三人が七夕の短冊を作っている様子を描いている。内地風の七夕行事が扱われている。

国語学習（国語常用）は、一・八％を占める。五〇課は、保育園に子どもを入れたい旨を問う対話で、挿し絵には若い保母の回りを子どもたちが手をつないで遊ぶ様子が描かれている。就学前の本島人児童を収容する保育園を扱った課は、皇民化政策の内容である。

国体観念は、一〇・七％を占める。一課、二課、三課は巻頭の口絵であり、それぞれ、皇大神宮、宮城、日の丸の旗の掲揚が描かれている。一三課は神社と鳥居を扱っている。三四課は、自宅の神棚に神宮大麻、台湾神社の大麻を奉っているという内容の対話である。四八課は、「日の丸の旗」の歌詞である。富士山および桜の花の前に掲げられた国旗の挿し絵とともに載せられている。いずれも、神社、天皇、国旗が扱われている。

戦時は、四・五％を占める。二〇課は、兵隊の行列を挿し絵とともに扱った課である。三一課は、空を飛ぶ飛行機を見上げて、子どもたちが万歳を叫ぶ内容である。三六課は、規律・模範でも取り上げた、青年団の道普請を扱っており、勤労奉仕を扱った内容である。いずれも、軍隊や戦時下の様子が扱われている。

巻一における公民養成に関わる礼儀作法・行儀、規律・模範、社会生活上の知識・社会制度、衛生・時間概念、童話・寓話、実学知識の合計は、四〇・二％を占めている。これは、一九三三年版巻一の二六・四％より多く、同巻二の五七・八％よりは少ない比率である。国民養成に関わる日本文化・日本的行事、国語学習（国語常用）、国体観念、戦時の合計は、一八・八％を占める。

〈表4-11〉 1939年版『新国語教本』巻二　課名一覧

1	ハルガキタ	2	コヅツミ	3	大サウヂ
4	天長節	5	雨	6	コヒノボリ
7	汽車ノ時間	8	キシャ	9	サンパイ
10	ラヂオタイサウ	11	サカナツリ	12	火事
13	ヒッコシ	14	市場	15	センタク
16	ルスバン	17	私ドモノ庄	18	奉仕作業
19	開店ビラ	20	シャシン	21	月見
22	ヒヨコ	23	おやどりとひよこ	24	チュウシャ
25	台南神社	26	たいわんじんじゃのおまつり日	27	国語の家庭
28	明治節	29	はうもん（一）	30	はうもん（二）
31	出かせぎしてゐる兄へ	32	ヂビキアミ	33	戸税
34	茶ツミ	35	買物	36	改良豚舎
37	おくやみ	38	年ノクレ	39	戸口調査
40	国語ノケイコ	41	初詣	42	台湾の果物
43	廃物利用	44	かへりみち	45	案内
46	台湾	47	病気見舞い	48	紀元節
49	依頼	50	ひなまつり	51	電報
52	鳩ト犬	53	貯蓄	54	新しい家
55	元の先生へ				

（2）一九三九年版『新国語教本』巻二

次に、一九三九年版『新国語教本』巻二を検討する。〈表4-11〉は、巻二の課名一覧である。

これらを項目別に分類すると、〈表4-12〉のようになる。

日常生活は、七・三%を占める。巻一に比べると比率がかなり減じている。本文の内容は、一九三三年版同様に、巻一から日常の事物をより詳細に扱っている。

礼儀作法・行儀は、一二・七%を占める。一三課「ヒッコシ」は、新しく引っ越して来た者の隣家に対する挨拶を扱った内容である。一九三三年版の巻二の二七課に比

〈表 4-12〉 1939 年版『新国語教本』巻二　教材内容分類結果

<table>
<tr><th colspan="2">項目</th><th>課</th><th colspan="2">パーセント（%）</th></tr>
<tr><td colspan="2">日常生活</td><td>5, 11, 16, 20</td><td colspan="2">7.3</td></tr>
<tr><td rowspan="6">公民養成</td><td>礼儀作法・行儀</td><td>13, 29, 30, 37, 45, 47（x0.5）, 49（x0.5）, 54（x0.5）, 55（x0.5）</td><td>12.7</td><td rowspan="6">60</td></tr>
<tr><td>規律・模範</td><td>10, 18（x0.5）, 43, 47（x0.5）</td><td>5.5</td></tr>
<tr><td>童話・寓話</td><td>23</td><td>1.8</td></tr>
<tr><td>社会知識</td><td>2, 12, 14, 19, 31, 32, 33, 34, 35, 38, 39, 49（x0.5）, 51, 53（x0.5）</td><td>23.6</td></tr>
<tr><td>実学知識</td><td>15, 17, 22, 36, 42, 46</td><td>10.9</td></tr>
<tr><td>衛生・時間概念</td><td>3, 7, 24</td><td>5.5</td></tr>
<tr><td rowspan="4">国民養成</td><td>日本文化・日本的行事</td><td>6, 21, 50, 54（x0.5）</td><td>6.4</td><td rowspan="4">29.1</td></tr>
<tr><td>国語学習（国語常用）</td><td>27, 40, 44, 55（x0.5）</td><td>6.4</td></tr>
<tr><td>国体観念</td><td>4, 9, 25, 26, 28, 41, 48</td><td>12.7</td></tr>
<tr><td>戦時</td><td>18（x0.5）, 52, 53（x0.5）</td><td>3.6</td></tr>
<tr><td colspan="2">その他</td><td>1, 8</td><td colspan="2">3.6</td></tr>
</table>

べると、引っ越しして去っていく時の挨拶は削除されているが、粗品をもって挨拶に行く件が加えられ、内容はより詳細になっている。二九課「はうもん（一）」、三〇課「はうもん（二）」は、それぞれ久しぶりに訪ねて来た知人との対話、父親の訪問客を取り次ぐ対話である。いずれも実生活に即した挨拶の仕方を扱っている。三七課「おくやみ」は、亡くなった人へのお悔やみの挨拶の対話である。四五課「案内」は、自宅へ友人を招待する対話である。四七課「病気見舞い」は、マラリヤに罹った教師を見舞う対話である。病気見舞いの礼儀作法と同時に、恩師に対する模範的態度も扱われている。四九課「依頼」は、職探しの依頼をする対話である。年長者に対する依頼の際の言葉遣いや作法と同時に、指導書には、奉公口に関する簡単な知識も扱われている。五四課「新しい家」は、新築の家を訪ねる際の対話である。他人の家を見せ

てもらう際の礼儀と同時に、この家の日本間に関する説明もなされており、日本文化の紹介を兼ねている。五五課「元の先生へ」は、かつての恩師に対する手紙である。世話になった先生に手紙を出す礼儀を扱うと同時に、「国語講習所」の活動が盛んで、庄内では講習所が増設されている様子が綴られている。いずれも、場面に応じた挨拶や礼儀作法を扱っている。

規律・模範は、五・五％を占める。一〇課「ラヂオタイサウ」は、「国語講習所」で授業の後にラジオ体操が行われていることを扱った内容である。講習所において、ラジオ体操を行う模範を示した内容である。一八課「奉仕作業」は、近所が誘い合って奉仕作業にでかける内容で、戦時下の勤労奉仕をも表した内容である。四三課「廃物利用」は、家庭における廃物利用に関する対話であり、節約を扱っている。四七課「病気見舞い」は、恩師を見舞う内容である。いずれも、模範的な行為が取り上げられている。

童話・寓話は、一・八％を占める。二三課「おやどりとひよこ」は、ヒナをかばって焼死した雌鳥の母性愛を扱ったもので、一九三三年版巻二の三六課「おやどりとひよこ」と同内容である。旧教本にあった雌鳥の心情を察して母親が泣き出す件は、改訂版では削除されている。

社会知識は、二三・六％を占める。二課「コヅツミ」は、小包を送付する際の対話を扱っている。一二課「火事」は、火事の模様と巡査、壮丁団の活動を描いている。一四課「市場」は、市場にある店と品物、市場の様子を扱っている。一九課「開店ビラ」は、商店の開店を知らせるビラを扱っている。商売に携わる講習生の実生活に即した教材である。三一課「出かせぎしてゐる兄へ」は、兄に宛てた手紙で、実家の様子、送金への感謝とそれを貯金したことが綴られた内容である。三二課「ヂビキアミ」は、漁師の漁の様子を描いた内容である。三三課「戸税」は、戸税を納めに行く父親と子どもの対話である。納税が国民の義務であることが記されている。一

〈図 4-2〉　1939 年版『新国語教本』巻二　第 34 課
「茶ツミ」

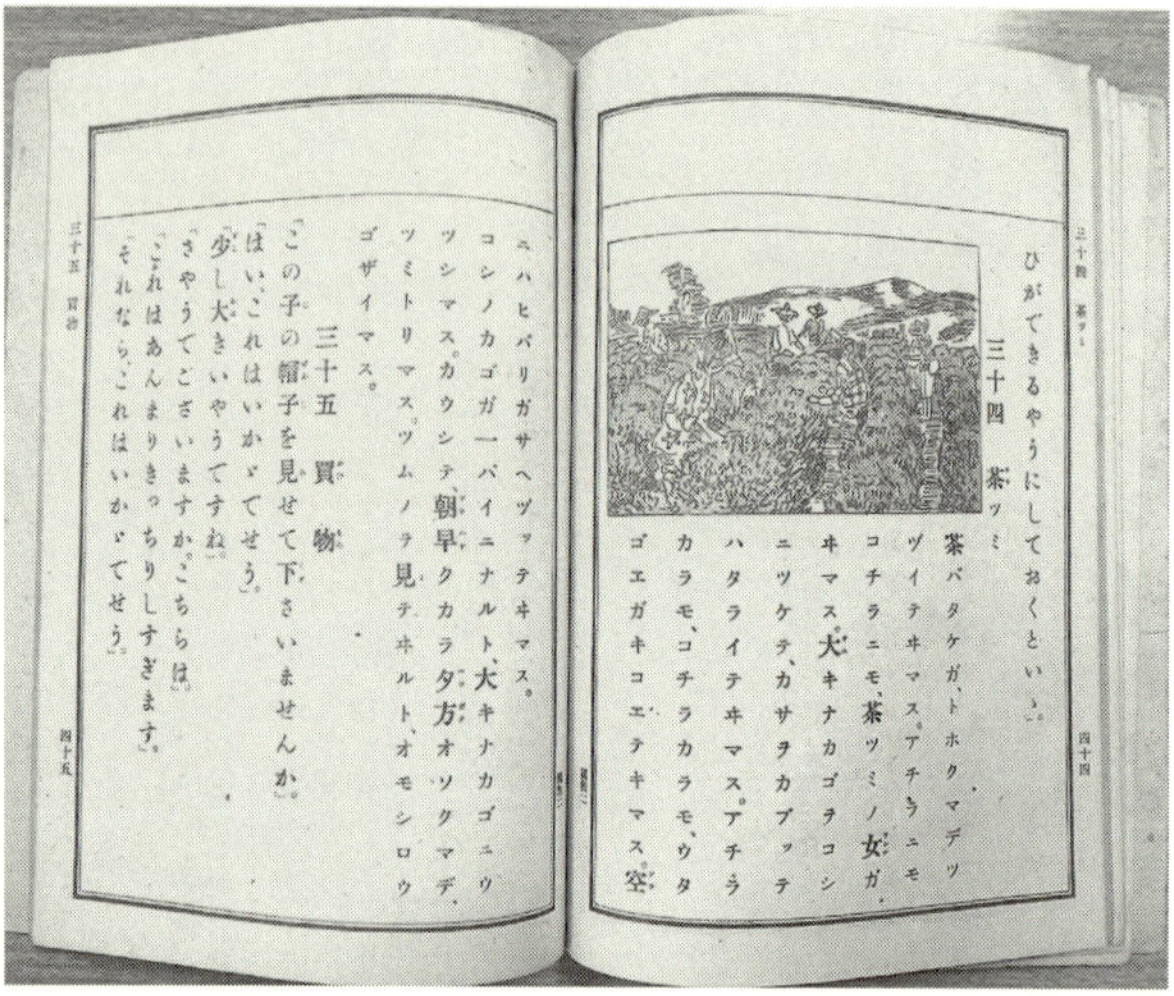

出典：玉川大学教育博物館所蔵。

九三三年版では、巻三の一四課「税金」で同様の内容が扱われているが、旧教本では税金の使い道に触れられているが、改訂版では、使い道については記されていない。しかしながら、改訂版では、旧教本では期限の当日に払いに行くのに対し、改訂版では、期限の三日前、しかも雨降りの天気も厭わず納めに行くところが相違点である。三四課「茶ツミ」は、茶畑で女たちが茶摘みをする様子が描かれている。三五課「買物」は、子どもの帽子を買う対話である。三八課「年ノクレ」は、年末の町のにぎやかな様子が描かれている。一九三三年版巻三の三五課「大売出し」と表現は違うが、同様に年末の光景が扱われている。三九課「戸口調査」は、戸口調査に来た巡査と主婦の対話を扱っている。一九三三年版巻三の二四課「戸口しらべ」と同様の内容であり、巡査が各家庭を訪問し質問をする光景が挿し絵とともに描かれている。四九課「依頼」は、職探しの依頼をする際の対話と同時に、指導書において奉公口の知識に関しても扱われている。五一課「電報」は、電報の読み方、書き方についての父子の対話である。五三課「貯蓄」は、貯蓄の方法や種類についての知識を発表する対話である。同時に、国防献金についても扱われている。いずれも、社会生活を営む上での知識や社会制度に関する知識、あるいは「茶ツミ」「年ノクレ」のように、社会に対する知識そのものを扱っている。

実学知識は、一〇・九%を占める。一五課「センタク」は、川で洗濯をしながらの対話を取り上げながら、洗濯物の素材に関する知識を取り上げている。一九三三年版巻二の一五課「せんたく」と比較すると、洗濯物の素材が「メリヤス」から「ベンベルグ　ヤ　フジギヌ」に変更されている。一七課「私ドモノ庄」は、庄内の戸数や町並み、公の建物の位置などが扱われている。一九三三年版巻二の四五課「私ノ庄」、巻三の二二課「私ノ街」と同様の内容である。二二課「ヒヨコ」は、養鶏を題材とし、鶏の品種の特徴に触れた対話である。三六課「改良豚舎」は、豚の品種の特徴と養豚に関する知識を扱っている。四二課「台湾の果物」は、台湾特産の果物について扱った郷土的な課である。一番たくさんできるものがバナナであること、バナナやパイナップルが内地に売り出される際の金高や、みかんが時節物で一度に沢山出ること、産地が新竹州と台中州であることなどが記されている。ここには、博物、地理、経済といった多方面にわたる情報が含まれており、一九三三年版巻二の二八課「台湾ノクダモノ」が地理的内容を扱っているのに対し、情報量、難易度が遥かに高くなっている。四六課「台湾」は、台湾の面積、長さ、主要山脈や河川の概要、州庁名、主要都市名、湾口名、主要産物などを取り上げた郷土的内容である。一九三三年版巻三の一六課とほぼ同じ内容であるが、本文最後に、日本国の南に位置し、近隣諸国との位置関係から「タイヘンタイセツナ島デス」という記述が新たに加えられている。いずれの課も、実学的知識を扱っている。

衛生・時間概念は、五・五%を占める。三課「大サウヂ」は、翌日の大掃除の段取りを簡単に述べた対話である。一九三三年版巻二の五課「オホサウヂ」が、保正が日程を知らせに来て、警察官が大掃除終了を確認に来る内容であったのに比べると、大掃除の段取りを知らせている人物は特定されておらず、本文も短くなっている。七課「汽車ノ時間」は、汽車に乗る時間を扱った対話である。二四課「チュウシャ」は、チフスの注射を受けた者が接種を勧める対話である。いずれも、衛生概念を扱っている。

日本文化・日本的行事は、六・四%を占める。六課「コヒノボリ」は、五月五日の端午の節句に鯉のぼりを立てることとその様子が描かれている。一九三三年版巻三の六課「子供の日」と比較すると、旧教本では子供の日に強い子どもを育て立派な国民を作るよう書かれているが、改訂版では、子供の日も、国民養成の件も削除され、鯉のぼりの叙述にとどまっている。二一課「月見」は、月見の様子を扱った課である。旧教本巻二の二五課では、月見に出かける様子を対話形式で扱ったが、改訂版では、月見の手順が紹介され、家族とごちそうを食べながら月見をする様子が描かれている。五〇課「ひなまつり」は、三月三日ひな祭りにすることを扱った課である。五四課「新しい家」は、新築の家を訪れた際の礼儀作法と同時に、日本間に関して説明した内容である。いずれも、日本文化や日本的行事を扱っている。「ひなまつり」や「新しい家」など、この巻において初めて見られる課も加えられ、日本文化・日本的行事が、改訂版において強調されていることが分かる。

国語学習（国語常用）は、六・四%を占める。二七課「国語の家庭」は、「国語常用家庭」の生徒の祖母が熱心に「国語講習所」に通っているという内容である。一九三七年から各州庁で設置された「国語常用家庭」を推進することを目的とした課である。四〇課「国語ノケイコ」は、内地人と話すことで国語が上達した講習生の対話である。四四課「かへりみち」は、「国語講習所」の歌である。一番から三番であり、困難を忘れて国語を学習した後の帰り道の清々しさを歌ってる。五五課「元の先生へ」は、世話になった先生に手紙を出す礼儀を扱

う と同時に、「国語講習所」の活動が盛んで、庄内では講習所が増設されている様子が綴られている。国語学習のほかに、「国語常用家庭」や「国語講習所」の増設などの国語常用運動が扱われている。これらは、一九三九年版から見られる特徴である。

国体観念は、一二・七％を占める。四課「天長節」は、天長節の日に関する内容である。天長節が天皇の誕生日であること、国旗を立てること、学校や役所で祝うことが記されている。一九三三年版巻二の一課と同様の内容であるが、一九三九年版の後半は、毎日楽しく暮らせるのは天皇のおかげであること、そのご恩を忘れてはいけないことが記されている。九課「サンパイ」は、早朝、神社に参拝する人の対話であり、対話の中では、参拝が気持ちがよいこと、心持ちが引き締まることが述べられ、一日と一五日の一月二回参拝することが語られている。二五課「台南神社」は、当神社が、北白川宮能久親王が台南で病死したことに由来することを述べた課である。旧教本巻二の三三課「おまつり」も同様に台湾神社の祭りを扱っているが、改訂版では歌の形式になっている。二六課「たいわんじんじゃのおまつり日」は、神社の祭りの様子を一番から三番までの歌で表した課である。二八課「明治節」は、明治天皇が天皇の祖父に当たること、その在位期間と功績を挿し絵入りで扱った課であり、旧教本巻三の二八課「明治節」に比べると、人民をかわいがったこと、国が急に開けて今日のように盛んになったという功績が、改訂版から新たに加えられた。四一課「初詣」は、正月の早朝に弟妹を連れて初詣に出かけた際の様子が描かれている。四八課「紀元節」は、紀元節の起源、この日に国旗掲揚することを述べた課である。旧教本巻三の四二課「紀元節」に比べると、国旗掲揚を促す点が新しく加えられている。いずれも、神社、天皇関係の課であるが、旧教本と比べると、内容がさらに詳細になっている。「台南神社」のように新しく加えられた課もあり、改訂版では国体観念がより強調されていることが分かる。

戦時は、三・六％を占める。一八課「奉仕作業」は、公に奉仕する内容であると同時に、戦時下の勤労奉仕を扱った課である。五二課「鳩ト犬」は、伝書鳩と軍用犬の仕事と支那事変での活躍を描いている。五三課「貯蓄」は、貯蓄の方法や種類を取り上げながら、同時に国防献金を扱った内容である。いずれも、戦時下特有の活動が扱われている。これらは一九三九年版から見られる特徴である。

その他は、三・六％を占める。一課「ハルガキタ」は春の様子を扱った唱歌である。八課「キシャ」は、汽車の中から見える風景を扱った唱歌である。

巻二の公民養成に関わる礼儀作法、規律・模範、社会生活上の知識・社会制度、衛生・時間概念、童話・寓話、実学知識の合計は六〇％を占める。これは、一九三三年版の巻二の五七・八％とほぼ同じ比率である。国民養成に関わる国体観念、日本文化・日本的行事、国語学習（国語常用）、戦時の合計は、二九・一％である。これは、一九三三年版の巻二の一七・八％、巻三の一五・六％より高い比率である。一九三七年以降、皇民化運動が推進される中で、教科書を通じて台湾人の日本への同化を図ろうという総督府の意図が表れているといえよう。

4　一九三三年版および一九三九年版の内容の相違と特徴

以上の内容分析の結果をまとめたものが、〈表4-13〉である。

（1）内容比率

全体の内容比率の特徴的な点を挙げる。

日常生活に関しては、一九三三年版、一九三九年版ともに全巻を通しての平均に大差はない。いずれも巻一に

〈表 4-13〉 教材内容分類結果 (%)

項目／巻名	日常生活	公民養成	内訳	国民養成	内訳	その他
1933 巻一	64.2	26.4	礼儀作法・行儀 13.2 規律・模範 3.8 社会知識 9.4	0	—	9.4
1933 巻二	22.2	57.8	礼儀作法・行儀 13.3 童話・寓話 6.7 社会知識 17.8 実学知識 13.3 衛生・時間概念 6.7	17.8	日本文化・日本的行事 6.7 国語学習 6.7 国体観念 4.4	2.2
1933 巻三	0	80	規律・模範 6.7 童話・寓話 11.1 社会知識 32.2 実学知識 23.3 衛生・時間概念 6.7	15.6	日本文化・日本的行事 2.2 国語学習 5.6 国体観念 7.8	4.4
平均	28.8	54.7	—	11.1	—	5.3
1939 巻一	41.1	40.2	礼儀作法・行儀 8.9 規律・模範 0.9 童話・寓話 5.4 社会知識 21.4 実学知識 1.8 衛生・時間概念 1.8	18.8	日本文化・日本的行事 1.8 国語学習 1.8 国体観念 10.7 戦時 4.5	0
1939 巻二	7.3	60	礼儀作法・行儀 12.7 規律・模範 5.5 童話・寓話 1.8 社会知識 23.6 実学知識 10.9 衛生・時間概念 5.5	29.1	日本文化・日本的行事 6.4 国語学習 6.4 国体観念 12.7 戦時 3.6	3.6
平均	24.2	50.1	—	24.0	—	1.8

おける比率が高く、その結果、全巻を通して、旧教本では全体の二八・八%、改訂版では二四・二%を占めている。

公民養成の項目は、平均を見ると、旧教本、改訂版ともに大差はない。いずれも巻二、巻三へと内容が高度になるにつれ、分量が増えている。礼儀作法・行儀、規律・模範、童話・寓話といった道徳心、公共心の養成に関わる項目は、一九三三年版巻一が一七%、巻二が二〇%、巻三が一七・八%、一九三九年版巻一が一五・二%、巻二が二〇%と、ほぼ同様の比率を占めている。

特徴的なのは、知識、智能を育成する項目である。一九三三年版の巻一は、初歩の教本であるため、抽象的な内容が少なく、多くの課が日常生活に関わるものである。しかしながら、巻二の知識、智能の育成項目は、社会知識が一七・八%、実学知識が一三・三%、衛生・時間概念が六・七%であり、その合計は三七・八%を占める。巻三は、社会知識が三二・二%、実学知識が二三・三%、衛生・時間概念が六・七%であり、その合計は六二・二%を占める。巻二では全体の四割近くが、巻三に至っては、全体の六割以上が知識、智能の育成に関する項目で占められている。一九三九年版では、巻一が、社会知識が二一・四%、実学知識が一・八%、衛生・時間概念が一・八%であり、その合計は二五%を占める。巻二が、社会知識が二三・六%、実学知識が一〇・九%、衛生・時間概念が五・五%であり、その合計は四〇%を占める。一九三三年版の巻一から巻三および一九三九年版の巻一・巻二の平均はそれぞれ三三・三%、三二・五%であり、知識・智能の項目は平均して全体の約三分の一と、高い比率を占めている。これは、同時期の公学校用『国語読本』と同様の傾向にある。

一九三三年版と同時期の公学校用『国語読本』(第三期：一九二三年から一九三六年)は、周の分析によると、題材で最も多くの比率を占めるのが実学知識であり、台湾事物がほぼ同数で二番目となっている。[17] 一九三九年版と同時期の公学校用『国語読本』（第四期：一九三七年から一九四一年）は、陳の各課の題目および段落分類からの分析によると、実学教材はそれぞれ二番目と一番目に高い比率を占めている[18]。本書で社会知識として分類されたものが先行研究では実学知識に含まれており、また、先行研究で台湾事物と分類されたものが本書では実学知識等他の項目に属しているため、分類が完全に一致するわけではないが、実学知識が高い比率を占めるのは、同時期の公学校用『国語読本』でも同じ傾向といえよう。

国民養成に関する項目は、一九三三年版巻一は〇％、巻二は一七・八％、巻三は一五・六％であり、その平均は一一・一％を占める。一九三九年版巻一は一八・八％、巻二は二九・一％であり、その平均は二四％である。一九三九年版での比率の増加は、国体観念と戦時教材の増加による。教本の緒言にも見られたように、皇民化政策に沿った内容の教材が選択された結果であり、同時期の公学校の『国語読本』でも同様の傾向が見られる。

(2) その他の特徴

1　挿し絵の増加

挿し絵が、一九三九年版より大幅に増加している。初級学習者用に入れられた巻一の巻頭のカラー口絵のほか、全巻に多くの挿し絵が入れられている。

2　口語体

教本の本文は、会話を主とした口語体が使用されている。これは、旧教本、改訂版ともに共通する特徴である。この点は、より高学年になるにつれて、文語体を使用している公学校用『国語読本』とは大きな差異がある。講習所の生徒の特質と修業期間を考慮し、より実践的な口語体が選ばれている。

3　難易度の上昇

一九三三年版では三巻まであった冊数が、改訂版では二巻に減少している。そのため、改訂版の各課の難易度は旧教本より高くなっている。前述のように、扱う教材が、日常生活からそれ以外の抽象概念を含む事柄へと比率を移している他、漢字の数も増えている。

4　講習生の生活に即した教材

講習生の実際に即した教材が選択されている。多くの講習生は学童より年齢が上であった。就学機会を逸した講習生の中には、女性が少なくなかった。教本では、結婚前くらいの年齢の女性の挿し絵が多い。また、例えば、一九三三年版巻二の一四課「おねがひ」、一九課「きもの」、三四課「お産」のように、女性同士の対話、女性的な話題を扱った課が少なくない。

実生活に即した教材が多いことも特徴的である。請求書と領収証、広告などの実物教材や物の売り買いの場面、家畜に関する知識などの農村の生活に即した教材などが取り上げられている。

この他に、「国語講習所」のことや国語学習に関する題材も取り上げられている。

5　皇民化政策に合わせた教材選択・配分

一九三九年版は、巻一の巻頭より皇大神宮、宮城、日の丸の旗といった国体観念関連の挿し絵が配されているように、国民養成の教材が大幅に増加されている。巻頭から皇太神宮や皇居の挿し絵が入れられているのは、国民精神養成を最前面に配置した点で、大きな変化といえる。早い段階から皇民的教材を配しているのは、多くの講習生が巻一を使用するためと考えられる。旧教本巻一に国民養成の内容が全く見られないことは、巻一が最も多く使用される教本であることに鑑みても、改訂版では大々的に変更しなくてはならない点であっただろう。改訂版では緒言でも触れられたように、皇民化教材が多く採用されている。

　皇民的教材の増加と同時に、一九三三年版で見られた芝居や台湾民間信仰の廟やその祭りといった台湾固有の内容を扱った課は、一九三九年版では扱われなくなった。また、挿し絵の登場人物は一九三三年版では台湾風の着物を着ていたが、一九三九年版では国民服やセーラー服、洋装となっている。人物名も「陳阿水《ちんあすい》」「阿花」等から「陳茂《ちんしげる》」「花子」等に変更されている。戦時関連の教材も一九三九年版より採用された。これら登場人物の内地化や戦時関連教材の登場は、同時期公学校用『国語読本』(第四期)にも見られる傾向である。[19] 皇民化政策下で推進された「国語講習所」の増加や「国語常用家庭」なども題材として取り上げられている。

6　他の国語読本との比較から

『新国語教本』には、公学校用『国語読本』と重複する課が複数ある。例えば、一九三三年版『新国語教本』巻三の五課「さざえのじまん」は、公学校第三期『国語読本』巻四の四課とほぼ同じ内容のものである。また、巻三の一五課「でんぱう」は、公学校第三期『国語読本』巻七の二七課のみならず、内地尋常小学校第三期『国語読本』巻七の二五課、朝鮮普通学校第三期『国語読本』巻七の一四課とほぼ同様の内容となっている。他の国語読本との重複課の中には、講習所用に内容を幾分簡略化したものもある。本章ではこれらは詳細に論じていないが、これらの対照・比較は、今後の研究課題として残される。

三　小括

本章では、台湾教育会編『新国語教本』の内容を分析した。内容分析の結果からは、一九三三年版、一九三九年版ともに社会の一員としての素養を養成する公民養成に関する教材の比率が半数以上を超えることが明らかになった。公民養成の内容は、礼儀作法・行儀、規律・模範、童話・寓話といった道徳心や公共心を育成する内容および、社会知識、実学知識、衛生・時間概念といった知識や智能を啓発する内容である。

一方、国民養成の内容は、一九三三年版で平均一一・一%であり、巻一においては配置されていなかった。一九三九年版では、皇民化運動の進展を受けて平均二四・〇%に増加しており、配置も最も学習者が多い巻一から配して強調されている。特に国体観念に関しては、例えば、天長節は一九三三年版、一九三九年版の双方で扱われているのみならず、公学校用『国語読本』第三期、第四期においても、また内地の尋常小学『国語読本』第四期でも扱われており、日本内地と台湾両地の『国語読本』において取り上げられる内容であった。国民養成の項目は、比率においては、公民養成より低いが、一九三三年版と一九三九年版、公学校用『国語読本』においても取り上げられる内容であり、内地小学校、朝鮮普通学校においても扱われており、日本帝国内の教本で共通して取り上げられる項目であったといえよう。

第二部では、「国語講習所」の教育の実際を検討するが、第7章新竹州関西庄の事例や第8章小琉球島の事例からは、「国語講習所」の教育で礼儀作法・行儀、社会的ルールの指導が大きい部分を占めていたことが明らかにされる。本章での検討結果からは、こうした礼儀作法・行儀や社会的ルールを含む公民養成の項目が、旧教本、改訂版双方において半数以上の高い比率を占めていたことが明らかにされた。

戦後、日本統治から継承したものが、台湾社会の近代化につながっていったとしばしば指摘される。本章の教科書内容の分析から見ると、日本統治の終焉とともに断絶したのは国民養成であり、引き継がれたのは公民養成の部分ではなかっただろうか。統治者が変わっても、社会の一員としての知識、実学知識は普遍的に通じるものであろう。この教科書は、台湾民衆を社会化する内容を有していたといえよう。もっとも、公民養成を通じて形成される社会はやはり日本的な要素を多々含む社会であったであろう。日本的な礼儀作法や社会常識の涵養を通じて、台湾社会は日本的なあるいは植民地的な近代社会へと形成されていったであろう。

同時期の台湾公学校用『国語読本』を実学知識、郷土愛、国家アイデンティティという項目から検討した周の研究では、戦争世代の台湾人がアイデンティティの対象と教えられた日本国家が喪失した後、帰属する先を失った郷土的感情が後日、台湾意識と結びついたのではないかと示唆されている[(20)]。本書では、郷土愛は研究対象ではないため、台湾事物に関する項目は設定しなかったが、周の分析は本書においても示唆に富んだ指摘をなす。台湾民衆が社会化される先は当時の言葉で「文明社会」であり、同時に日本であるはずであった。戦後、日本が去った後も、台湾民衆が「文明社会」に向かって動員された状態は継続された。

第一部では、国語普及、国語常用政策の成立と展開を検討した。その中で、「国語講習所」制度の目的に、国民養成と同時に公民養成の内容が含まれること、皇民化運動の中に、日本への同化や戦時動員体制化のほかに、生活改善の内容が含まれることが明らかにされた。実際の教育のレベルでの政策が表れた教科書の中にも、高い比率で公民的教養を育成する内容が扱われていることが明らかになった。総督府は、国語普及政策は国民精神の涵養が目的であると強調したが、国民養成のみならず、その内容の多くが公民養成に関わっていたことが指摘できよう。

以下第二部では「国語講習所」教育の事例を取り上げ、こうした政策が、社会では実際にはどのように展開されたのかを検討する。

（1）陳虹彣「日本統治下台湾における国語講習者用国語教科書の研究―台湾教育会の『新国語教本』に着目して」『東北大学大学院教育学研究科研究年報』第五四集第二号、二〇〇六年、同「日本統治下台湾における国語科の成立と国語教科書編纂に関する歴史的研究―台湾総督府編修官加藤春城を中心に」東北大学博士論文、二〇〇七年。
（2）呉文星「日據時期臺灣總督府推廣日語運動初探」（上）『臺灣風物』第三七巻第一期、一九八七年三月、一八頁。
（3）「高教第九四六号内務部長依命通達」一九三三年六月二四日、高雄州知事官房文書課編纂『高雄州例規下巻』南報商事社、一九三八年、九八―一〇三頁（付録に収録）。
（4）呉、前掲論文、一八頁。
（5）「台中州令第四号」『台中州報』第六九四号、一九三一年四月三日（付録に収録）。
（6）『公民読本』『農民読本』『商工読本』に関しては実物を確認できなかったため、『台湾教育』に掲載された台湾教育会出版図書目録および出版物案内の内容による。
（7）「第三回代議員会」『台湾教育』第三七一号、一九三三年六月一日、六―七頁。
（8）「昭和八年代議員会記事」『台湾教育』第三八三号、一九三四年六月一日、四頁。
（9）前掲「第三回代議員会」、七頁。
（10）台湾総督府編『台湾総督府学事年報』一九三三年度、六二―六三頁。
（11）前掲「昭和八年代議員会記事」、一九―二〇頁。
（12）陳、前掲論文、七二頁。
（13）例えば、海山郡鶯歌庄『国語講習所教本』は一九三八年に発行されている。その内容は、『新国語教本』を参考にしたと思われる課も複数あるが、多くは当該地域の題材を加えながら口語体で構成されている。
（14）宋登才『国語講習所教育の実際』光昭会出版部、一九三六年、六〇―六一頁。
（15）台湾総督府『台湾の社会教育』一九四二年、四三頁。
（16）周婉窈「『公學校用國語讀本』的内容分類介紹」呉文星編著『日治時期臺灣公學校與國民學校國語讀本解說・總目錄・索引』南天書局、二〇〇三年、許佩賢「戰爭時期的國語讀本解說」呉文星編著『日治時期臺灣公學校與國民學校國語讀本解說總目錄・

索引』南天書局、二〇〇三年、陳、前掲博士論文、二〇〇七年。
（17）周、同前論文、五九—七七頁。
（18）陳、前掲博士論文、二〇〇七年、一一二頁。
（19）許、前掲論文、七九—八〇頁。
（20）周婉窈「實學教育、鄉土愛與國家認同—日治時期臺灣公學校第三期「國語」教科書的分析」『海行兮的時代—日本殖民統治末期臺灣史論集』允晨文化出版、二〇〇三年、二七三—二七八頁。

第二部

台湾における国語普及運動の実際

第二部では、台湾四カ所の事例から、「国民養成」のみならず、「公民養成」の内容が、実際に各地の「国語講習所」で教えられていたことを検討する。そして、そのことが民衆を「国語講習所」通学へと引きつけていたこと、多くの民衆が「国語講習所」に通うことで「国語」概念が社会に浸透していったことを検討したい。

第5章は、台北州海山郡三峡庄（現新北市三峡区）の事例を取り上げる。三峡庄は、台北市近郊の閩南人が居住する街である。日本統治前から産業がある程度発達していたこともあり、公学校の就学率や国語普及率が高かった。都市部に近い事例として、三峡の国語普及運動が三峡公学校を中心に行われたこと、皇民化時期以前に、すでに一定程度の国語普及運動が行われていたこと、同時に「国語常用家庭」が当地の社会的指導層であったことを検討する。

第6章は、台北州基隆郡萬里庄渓底村（現新北市萬里区渓底村）の事例を扱う。萬里庄渓底村は、台北州の閩南人が居住する農村地域であり、主たる産業は農業である。萬里庄の国語普及率は台北州の平均より低く、国語普及率は「国語講習所」設置以降、上昇していく。渓底村の女性たちが就学機会や識字を求めて「国語講習所」へ通ったことを検討する。

第7章は、新竹州関西庄（現新竹県関西鎮）の事例を扱う。客家人の居住する地域であり、製茶や農業を主たる産業とする地域である。新竹州講習所要項と公学校の教科内容を比較検討し、さらに、講師が記した教案・日誌から、当地の「国語講習所」が公学校と同程度の教育を行っていたこと、教科内容に社会的指導が多く含まれたことを検討する。そして、面接から生徒たちが勉学意欲や就職といった実生活の要求から通所していたことを明らかにする。

第8章は、高雄州東港郡琉球庄（現屏東県琉球郷）の事例を扱う。閩南人の居住する地域であり、漁業・農業が主産業である。当時、極めて少数の日本人しか見られない離島の「国語講習所」の活動を、文献資料と元講師と元生徒の女性たちへの面接調査から検討し、国語が日常的言語生活には属さない、知識吸収の言語や書き言葉と認識されていたこと、講習所が知識吸収の場、階層上昇の可能性を孕んだ場であったことを明らかにする。

第5章

台北市近郊の国語普及運動
――台北州海山郡三峡庄の事例――

本章は、一九三〇年から一九四五年までの台北市近郊の街、三峡を取り上げる。多くの知識人を生み出し、教育普及程度が他地域より高かった三峡の国語普及運動を、「国語講習所」および「国語常用家庭」の実施状況から明らかにする。

一　三峡庄の概況と国語普及運動の状況

1　三峡庄の概況

台北州海山郡三峡庄、現在の新北市三峡区は、昔は三角湧と呼ばれ、清朝初期に漢人によって開拓され、日本統治時期以前にすでに街を形成していた地域である。現在は台北市からバスを乗り継いで一時間強の、山河が濃い緑を形成する郊外である。祖師廟などの古跡で知られるこの街は、日本統治時期には李梅樹(1)をはじめ多くの知識人を輩出している。(2)

当時の主な産業は農業、畜産業に加え、清末から続く樟脳(クスノキの木片を蒸留して精製する。セルロイド無煙火薬の製造、香料、防虫剤、医薬品などに使用する)や製茶業があり、日本統治時期には三井合名会社がそれらの製造に当たっていた。そのほかには石炭鉱業や製材、製米粉、染物などの産業があった。三峡の人口は一定して増加の傾向にあり、一九一五年すでに一万三、〇〇〇人を超えており、一九三〇年には約一万八、〇〇〇人、一九四〇年には約二万五、〇〇〇人となっている。(3) この周辺の地域では、特に三峡を含む貨物の集散地であるいくつかの庄が、その他の庄より高い人口数を記録しているが、日本統治末期には三峡を除き減少傾向にあった。(4) 三峡は、周辺の庄と比べて比較的規模が大きかったといえよう。経済活動もまた比較的盛んであり、三峡には、三井合名会社のほかに、海山軽鉄株式会社、三峡興殖公司、台湾製脳株式会社、台湾電力株式会社などの会社が置かれていた。(5)

教育は、清代には祖師廟を利用して書房などの民間の教育機関が置かれ教育が行われたが、公的な学校は設置されなかった。(6) 台湾人向けの公の教育機関は、日本統治時期の一九〇〇年一月二六日、三角湧公学校の設置が初めてであった。続いて、一九一七年には成福公学校、一九二二年には三峡公学校大埔分教場が設置され、これは一九二八年に大埔公学校に改組された。一九三三年には大埔公学校挿角分教場が設置され、これも一九四一年に挿角公学校に改組された。一九四一年には挿角公学校五寮分教場が設置され、一九四四年に大埔公学校五寮分教場に改称された。(7) このように、日本統治時期末期までに合計四校の公学校、一校の分教場が次々と設立され、公教育が浸透していった。なお、日本人児童向けの小学校は一九一〇年四月一日、桃園尋常高等小学校三角湧分教

場が設置され、一九二一年に三峡尋常小学校に改称されている。(8)

このように、三峡における組織的公教育は日本時代の公学校がその始まりといえる。これら公学校の教育は、国語を教え日本国民を養成することが主たる目的とされたが、一方で、学校に通わない民衆への社会教育もまた、公学校等を中心に展開された。

2 国語普及運動の状況

三峡の国語普及運動は大正年間に始まる。大正期は第一部で検討したように、日本統治下の教育を受けた地方の知識人が活躍し始め、彼らによる纏足解放・断髪運動など一種の近代化運動が盛んになった時期でもあり、国語普及もその活動の一環であった。(9) 三峡における国語普及運動もまた、大正四年、すなわち一九一五年に初めて「三峡国語練習会」が開設されたことに始まる。(10) 一九一五年は、台湾総督府始政二〇年に当たり、その記念として「国語練習会」設置に関する要項が桃園庁より発布されている。要項には練習会の設置場所、時間、講師資格、組織の管轄などが定められており、これを受けて三角湧、二鬮、犂舌尾、横渓、成福、隆恩埔など庁下各地に「国語練習会」が設置された。(11)

一九二一年になると、同風会に「国語普及会」が付設されたことにより「国語練習会」は廃止され、さらに一九二五年には州訓令により国語普及事業は主として青年会および処女会（女子の青年会）で行うこととなった。一九三一年、台北州では、「簡易国語講習所」設置に先立ち、「国語練習会」の実施状況を調査している。(12) 三峡庄における一九三一年の「国語練習会」開催箇所数は〈表5-1〉のとおりである。

大埔をはじめ五カ所の「国語練習会」が開催され、それぞれ一回から二回の会数で、開催日数は最短で二七日、

〈表5-1〉 1931年度三峡庄「国語練習会」実施状況

国語練習会名	主催者名	会数	開催日数	修了者数	出席率（%）
大埔	三峡庄同風会	1	30	48	90.52
大埔	大埔処女会	2	80	38	91.50
三峡	三峡青年会	1	27	48	94.38
成福	成福処女会	2	71	93	93.82
大成	三峡庄同風会	2	365	84	94.68

出典：鶯歌庄編「昭和7年度　学事ニ関スル書類綴」「昭和6年度国語練習会開催状況調（海山郡）」『台北州檔案』（文書番号0101110180166）。

最長で三六五日の練習会が催された。修了者は最も少ないところで三八名、最多のところで九三名であり、出席率はどの練習会も九〇％を超えている。こうした「国語練習会」は、「簡易国語講習所」へと昇格され、各地の男女青年団がその指導に当たった。[13]

この時期は未だ州レベルや全島レベルの国語普及運動は展開されておらず、これら国語普及施設は、一九三〇年代になって「国語講習所」として台湾総督府の主導する組織的な国語普及施設へと解消・発展していくこととなる。

三峡における「国語講習所」もまた、制度が成立した翌一九三一年には庄教化連合会および男女青年団の事業となり、一九三二年になると、庄教化連合会により「大成国語講習所」、三峡、成福、大埔各男女青年団による「簡易国語講習所」が設立された。[14]これらは、〈表5-1〉に示される「国語練習会」が「簡易国語講習所」へと昇格したものである。

三峡における「国語講習所」「簡易国語講習所」の設置状況を見てみよう。〈表5-2〉は三峡庄が属する海山郡の国語普及状況を表している。

海山郡には三峡庄のほかに板橋街、中和庄、鶯歌庄、土城庄など合計五つの街庄がある。不完全な統計ではあるが、ここからある程度の傾向が見て取れよう。一九三二年に海山郡全般に設置された「国語講習所」と「簡

〈表 5-2〉 海山郡「国語講習所」「簡易国語講習所」設置数・講師数・生徒数

項目＼年度		1932(9 月末)	1934	1934(4 月末)	1936(4 月末)	1938
設置数		国 4 簡 — 計 —	国 18 簡 35 計 53	国 12 簡 34 計 46	国 44 簡 10 計 54	国 — 簡 — 計 141
講師数		国 10 簡 — 計 —	国 67 簡 — 計 —	国 84 簡 57 計 141	国 167 簡 30 計 197	国 — 簡 — 計 239
生徒数	男	国 25 簡 — 計 —	国 119 簡 920 計 1,039	国 279 簡 736 計 1,015	国 — 簡 — 計 —	国 — 簡 — 計 —
	女	国 214 簡 — 計 —	国 1,052 簡 1,057 計 2,109	国 1,500 簡 1,039 計 2,539	国 — 簡 — 計 —	国 — 簡 — 計 —
	計	国 239 簡 — 計 —	国 1,171 簡 1,977 計 3,148	国 1,779 簡 1,775 計 3,554	国 2,833 簡 320 計 3,153	国 — 簡 — 計 13,823

出典：『台北州社会教育概覧』1932 年度、1934 年度～1936 年度、『海山郡要覧』1933 年度、1938 年度より作成。

易国語講習所」は、年を経るに従って増加傾向にある。日中戦争が勃発した一九三七年は皇民化運動開始の年であり、全島的にこの年より国語普及施設は急速な増加を見せるが、海山郡もまた、同様な傾向を見せている。一九三六年には国語普及施設の設置数五四カ所、講師数一九七名、生徒数三、一五三名と、その前年までと比較して大きな変動がないのに対し、一九三八年にはそれぞれ一四一カ所、二三九名、一万三、八二三名と、特に設置数、生徒数が飛躍的に増加している。全般的に生徒は、男子より女子の方が多い。これは全島的に見られる傾向で、女子の公学校就学率が低いことと関連していると考えられる。

〈表5-3〉は三峡庄の「国語講習所」、「簡易国語講習所」の統計であるが、設置数、講師数、生徒数の増加傾向は、海山郡全般と同様の傾向にあり、皇民化運動開始後、普及程

〈表 5–3〉　三峡庄「国語講習所」「簡易国語講習所」設置数・講師数・生徒数

項目＼年度			1932（9月末）	1933	1934	1938
設置数		国	1	—	4	—
		簡	3	3	5	—
		計	4	—	9	30
講師数		国	1	—	12	—
		簡	10	—	22	—
		計	11	—	34	70
生徒数	男	国	25	—	52	—
		簡	111	29	316	—
		計	136	—	368	—
	女	国	25	—	185	—
		簡	183	159	310	—
		計	208	—	495	—
	計	国	50	—	237	—
		簡	294	188	626	—
		計	344	—	863	2,879

出典：『台北州社会教育概覧』1932 年度、1934 年度、『海山郡要覧』1933 年度、1938 年度より作成。

度が高くなっている。

しかしながら、三峡庄、海山郡ともに、国語普及施設が一九三七年以前にある程度設置されていたことは注目に値する。三峡庄の場合、一九一五年以来、「国語練習会」などによる国語普及がなされていた実績があり、それが「国語講習所」の制度開始と同時に設置に結びついたと考えられよう。特に、「簡易国語講習所」が、設置から数年間は設置数、生徒数ともに「国語講習所」を上回っているのは、こうした国語普及施設が「簡易国語講習所」へと昇格されたからである。これら「簡易国語講習所」では、青年団がその運営、指導に当たっていた。

「簡易国語講習所」の活動状況について、三峡女子青年団員の発言を引用する。

幸に私共の団も社会の為になる簡易国語講習所を開催した。自分は微力ながらも勇気を振ひ出してその仕事にたづさはつた。先づ講習生を募集した。いろいろな事情で講習生はなかなか用意《ママ》に集まらなかつた。その上理解のない一部の人には悪口をまで云はれた。気の弱い自分はどうしてよいのか分らなくなつた。そのことを団長に申し上げたら団長は「社会の為に働くにはその位のことで気をくじいてはだめですよ、もつと勇気を出して働きなさい」と励まされた。それでいやになつた時は何時もその言葉を思ひ出した。自分達の気持が通じたのでせう。段々と多く集りしかも真面目に勉強して下さつたので、ほんとに嬉しかつた。(15)

この団員の言葉を借りれば、「簡易国語講習所」は「社会の為」に設立し、団員たちが生徒募集から講習所の運営まで携わったのである。文面からは生徒募集が容易でなかったことが窺えるが、こうした青年団員の活動に支えられ「簡易国語講習所」は社会へ浸透していった。

〈表5-4〉に示されるとおり、海山郡の「国語理解者」は一九三〇年には一六％足らずであったが、一九三六年には三四・三四％にまで増加している。

これは台北州下全一一郡市中一位であり、女子の普及率の上昇によるところが大きい。女子の「国語理解者」は、一九三〇年には八・六六％であったのが、その後、年ごとに増加し、一九三六年には二五・七六％と、四人に一人の割合にまで増えている。三峡庄も同様の傾向にあり、一九三〇年には九・九二％が、一九三六年には三一・一一％にまで増加している。男女併せると三八・一四％と、一九三六年までに四割近くが「国語理解者」となり、海山郡中では一位、台北州下四一市街庄中でも六位と高い普及率となっている。これらは公学校の就学率とも関わるが、「国語講習所」などの国語普及運動によるところも大きいであろう。

全般的に三峡の国語普及運動は、皇民化運動が開始される一九三七年の前に、すでに盛んになっていたといえ

〈表 5-4〉 海山郡における「国語理解者」の割合 (%)

年度（調査月）＼街庄名	板橋街	中和庄	鶯歌庄	三峡庄	土城庄	海山郡計	台北州計
1930（6月）	男 30.18	男 16.09	男 25.66	男 24.04	男 12.68	男 22.84	男 22.67
	女 9.00	女 10.73	女 9.65	女 9.92	女 3.45	女 8.66	女 7.67
	計 19.68 (5)	計 13.51 (16)	計 17.42 (8)	計 17.21 (9)	計 8.27 (34)	計 15.96 (—)	計 15.41
1932（6月1日）	男 30.58	男 18.18	男 28.09	男 21.65	男 19.38	男 24.17	男 25.28
	女 10.29	女 12.15	女 10.48	女 9.58	女 4.52	女 9.73	女 9.19
	計 20.57 (7)	計 15.29 (17)	計 19.45 (8)	計 15.86 (16)	計 12.22 (29)	計 17.17 (4)	計 17.47
1934（6月1日）	男 37.90	男 30.84	男 39.85	男 32.45	男 31.80	男 35.11	男 34.15
	女 15.86	女 21.48	女 17.73	女 17.73	女 12.31	女 17.26	女 15.50
	計 27.00 (10)	計 26.14 (12)	計 29.35 (8)	計 25.37 (14)	計 22.39 (23)	計 26.43 (3)	計 25.11
1935（4月末）	男—	男—	男—	男—	男—	男—	男—
	女—	女—	女—	女—	女—	女—	女—
	計 28.79	計 29.05	計 32.39	計 30.32	計 27.04	計 29.88	計 28.98
1936（3月末）	男 43.47	男 36.71	男 45.29	男 44.75	男 37.91	男 42.44	男 41.23
	女 22.32	女 23.97	女 24.71	女 31.11	女 25.47	女 25.76	女 22.59
	計 33.00 (18)	計 30.64 (23)	計 35.26 (11)	計 38.14 (6)	計 31.98 (19)	計 34.34 (1)	計 32.18

出典：『台北州社会教育概覧』より作成。（　）内は41市街庄中の順位、海山郡計の欄は11郡市中の順位。

よう。これは「国語講習所」設置以前から社会教化の一環として「国語練習会」などの国語普及運動が行われていたことと関連していよう。この背景にはそれら運動を担った知識人の存在があり、三峡という地域が「三峡公学校」を中心に知識人を多く輩出したことと深く関わっているのである。(16)

二　三峡公学校と国語普及

1　三峡公学校における国語普及の沿革

「国語講習所」とその地域の公学校との関連は深い。三峡で最も古い公学校である三峡公学校もまた、地域の国語普及運動と関わりがある。三峡公学校に関わる国語普及の沿革を見てみよう。

一八九五年芝山岩学堂に始まった日本の教育は、翌一八九六年四月には組織化され、全島一四カ所に国語伝習所が設置されるようになった。一八九八年には「公学校令」が公布され台湾人に対する公教育は替わって公学校が担うこととなった。三峡公学校は「公学校令」公布から二年後の一九〇〇年一月二五日、三角湧公学校の名称で台北県知事の認可を受け設立された。三峡公学校で行われた国語普及に関する活動を見てみよう。

三峡公学校『学校沿革誌』によると、「国語講習所」設置前の一九一五年一一月、および翌一九一六年の三月、「国語練習会」の修了式が三峡公学校で行われている。後者には庁長や警務課長、学務主任といった桃園庁の主要な役人が参加している。

一九三四年四月、「公立三峡国語講習所」が設立され、一九四〇年五月「三峡庄立国語講習所」に改称された。翌六月、三峡庄が三峡街に昇格されたことにともない名称が変更されるが、一九四一年三月「三峡街公立三峡国語講習所」は廃止され、四月より「三峡特設国語講習所」に改編されている。また、一九四〇年には、四月に「国語講習所」講師講習会に三峡公学校職員三名が講師となったこと、九月には「三峡国語講習所研究会」が開催されたことが記されている。

このように、三峡公学校では一九一五年の「国語練習会」に始まり、一九三〇年代から「国語講習所」の設立、それに伴う講師の講習会や研究会が行われてきたのである。

2 「国語講習所」に対する三峡公学校の役割

三峡公学校は当地域で最も規模の大きい教育機関であった。「国語講習所」の教育も当公学校の教員が多く担当していた。〈表5–5〉は三峡公学校の教職員履歴書に記載されている「国語講習所」講師の一覧である。この一覧以外の「国語講習所」教員がどのような人々だったのか、また男女青年団により運営されていた「簡易国語講習所」の教員に関しては資料上の制約があるので、ここでは三峡公学校と直接関わりのある教員たちに限って、その特徴を検討したい。

〈表5–5〉から見られる特徴を挙げると、一一名の教員中、四名が日本人でありそれ以外は台湾人である。七名の台湾人教員中、四名が三峡庄の出身で、一人が隣の鶯歌庄出身である。教員の多くが教員免許を有している。教員の中には三峡公学校に勤務しながら「国語講習所」で教鞭を執っている者が多いが、中には公学校に勤務する前に「国語講習所」で教えていた者もある。[17] 教員の多くが複数の講習所を経験しており、中には専任講師もいる。任期は記載されていない部分も多いが、一年未満が多い。

日本人教員の学歴は、男性は「内地」の師範学校本科第一部卒業が二名、台北第二師範学校公学校乙種本科正

〈表 5-5〉　三峡公学校『職員履歴書』記載「国語講習所」講師一覧

氏名	生年	原籍	学歴、資格および主な職歴	任命先および職位	月俸	任期
花村 孝三	1897	岐阜県羽島郡福寿村	師範学校本科第一部卒業、小学校本科正教員免許（1919.3.30）、岐阜県羽島郡八神尋常高等小学校訓導(1919.3.31)、岐阜県羽島郡下中島尋常高等小学校訓導(1922.3.31)、台北市樺山小学校訓導(1923.3.14)、公学校甲種本科正教員免許(1929.3.26)、台北市日新公学校訓導(1929.4.16)、三峡公学校勤務（1936.4.30）	公立三峡国語講習所、講師 三峡街公立茅埔国語講習所、講師	— 24 円	1939.3.31-? 1940.6.31-?
李 文津	1898	台北州海山郡三峡庄	台湾総統府国語学校公学師範部乙科卒業、公学校訓導免許(1919.3.31)、樹林公学校勤務（1920.3.31）、成福公学校勤務(1920.6.25)、公学校乙種本科正教員免許(1923.9.29)、三峡公学校訓導（1930.3.28）	私立劉厝埔国語講習所、兼任講師 三峡街公立三峡国語講習所、講師	— 24 円	1939.3.31-? 1940.7.31-?
田村 保	1903	山口県玖珂郡高森町	山口県師範学校本科第一部卒業、小学校本科正教員免許（1913.3.22)、三峡公学校校長(1936.4.30)	三峡国語講習所、主事 公立茅埔国語講習所、主事	— —	1936.5.31-? 1936.10.16-?
李 金篆	1907	台北州海山郡三峡庄	宜蘭農林学校卒業、教員心得(1935.9.23)、三峡公学校勤務（1935.9.23)	公立大埔国語講習所、専任講師 公立三峡国語講	— —	1934.8.8-1935.3.31 1935.4.1-

				習所、専任講師		9.23
傳陳氏 琴	1907	台北州海山郡三峡庄	台北第三高等女学校本科卒業、教員心得(1939.3.31)、三峡公学校勤務（1939.3.31）国語家庭に認定（第48号）（1940.2.11）	溪北国語講習所、専任講師 三峡第三国語講習所、講師	16円 —	1937.8.30–? 1938.10.10–?
陳 鴻儒	1913	台北州台北市太平町	台北第二師範学校公学師範部演習科卒業、公学校甲種本科正教員免許（1933.3.18)、尖山公学校大湖分教場勤務(1933.3.31)、三峡公学校勤務（1937.3.31）	公立茅埔国語講習所、講師	—	1939.3.31–?
宮本 正次	1914	山口県大島郡家室西方村	台北第二師範学校公学校乙種本科正教員養成講習科修了	公立三峡国語講習所、講師 三峡街公立国語講習所、講師	— 24円	1939.3.31–? 1940.7.31–?
李氏 文	1917	台北州海山郡三峡庄	台北第三高等女学校本科卒業、同補習科修了、教員心得（1936.3.31)、三峡公学校勤務(1936.3.31)	海山郡成福国語講習所、専任講師 海山郡三峡国語講習所、専任講師 三峡国語講習所、講師	— — —	1935.1.4–8.29 1935.9.23–1936.3.31 1936.4.8–?
余氏 柑	1918	台北州海山郡鶯歌庄	台北第三高等女学校本科卒業、同補習科修了、公学校乙種本科正教員免許、教員心得(1938.3.31)、三峡公学校勤務（1938.3.31）	圳子頭坑国語講習所、講師 西大湖国語講習所、講師	20円	1937.8.7–? ?–?
洲崎 十子	1918	長崎県長崎市小菅町	台北第二高等女学校本科卒業、台北第一師範学校公学師範部演習科	公立三峡国語講習所、講師	—	1939.3.31–?

			卒業、公学校甲種本科正教員免許（1938.3.18）、小学校本科正教正教員免許（1938.3.18）、三峡公学校勤務（1936.3.31）、三峡尋常小学校勤務（1938.5.4）			
陳氏 玉尾	1921	新竹州 大溪郡 大溪街	台北第三高等女学校本科卒業、大溪公学校教員心得（1939.4.10）、三峡公学校勤務（1940.11.7）、教員心得（1940.11.7）、公学校乙種本科正教員免許（1941.2.14）、三峡東国民学校助教（1941.4.1）	尖山国語講習所、講師 東鶯国語講習所、講師 鶯歌国語保育園、保母	22円 6円	1940.4.16–? 1940.4.16–? 1940.4.16–7.31

出典：『三峡公学校職員履歴書綴』より作成。月俸「—」および任期「？」は未記載。

教員養成講習科修了が一名、女性は台北第二高等女学校本科卒業後、台北第一師範学校公学師範部演習科卒業が一名である。台湾人教員の学歴は、男性は国語学校公学師範部乙科卒業が一名、宜蘭農林学校卒が一名、そして台北第二師範学校公学師範部演習科卒業が一名であり、女性は台北第三高等女学校本科卒業が四名、うち同補習科修了が二名である。

　これら教員の特徴は、皆学歴が高いことである。特に台湾人の場合、少数のエリートが進む「狭き門」である国語学校公学師範科やその後身である台北第二師範学校、女子の台北第三高等女学校などの出身者が多い。三峡は前述したとおり公学校の就学率が高い地域である。一九三九年の就学率は男子七三・八%、女子六一・三%、平均六七・五%であり、全島平均五三・一%に比べ高い比率である[18]。「国語講習所」講師の高学歴の背景には公学校の高い就学率があるといえよう。また、戦時下の影響か、女性教員が多いことも特徴的である。

　総じて三峡公学校『職員履歴書』記載の「国語講習

所」講師は、多くが教員免許を取得しており、複数の「国語講習所」に数カ月間勤務した経験がある。台湾人の教員は地元出身者が多い。そして日本人、台湾人ともに高学歴であることが特徴的である。これら教員が三峡公学校に勤務しながら、あるいは勤務する前に「国語講習所」講師として活動していたことは、当地域の「国語講習所」講師の学歴の高さを表すと同時に、三峡公学校が「国語講習所」の後援機関となっていたことをも表していよう。(19)

三　三峡庄の「国語常用家庭」

一九三七年以降、台湾全島で国語常用運動が展開される。すでに「国語講習所」などの社会教育に代表される「国語」を社会に浸透させようとする運動は、一歩進んで家庭の「国語化」にまで及んだ。

1　台北州「国語常用家庭」制度の設置

「国語常用家庭」は、家庭内で国語を常用し、日本的国民生活を送っていると認められた場合に認定される制度である。この制度は各州庁レベルで行われたもので、一九三七年二月台北州を皮切りに各州庁でも設置されたものである。

三峡庄の属する台北州は、次の項目を認定基準としている。第3章第三節の1の内容と重複するが、三峡の事例を検討するため、再びその基準を挙げて示そう。

（1）家庭各人の国語理解程度および家族全員の常用程度
（2）国民的信念および思想感情の情況ならびに国家社会に対する犠牲奉仕の実際
（3）家庭の生活様式特に国民的生活諸行事の慣熟程度
（4）其他参考事項(20)

ここでは、日本語の習熟度のみならず日本国民として模範的な生活を送っているかが審査の基準となっている。また、選ばれた「国語常用家庭」には、優先的に次のような特典が付された。これも重複になるが、次に挙げる。

（1）小学校共学許可
（2）中等学校入学許可における考慮
（3）官公署ならびに街庄役場等の職員に採用
（4）名誉職其他社会公共諸団体の役職員の選任
（5）各種営業其他の認可許可および勧業補助等
（6）内地視察派遣其他適当と認める利便付与(21)

これらは主に公的な生活面で優遇される措置である。

台湾全島での「国語常用家庭」の認定数は、〈表5-6〉のとおりである。一九三九年度、一九四一年度の統計であるが、どちらも台中州が圧倒的に認定数が多いことが分かる。次いで台北州が認定数が多く、新竹州、台南

〈表 5-6〉　全島「国語常用家庭」認定数

年度＼州庁	台北州	新竹州	台中州	台南州	高雄州	台東庁	花蓮港庁	澎湖庁	合計
1939	896	310	4,907	314	218	20	63	—	6,728
1941	1,622 (10,411)	728 (5,106)	6,414 (56,520)	551 (3,868)	109 (781)	28 (155)	134 (751)	18 (87)	9,604 (77,679)

出典：台湾総督府編『台湾の社会教育』より作成。（　）内は人数。

州がこれに続く。台東庁、澎湖庁などは全般的に低調である[22]。一九四三年六月一七日（始政記念日）、台北州で四七六戸、三峡の属する海山郡では三六戸が新たに認定された。認定戸数の総数は、一九四三年時点で台北州二、八五八戸、海山郡二三三戸となった[23]。

「部落」教化の中心となることが期待されていた「国語常用家庭」であるが、三峡ではどのような基準で「国語常用家庭」が選ばれ、どのような役割が期待されたのであろうか。

2　三峡の「国語常用家庭」認定基準

日本統治末期の文献資料は現存するものが少ない傾向がある。「国語常用家庭」に関する資料も同様である。文献資料の不足を補うため、当時三峡街の助役を勤めたK・H氏[24]（仮名）および「国語常用家庭」経験者で李梅樹氏の子女である李麗月氏との面接から当時の状況の一端を明らかにしたい。

「国語常用家庭」制度は法令ではなく各州の方針で決められたものであり、その目的は模範的家庭を選び出し、周囲がこれに倣って国語を使うことを奨励するものであった。助役という立場からその審査に当っていたK・H氏によれば、三峡街（当時三峡庄は街へと昇格していた）では次の基準で認定を行っていたという。本人が記して挙げたとおりである。

（1）上手にこなせなくても国民学校卒業程度なら合格。
（2）大家族の老人は片言混じりでもよい。
（3）官公職の家庭は優遇。
（4）改姓名しているならよい。
（5）神棚を奉じている家庭ならよい。
（6）家庭環境がよく、他人の模範であること。
（7）熱意を持って国語を習得しようとする家庭。

（1）（2）のように、国語習熟程度に関しては、国民学校卒業程度であること、家に老人がいる場合は片言でも話せればいいという程度である。[25]（3）の官公職が優遇されること、（4）の改正名や（5）の神棚設置などは、皇民化期国家社会への貢献度や日本国民としての生活程度を量るものであろう。（6）の家庭環境がよく模範的家庭であるというのはまさにこの制度の意図するところであろう。上流階級が認定されたという。（7）の熱意を持って国語を習得しようとする家庭は、家庭背景や学歴を問わず、国語を習得しようとする家庭を対象とするものである。認定の手続きは、自己申請されたものを街庄役場で審査し、さらにそれを郡役場で許可することになっていたという。

鶯歌庄役場の文書によると、「国語常用家庭」に認定された家には「国語常用表札」が頒布された。台北州の国語常用表札には一号型（大）、二号型（中）、三号型（小）があり、一号型は縦一八ｃｍ横七・五ｃｍで三〇銭、二号型は縦一五cm横六・五cmで二五銭、三号型は縦一二cm横五・〇cmで二〇銭であった。掲示される場所は、一号型は官公衙門、学校、役場、派出所、「国語講習所」、公会堂、部落集会所、銀行、会社、組合、商店、工場、市場、各種接客業等の入り口または事務室とされた。二号型は官公衙職員の家庭、学校児童および青年団員の家庭、その他一般家庭、客車および乗合自動車の室内とされた。三号型は電話および劇場、映画館、停車場、郵便局、銀行、会社、組合等の窓口とされた(26)。

これらの表札は見本が各街庄に送られ、三峡には一号型から三号型までそれぞれ八枚が送られている(27)。

3　社会の模範と特権

「国語常用家庭」に関しては前述のとおり、資料上の制約からその具体的な内容や社会的な機能などはあまり明らかにされていない。ここでは、元助役のK・H氏一家と、李梅樹氏一家の二軒の「国語常用家庭」を通じて、この制度が社会的に期待された役割の一部を検討する。

三峡の「国語常用家庭」は前述したとおり、模範となりうる家庭が選ばれた。生家が資産家であり母親が女子初の公学校卒という家庭環境で育ち、若くして助役に抜擢され自身も改姓名していたK・H氏や、地元で著名であった李氏の一家が「国語常用家庭」となるのは自然の成行きであったかもしれない。

李氏や彼女の兄弟姉妹は李梅樹氏の子女であるということで、学校でも教員たちから多少特別に扱われることがあったという。「国語常用家庭」に選ばれる以前から彼らは地域にとってすでに特別な存在であったようである。「国語常用家庭」に認定されてから一家には心理的にも変化が現れる。「国語常用家庭」には認定されると証書と門表が配布された。李氏は、門に「国語家庭」の表札がかかると、父親が家庭内でも日本語を話すように指示したと述べている。

「……（中略）「国語家庭」の時は、父でもとても厳格なのよ。もう、日本語を話しなさいって。もう国語だけ。門にあの札が掛かっている以上は、やっぱり日本語を話さなければいけないって。」

「国語常用家庭」に認定されたことが、一家に国語をさらに使おうという意識を喚起したのである。[28] このように「国語常用家庭」に認定されることは、その家庭にある種の社会の模範としての意識を植えつけ得るものであった。[29]

一方で、「国語常用家庭」には特権があった。特別配給である。戦時中の物資不足の時期、「国語常用家庭」には配給が多く当てられたという。K・H氏によると、当初はそのような待遇がなかったものの、太平洋戦争が始まった一九四一年頃、物資の配給制度が施行されるようになってから「国語常用家庭」に特別配給が行われるようになったという。[30]

もっともK・H氏は、振り返りこの特別配給を批難している。当人は「国語常用家庭」として受けた特別配給を受け取らずに他の人に譲ったという。K・H氏が配給に頼らずとも困らない家庭背景であったことはこの一件からも窺える。[31]

戦後、国民党が台湾に移るのに伴い「国語」は日本語から標準漢語に替わり、官の手により日本時代のものが否定されるようになった。しかしながら、K・H氏は「国語常用家庭」であったための困難に直面したことはなかったという。李氏もまた、認定書や表札は父親の手により庭で焼かれたというが、「国語常用家庭」であったことで周囲から批難されたりすることはなかったという。これは「国語常用家庭」設置以前から、彼らが地域の模範的存在であったことと関連しているように思われる。

四　小括

本章では、一九三〇年から一九四五年までの間、三峡庄という台北市近郊の街で実施された国語普及運動の状況を検討した。

三峡庄は公学校就学率の高い地域であった。三峡公学校の教員が講師を担当したり、公学校で「国語講習所」研究会が行われたりするなど、「国語講習所」は公学校と深く関わっていた。また、「国語講習所」制度設置以前の一九一五年から三峡公学校を中心に「国語練習会」などの国語普及がなされていたため、当地域の「国語講習所」は、大多数の地域が皇民化運動開始の一九三七年に設置されはじめるのに対し、その時期にはすでに一定の普及を見せているのが特徴的である。三峡庄は、清末にすでに産業があり、街を形成しており、経済がある程度発展していた。このことは当地の公学校が早くから発展する背景となったといえよう。また、日本時代には三井合名会社をはじめ、多くの日本企業が進出していたこと、そして台北の近郊であることから、当地の人々は日本人との接触が多かった。さらに官の手により「国語講習所」などの国語普及運動が進められていたことが、この地域の高い教育水準や国語普及状況に影響していると考えられる。

また、一九三七年に設置された「国語常用家庭」は、限られた資料からの検討ではあるが、社会の模範となることが期待され、選ばれた家庭も模範たることを意識し生活していたようである。そして特別配給という特権が付与されたことも明らかにされた。

本章では三峡庄を事例に、台北市近郊の国語普及運動を検討した。当時台湾社会全体の傾向は第一部で検討したように、一九三〇年より「国語講習所」を中心とした国語普及運動、そして一九三七年から皇民化運動による国語常用運動が展開され、国語普及率が上昇していった。三峡庄の事例は、この全体的な傾向とは必ずしも合致しない、一つの事例といえる。その背景には、台北市近郊であり、産業がいくつか存在したこと、公学校の就学率が高く、知識人による活動が活発であったことなどが挙げられる。一九三〇年以前に「国語練習会」等の社会教育が活発になり、それと連動して公学校就学率が高くなった三峡のような地域では、すでに教化の対象となる人々が多くはなく、一九三〇年以降、「国語講習所」の活動がそれほど活発ではなかったことは当然のことといえよう。教育機会が与えられる人々を中央に、それから疎外される人々を周縁に位置づけるならば、大都市近郊の三峡の全般的な傾向は、次に検討する農村地帯や離島と比較しても、それほど周縁ではなかったといえよう。

（1）李梅樹は日本統治時期台湾の代表的画家で、台北師範を卒業し教鞭を執った後、東京美術学校へ進み画家として活躍し、晩年は祖師廟の改修維持に携わった。現在三峡区には李梅樹の記念館が設立されている。

（2）三峡庄の知識階級に関しては、呉文星「近代三峡人材的揺籃三角湧公学校」『三峡国民小学百週年校慶紀念専輯』第一冊、二〇〇〇年を参照。

（3）三峡庄の戸数および人口の変遷は、一九一五年二、三八五戸一万三、六九二人、一九二〇年二、四四五戸一万四、三八八人、一九二五年二、九八九戸一万七、五四〇人、一九三〇年三、一一〇戸一万八、九六一人、一九三五年三、九三二戸二万三、六四七人、一九四〇年四、二七四戸二万五、六〇〇人となっている（王明義編『三峡鎮志』三峡鎮公所、一九九三年、二七一—二七三頁）。

（4）王、同前書、二七〇—二七五頁。

（5）三峡庄役場『三峡庄誌』、一九三四年（復刻版、蘇欽譲編、成文出版社、一九八五年）、一六五—一七六頁。
（6）王、前掲書、一三二七—一三二八頁。
（7）同前書、一三三二—一三三四頁。
（8）同前書、一三二九頁。
（9）詳しくは、呉文星『日据時期台湾社会領導階層之研究』正中書局、一九九二年を参照。
（10）『台北州社会教育概覧』一九三〇年度、（六）「同風会功労者」の項七四—七五頁参照。
（11）三峡庄役場、前掲書、一一四—一一五頁。三角湧は当時桃園庁下に置かれていた。
（12）鶯歌庄編「昭和七年度　学事ニ関スル書類綴」「昭和六年度国語練習会開催状況調（海山郡）」『台北州檔案』（文書番号010111010180166）。
（13）三峡庄の隣の鶯歌庄では、「簡易国語講習所」設置に関して、庄長より各男女青年団長宛に各団において設立を決定した場合は回報するように通達されている（鶯歌庄編「昭和七年度　学事ニ関スル書類綴」「鶯庶第九九六号ノ一」『台北州檔案』（文書番号010111010180162））。
（14）三峡庄役場、前掲書、一一六頁。
（15）台北州聯合青年団・台北州聯合女子青年団編『台北州青年』第二号、一九三四年一〇月三日、一七二頁。
（16）呉、前掲論文、五九—六〇頁。
（17）これら講師の一名は面会した際、「公学校の欠員ができるまで講習所で教えた」という旨を語った。こうした事実は三峡公学校と当地の「国語講習所」の密接な関係を表していよう。
（18）呉、前掲論文、五六頁。
（19）三峡公学校『学校沿革誌』によると、教員の李文津氏は一九三三年、台北州教化連合会より国語普及に功労のあった人物に贈られる「国語普及功労者」として表彰されている。
（20）「各地の国語普及運動」『台湾時報』第二一一号、一九三七年六月、一四三頁。
（21）同前記事、一四三頁。

（22）「国語常用家庭」の認定数は州により差異が生じている。台中州の認定戸数は一九四〇年二月時点で全戸数の二・八％を占めている。各地の認定基準によりこうした差が生じていると考えられる（周婉窈「台湾人第一次「国語」経験─析論日治末期的日語運動及其問題」『新史学』六巻二期、一九九五年、一二八─一三〇頁）。
（23）『興南新聞』一九四三年六月一七日、第三版　第四四五九号「〃国語の家〃新認定　台北州下四七六家庭」。
（24）前掲『三峡鎮志』によると、K・H氏は一九一八年生まれ、商工学校商科卒業、三峡庄雇、三峡街書記、助役を歴任し、戦後は副街長を務めている。
（25）K・H氏によれば、「国語常用家庭」を意識して、国語を話せない老人が「国語講習所」に通う場合もあったという。
（26）鶯歌庄編「昭和七年度　学事ニ関スル書類綴」「昭和6年度国語練習会開催状況調（海山郡）」『台北州檔案』（文書番号0101130510475）。
（27）同前文書（文書番号0101130510476）。
（28）一方、K・H氏は、日本語で生活していたものの、会議などで台湾人に話すときは台湾語で話していたという。元来、役所の会議等では日本語で話し、台湾語の通訳がつくものであったが、台湾人である彼は台湾語で語りかけたという。「国語常用」とはいえ、実質上は日常のいろいろな場面で台湾語が使われていたのである。
（29）K・H氏によれば、「国語常用家庭」の札がかかっていると、「悪いことはできない」という気持ちになり、皆がそのような気持ちになれば、「悪い人が出てこない」ので、社会秩序上の効果が期待されることが指摘された。
（30）「国語常用家庭」に対する特別配給は、一般人も知るところであった。李氏の夫は「国語常用家庭」に対し肉の配給が、一般人が五斤であるのに対し二斤余計に配給されていたと語った。
（31）「…（中略）物資の配給制度が行われておった時、いつのまにか知らないうちに、「国語家庭」にのみ配給することになって、一つの差別をつけてしまった。これはいいことではなかったんですよ。…（中略）一時的にせよ、特別配給を受けたということは、恥ずかしいことだった。私は反対。何ゆえに、国語を話せるから、物をもらって生きていく。それは、嫌な人は死んでしまえという（ことで）、それではいけない。」

第6章

北部閩南人農村地域における国語普及運動
――台北州基隆郡萬里庄渓底村の事例――

本章では、台湾北部の閩南人農村地帯を事例として取り上げる。第5章で検討した三峡庄と同じ台北州の事例であるが、三峡庄が台北市に近く、また産業もある程度存在していたことに比べると、本章で取り上げる渓底村は、炭坑がいくらかの雇用を生んでいた以外には大きな産業がなく、農業を主とした地域であった。村で日本人を見かけることはほとんどなく、また日本語の看板なども目に触れることはなかった。このような地域で国語普及運動が推進され、人々は「国語講習所」へ通ったわけだが、その実施状況と、特に国語常用運動期の講師の資質と生徒たちの学習動機を検討する。

一　萬里庄の概況と国語普及の状況

1　萬里庄の概況

台北州基隆郡萬里庄、現在の新北市萬里区は、面積は六三・三七六六平方キロメートルあり、その境界は、東北は海に面し、東南は基隆市と汐止区の境界に、南西は士林区、西北は金山区に接しており、渓底村を含む九つの村がある。萬里郷は旧名を萬里加投荘と称したが、その名称の由来は明らかではない(1)。渓底村は日本統治時期には頂萬里加投と称された。一九九七年現在の戸数は一一〇戸から一二〇戸、総人口は約七五〇名である。この地帯は農業、石炭業が盛んであったが、現在はそれらは凋落し、人口の多くが流出している(2)。

萬里庄の日本統治時期の人口を見ると、一九〇五年に七、〇九一名、頂萬里加投は男六一六名、女四七六名の一、〇九二名であった(3)。この人口はおおむね緩やかな増加を続けるが、一九二四年に七、八七三名であった人口が、翌一九二五年に八、二八七名、一九二六年に八、四一九名、一九二七年に八、九九八名と、四年間の間に一、一二五名の増加を見せている。萬里庄の総人口はその後も緩やかに増加し、一九四二年には一万〇、七三七名に至っている。これら人口の大多数は本島人によって占められていたが、内地人は、一九二一年に九七名、一九二五年には六八名（萬里庄総人口の〇・八％）、その後も徐々に減少し、一九三〇年には五七名（〇・六％）、一九三七年には四〇名（〇・四％）と、その間多少の増減を繰り返したものの徐々に減少していった。他に中華民国籍の人が毎年ほぼ一〇名前後見られた。概して、萬里庄の人口はほとんどが本島人で占められており、内地人は一九二一年から一九四一年までの間に最も多い年で全体の一・三％程度、少ない時で〇・三％の割合を占め、その数は決して多くはなかった。内地人の多くは教員または石炭業関係者であった(4)。また、ごく少数の中華民国籍の人々が居住していたことが分かる。[5]

日本統治時期の主な産業には、農業、畜産・水産業、工業・林業、石炭業などがあった。特に炭鉱は萬里庄における主要な産業で、一九〇四年より開礦許可を得て台湾炭礦株式会社等の会社が炭鉱を採掘していた。[6] その中でも、第一四〇六号の許可に基づく鉱区は萬里で最も主要な鉱山であった。第一四〇六号炭鉱の開発は、最初は魚村の燃料提供のために始まり、日本統治時期になって海軍の予備炭田とされ、炭鉱採掘権が開放された後には、台湾炭礦株式会社によって採掘され、当地域において多くの雇用を生み出した。[7] 第二節の面接調査のインフォーマントの男兄弟もまた、炭鉱に働きに出ていたように、炭坑は当地域の主要産業であった。

2　国語普及の状況

萬里庄における教育を概観する。当時、台湾社会は漢文を重視し、多くの書房教育が存在していたが、資料の制約から萬里庄における伝統的な書房教育の実施状況の詳細は不明である。しかしながら、当庄において書房教育が行われていた事実は明らかにされている。[8]

日本統治時期に至り、一八九六年、全島に国語伝習所が設置されると、当地域にも基隆国語伝習所金包里分教場が開設された。一八九八年、「公学校令」が発布され国語伝習所が公学校に変更されると、それに伴い、金包里分教場は金包里公学校となった。一九一三年になると、金包里公学校瑪鍊分校が設置され、後に、瑪鍊公学校となった。渓底村に瑪鍊公学校大坪分教場が設立され、これはその後大坪公学校になった。

多くの地域と同様に、大坪公学校はその地域の国語普及運動の中心的役割を担った。一九三三年六月末には萬里庄には「国語講習所」は設置されておらず、三カ所の「簡易国語講習所」が設置されていたが、[9]〈表6-1〉に

〈表 6–1〉　萬里庄の「国語講習所」「簡易国語講習所」設置状況

講習所名	設立者名	主事	講師	所員数	会場
瑪鍊国語講習所	萬里庄長黄棟卿	瑪鍊公学校長李金沂	黄氏モト顔氏員	60	瑪鍊公学校内
大坪国語講習所	萬里庄長黄棟卿	大坪公学校長柏木重光	林夢松	55	大坪公学校内
粗坑子国語講習所	萬里庄長黄棟卿	大坪公学校長柏木重光	林新居鄧仁卿	67	粗坑子部落集会所
野柳簡易国語講習所	萬里庄教化聯合会長黄棟卿	—	蔡喞書	休講	萬里庄中萬里加投字野柳
下萬里加投簡易国語講習所	萬里庄教化聯合会長黄棟卿	—	李森減	休講	萬里庄下萬里加投字萬里加投
浦子簡易国語講習所	萬里庄教化聯合会長黄棟卿	—	林新居	休講	萬里庄中萬里加投字湳子
渓底簡易国語講習所	萬里庄教化聯合会長黄棟卿	—	邱徳村	85	萬里庄頂萬里加投字渓底

出典：李宝同編『金山萬里誌』1936 年、39 頁より作成。

示されるように、一九三五年までに三カ所の「国語講習所」と四カ所の「簡易国語講習所」が設立された。

渓底村においては、「渓底簡易国語講習所」が設置された。当「簡易国語講習所」は、萬里庄教化聯合会長名で設置され、台湾人講師により八五名の定員で講習が行われていた。講習期間が長期にわたる「国語講習所」が公学校などに設置されていたのに対し、短期間の「簡易国語講習所」は、各村々に設置されたことが分かる。「国語講習所」が設置される以前から台湾各地では短期の「国語練習会」が催されていたが、萬里庄でも一九三〇年以前から「国語練習会」により国語普及が図られていた。これら「国語練習会」は、「簡易国語講習所」の設置により、それらへと変更されていった。例えば、台北州下の海山郡下では各街庄長宛に、設置規定に該当する「国語練習会」を「簡易国語講習

〈表6-2〉　萬里庄の1931年度「国語練習会」実施状況

国語練習会名	開催日数	実施回数	入会者数(人)	修了者数(人)	出席率(%)	講師数(人)	経費(円)	講師手当(円)
瑪鍊	60	1	男— 女48	男— 女50	98	1	40.20	24.00
野柳	60	1	男15 女10	男14 女 7	98	1	38.02	24.00
萬里	60	1	男46 女15	男24 女—	90	1	51.11	24.00
大坪	60	1	男34 女—	男10 女—	80	1	35.00	23.00
計	240	4	男95 女73	男48 女64		4	164.33	95.00

出典：「昭和六年度国語練習会実施状況調　台北州」鶯歌庄役場「昭和7年　学事ニ関スル書類綴」『台北州檔案』（文書番号010111036027）より作成。

所」へと改称する旨が伝達されている。その際、「簡易国語講習所」の開設場所は、各学区域内に最低一カ所は開設するように伝えられている。[10] 台北州では、「簡易国語講習所」設置のために、一九三一年度に州下各地における「国語練習会」実施状況を調べている。統計によると、萬里庄における「国語練習会」は、〈表6-2〉のとおりである。

「簡易国語講習所」の設置以前から催されていた「国語練習会」は、萬里庄においては四カ所、一九三一年に各一回六〇日間開催された。入会者数は各練習会において差異があるが、少ないところで二五名、多いところで六一名、合計一六八名であるが、修了者数はほとんどのところでこれより少ない数となっている。これは入会したものの、途中で参加しなくなったことを示している。例えば「萬里国語練習会」の入会者数は男四六名、女一五名であるが、修了者数は男二四名のみ、「大坪国語練習会」は男三四名の入会者があるが修了者はわずかに一〇名である。短期の練習会で生徒を継続して出席させることの難しさが窺える。男女比は各練習会により差異がある。講師数はどの練習会

〈表 6-3〉 1930 年度台北州国語理解者数（抜粋）

市街庄	本島人人口	話せる者	同左中読み書きできる者	話せる者の割合（%）	全41市街庄中順位
台北市	男 76,576 女 76,776 計 153,353	男 26,113 女 8,688 計 34,801	男 12,794 女 6,050 計 18,844	男 34.10 女 11.31 平均22.71	1
萬里庄	男 4,870 女 4,065 計 8,935	男 510 女 156 計 666	男 355 女 91 計 446	男 10.47 女 3.84 平均 7.16	38
三峡庄	男 9,815 女 9,182 計 18,997	男 2,360 女 911 計 3,271	男 1,737 女 623 計 2,360	男 24.04 女 9.92 平均16.98	9
台北州合計	男 406,146 女 380,730 計 786,876	男 97,089 女 29,196 計 126,285	男 61,416 女 21,804 計 83,220	男 22.67 女 7.67 平均15.17	—

出典：「国語ヲ解スル本島人調ノ件」鶯歌庄役場「昭和五年　学事ニ関スル書類綴」『台北州檔案』（文書番号 0101090080082〜84）より作成。

も一名、講師手当は二三円または二四円となっており、これは「国語講習所」講師の手当と大きな格差はない金額である。

公学校および「国語講習所」の設置により、国語理解者は一九三〇年には〈表6-3〉に示すとおりになっている。これは、台北州国語理解者数調査より台北市、萬里庄、三峡庄の三カ所を抜粋したものである。一九三〇年は「国語講習所」が設置された年であるため、国語理解者の多くは公学校で学んだ者と考えられる。あるいは「国語練習会」を修了した者も統計に含まれよう。全体的にどの地域でも男性の国語理解者数が女性より圧倒的に多いことが共通している。話せる者より読み書きできる者の数はさらに少ない。話せる者の割合は台北市が一番高く男三四・一%、女一一・三一%、平均二二・七一%であり、全台北州下四一市街庄中の順位は一位である。萬里庄は男一〇・四七%、女三・八四%、平均七・一六%であり、州下の順位は三八位と下位の方に位置づけられる。殊に女性の数値が低いのは、女性が就学していないことを示している。こうした就学しなかった者たちに教育機会を与えたのが「国語講習所」であった。その例を次節で検討する。一方、三峡庄は男二四・〇四%、女九・九二%、平均一六・九八%、州下の順位は九位である。三峡庄は第5章で検討したように就学率が高く、よって国語普及率も高いということが表れている。

一九三五年までの萬里庄における国語理解者は二六・〇六%であり、前年の一九三四年に比べると七・九七%増加している。全島の国語理解者比率は、一九三四年で二七%、一九三五年で二九・七%であり、萬里庄は全島平均より普及率が幾分低いことが分かるが[11]、これらの統計は一九三〇年代より「国語講習所」等を中心に国語普及が飛躍的に伸びてきていることを窺わせる。

前述のとおり、国語普及率は、女性が男性に比べて圧倒的に低いが、次節では、萬里庄渓底村の女性を取り上げ、「国語講習所」をめぐる彼女たちの生活を検討しよう。

二　萬里庄渓底村の「国語講習所」の実際

本節では、萬里庄「渓底村」の「国語講習所」で教えた元講師一名、元生徒二名への面接調査の聞取りから、当地域の「国語講習所」の実際を検討する。

1　インフォーマントのプロフィール

（1）　講師、黄千禎氏

一九一一年生まれの八八歳（一九九九年六月当時）。兄弟は三男二女、自身は三番目の男子。黄家は当地では代々裕福な家である。親戚の話では、地域で二番目に裕福な家であり、黄千禎氏は次兄とともに保正を任されていた。学歴、職歴は、男兄弟三人は書房に通い、その後設立されたばかりの公学校で六年間学んだ。黄千禎氏は公学校に一回生として入学した時一二歳、卒業時は一八歳となっていた。卒業後、兄弟三人で住み込みの家庭教師から漢文を習った。その後、二年かけて「国語講習所」専任講師課程を修了、試験に合格して「部落」の「国語講習所」専任講師となった。示された修了書には次のように記されている。「一九三九年九月一六日、基隆郡にて「国語講習所」専任講師講習会修了、一九四〇年六月三〇日台北州より万里庄立渓底大尖国語講習所講師任命、月手当二〇円」。長兄は視力が弱かったため、家畜の世話をするなどして暮らし、その後五〇数歳で亡くなった。次兄は後に台北へ移り、背広などの男物の洋服を輸入して売る商売に従事した。そのため、黄千禎氏が次兄に代わり、この地で保正を務めることとなった。戦後も続けて七五歳になるまで村長を務め、農会の会長も務めてきた。

（2）　生徒、黄呉嬌氏

一九一三年生まれの八六歳（一九九九年六月当時）。黄千禎氏の次兄の妻。両親は本人が一、二歳の頃渓底村へ引っ越して来て、農業に従事していた。学歴はない。兄弟はすぐ下に弟、妹、さらに弟の四人兄弟の長女である。すぐ下の弟は公学校に通った。本人を含む他の三人は「国語講習所」で学んだが、末弟は早世したため、一年も通わなかったという。結婚前は下の兄弟の世話をしたり、服を縫ったりした。趣味は刺繡であった。一八歳で結婚した。相手は子どもの時から知っている近所の四歳年上の男性であった。夫は村では富裕な家庭の出身であり、後に保正および「国語講習所」の講師を務める。夫は書房、公学校で学び、家庭教師から漢文も習った学歴のある人物であった。結婚後、五人の子どもに恵まれ、上から三人の息子、そして二人の娘を生んだ。この頃「国語講習所」に通った。子どもたちは外資系の企業に勤めたり、公務員、小学校の教員など、いずれも社会的に高い地位に就いている。

(3) 生徒、陳呉扯氏

一九一八年生まれの八一歳(一九九九年当時)。小作をしている両親の元に生まれた。両親に学歴はなかった。三人の兄と妹、その下に弟の六人兄弟であった。兄弟の学歴は、長男のみ教師に付いて漢文を習ったが、その他の兄弟姉妹たちは学ぶことはなかった。父親は早くに亡くなり、陳呉扯氏は五、六歳の頃、実家が火事になったため、養女に出された。養家で労働し、大きくなったら当家の嫁になる、いわゆる「童養媳」である。妹もまた乳飲み子のうちに養女に出されたという。母親は手放すに忍びなかったが、父親代わりの長兄が家に人が多すぎる、このままでは生活が立ち行かなくなるという理由から姉妹は養女に出されたという。ちなみに、兄は後に漁師となり、三人の兄弟は鉱夫となった。養家は現在住んでいる家で、地主の一家であった。本人の記憶では、舅が陳呉扯氏を見て大変気に入り、金で養女になったという。舅には六人の息子があり、陳呉扯氏は年下の兄弟たちの世話をしたという。一人で何人分もの仕事をする辛い生活であった。小作人を含む大家族の三回の食事のほかに、畑仕事に養豚、山に行って薪を切ったりもした。辛い時はしばしば逃げ出したいと思い、実際に一度、隣村の実家まで逃げ帰ったこともあった。実家へは一年に二、三回戻れたが、一晩過ごすのみですぐに帰らなければならなかった。若い頃の趣味は裁縫でよく服を縫ったが、趣味というよりは「職業」であり、「しなければならない」ことであった。姑は陳呉扯氏が一六、一七歳の頃に亡くなり、その後一家の家事の切り盛りは彼女に任された。一九歳の時に同じ年の六人兄弟の次男と結婚した。結婚後、一男二女を授かった。「国語講習所」へは、二三歳の頃、子どもの世話をしながら断続的に四、五年通ったという。数え年で二二歳から二七歳まで、すなわち一九四〇年から四五年までということになる。

戦後、三九歳の時（一九五七年頃）台北に行き、服を縫う工場を開いた。後に息子が機械設計の仕事を始め、友人とともに洋服工場を開いたため、七九歳まで続けて台北に住んだ。村には教育施設がなく、台北ではまず中山北路付近に住み、下の娘が双連国民小学に入ったのをきっかけに、双連に引っ越し二、三年住み、娘が小学校を卒業し中学に進学すると社子に引っ越し、その後剣潭に家を買った。苦労の多い人生を過ごした陳呉扯氏であるが、もっとも辛かったことの一つと想像されるのが息子に先立たれたことである。六八歳の時に、四三歳で息子が亡くなった。家の客間には白黒の遺影が飾られていた。しかしながら、上の孫娘は台湾大学大学院修士課程に在籍中、二度目の訪問時に一緒に菜園で農作業を楽しんでいた下の孫娘も大学生と、孫たちは高学歴だ。三九歳から四〇年間台北に住み、その間渓底村に残った夫の元に度々戻る生活を繰り返していた。八〇歳を過ぎて渓底村に戻り、今は夫と二人の生活を送っている。陳呉扯氏は、八〇歳を越えてなお、昼は畑を耕し、週末は娘や孫たちの訪問を受け、精力的に日々を過ごしていた。

2　渓底村の「国語講習所」教育の実際

（1）通学の動機

前述したように、萬里庄には日本人は多くは居住していなかった。村内には日本語の看板などもなかったという。日常的に日本人と接触する機会が少なく、日本語が使用されていない農村で、「国語講習所」へ通おうと考えた動機は何であったのか。

黄呉嬌氏が語ったのは、勉強がしたかったという理由である。萬里庄の女性の就学率は前述のとおり低く、黄呉嬌氏も多くの女性たちと同様に勉強をしたことがなかった。文字を知りたいという理由であった。

陳呉扯氏も家庭の事情で就学できなかった一人である。村には書房があり、学びたいと思いながらも、養女であったため諦めていたところ、後になって学費のいらない「国語講習所」ができた。保正が勧誘したというが、本人は自ら進んで通うようになったという。どちらのインフォーマントも、就学していなかったが勉強をしたいと思っていたのである。

もう一つ、「国語講習所」に通う大きな動力となったのが、当時推進されていた「国語常用家庭」制度である。二人のインフォーマントは「国語講習所」に通った当時、すでに結婚していた。そして、どちらの家庭も「国語常用家庭」に認定されている。黄呉嬌氏の場合は、後に村を去るため、正しくは保正を務めていた夫の親戚の家庭が認定されるのであるが、インフォーマントの嫁ぎ先は、どちらも当地域の地主である。家族全員が国語に通じているというのが「国語常用家庭」に認定される条件である。そのため、国語が分からない家族が講習所に通うというケースが見られた。

聞取りから、彼女らが通った講習所は、「簡易国語講習所」であったことが分かるが、「簡易国語講習所」では数カ月の短期の講習がなされていた。黄呉嬌氏の場合、三回にわたって講習所に通ったが、そのうちの一回は、講師が夫と夫の弟すなわち黄千禎氏であり、生徒も自身を含めてすべて黄家の人々であったという。当地域の保正を務める有力な家庭であった黄家が、一族あげて国語普及に取り組んでいたことが分かるのである。

（2） 講習会場と教員

次に、講習会場であるが、黄呉嬌氏は、三カ所で講習をしていたことを記憶していた。一番目は、夫の弟、すなわち黄千禎氏の家であった。二番目は、個人宅で夫とその従弟が教えた。三番目は、公学校で教えていたが、これには黄呉嬌氏は参加しなかった。先の二つの講習所は、各々三カ月程度通ったということであった。〈表6-1〉に示されているように、講習期間が長期にわたる「国語講習所」は公学校内などに設置されていたが、短期間の「簡易国語講習所」は、個人宅に設置されていたことが聞取りからは窺えた。

黄千禎氏によると、各「国語講習所」に講師が一名配属されていたという。各「部落」では保正が教えたともいう。黄千禎氏自身も保正を勤めた人物である。他地域での聞取りからも、保正の家の者が「国語講習所」の講師を勤めた例が見られた。あるいは、保正を務めていなくとも、その地域の有力者が講師を勤めていた例もある。それでは、どのような人物が講師となったのか、各州庁では、「国語講習所」講師の養成過程や試験を設けたが、黄千禎氏は養成講座の参加者は、次のような特徴があったと述べている。

すべて男性である。
金があり教養がある。
年齢は二〇歳から三〇歳程度であった。

黄千禎氏の話によれば、養成講座に入るためには試験があり、また、二年間の課程を経て行われる試験には、必ずしも全員が合格するわけではなかった。黄千禎氏の修了証、任命書には、「昭和一四年九月一六日　国語講習所専任講師講習会修了」「昭和一五年六月三〇日　萬里庄立渓底大尖国語講習所講師任命　月手当二〇円（台北州）」と記されている。

このような「国語講習所」教員の養成は、各州庁で行われていた。第2章で検討した台中州の例のように、台北州でも養成講座と検定試験が行われたが、聞取りからは、各地の若い社会的エリートが講習に参加していた様子が窺え、実際に黄千禎氏のような地域の有力者が講師となっていたことが、この例より明らかになった。

(3) 講習の内容、生徒の様子

黄千禎氏によると、教科目は国語、唱歌等であった。唱歌は、養成講座で習ったものであり、実際、黄千禎氏は「夕焼け小焼け」「桃太郎」等の歌を手振りを添えて歌って示した。教科書は、自身が用意したのではなく、「政府がくれた」という。陳呉扯氏によると、その他に算術も教えられ、教科の他には礼儀作法も教えられたという。台北州の「簡易国語講習所」要項によると、講習科目は、国語を主として他の科目も加えることができるとされており、渓底村では、実際に唱歌や算術という科目が教えられた。このことは、第1部の文献の内容、第7章新竹州関西庄の事例、第8章小琉球島の事例と同様である。また、時々公学校校長が様子を見に来ることもあったという。このことから、他の多くの講習所と同様に、公学校が講習所を管理運営していた様子が窺える。

生徒は、三〇、四〇名程度であったと陳呉扯氏は振り返る。黄千禎氏も生徒は四〇名程度であったという。この数は、〈表6-1〉に示された講習所の定員数よりは少ない。生徒の年齢に関しては、陳呉扯氏は一六歳程度から三〇代くらいが多かったと言い、黄呉嬌氏も二〇歳前後から三〇代が多く、女性が多かったと記憶している。黄呉嬌氏によると、毎晩食事が終わってから、数名の女性たちが誘い合わせて油ランプを手に講習所へと通ったという。道のりはそれほど遠くはなく、三〇分以内に着いたという。

黄千禎氏によれば、講習は午後八時から一〇時までの二時間であったという。遅い時間であり、夜出かけるのは面倒である。女性の場合は子育てに忙しく、また、一日の仕事を終えた後での講習には、体力のある者でなければ参加が難しかった。そのため、講習生は男性が三分の二程度を占めていたという。二〇代から四〇代くらいの年齢で、夫婦者もあったという。男女どちらが多いかは、生徒と講師とで記憶に差異があるが、これらの事例は「簡易国語講習所」であるため、どの回の講習かにより男女比の差は現れうる。しかしながら、いずれのインフォーマントも自身を含め、二〇歳前後から四〇歳代の生徒たちが受講していたと述べている。これは公学校の就学年齢を過ぎた年であり、就学機会を逸した人々が通っていたことを窺わせる。台北州の「簡易国語講習所」の規定では、講習生の年齢は、満一二歳から三〇歳を標準としているが、それより年齢の高い生徒もあったようである。

二人の女性インフォーマントは、いずれも子育てをしながら夜間に「国語講習所」に通った。陳呉扯氏は、講習所へは子どもを産んだ後、二二歳の頃（一九四〇年に該当）に通ったという。夜間の講習時には授業中に二度家に戻って家事をしたり子どもの世話をしたりした。それでも試験で第三位を取るほど熱心に勉強したという。途中、中断しつつ毎日ではないものの四、五年間通った。当時は日本語で聞かれたことにはほとんど答えられたという。この頃、保甲役員を任され「国語常用家庭」に認定された。陳呉扯氏によると、「国語演習会」に参加した者もあった。彼らは三日間、講師に連れられて「国語演習会」に参加したという。

「国語演習会」は、各郡下で行われるもの、台北州などの州庁下で行われるもの、そして「全島国語演習会」など、それぞれ規模別に催されていた。この「国語演習会」がどのレベルのものかは定かではないが、同じく台北州下の海山郡教育会主催の「国語演習会」の開催要項を見てみると、当時の「国語演習会」の様子が窺える。一九三七年一一月五日午前一〇時から午後五時までの間に尖山公学校講堂において催された「国語演習会」には、「国語講習所」生徒、「国語常用家庭」、公学校児童、「青年教習所」生徒、青年団員・女子青年団員らが出演し、談話、会話、唱歌、舞踏、劇などが披露された(12)。「国語講習所」からの出演者も「国語演習会」の中で主要な役割の一つを果たしていたことが分かる。

(4) 生徒の属性と講習の効果

黄呉嬌氏と陳呉扯氏は、文字を知りたい、学びたいという理由、また当時推進されていた国語常用運動の影響もあって「国語講習所」に通っていたと考えられる。あるいは、講習所の設立自体が国語常用運動の一部であったといえよう。陳呉扯氏のような学びたくとも学ぶ機会が全く与えられずに、公学校就学年齢を過ぎた女性が講習所に通っていたということは、第一部で検討した文献の記述とも合致する内容である。また、養女が講習所に多く通っていたということは、文献や聞取りでも窺えた内容である(13)。これまで検討してきたように、当時台湾社会においては、女性の方が圧倒的に就学率が低かった。加えて養女である女性は、さらに教育から疎外されていく、より周縁化された存在となる。陳呉扯氏のような恵まれない経済環境に育ち、幼い時に金で他家の労働力となり、大きくなってからその家の息子に嫁ぐというい わゆる「童養媳」は、当時台湾社会に見られた風習であった。こうした女性たちが学費のかからない、仕事の支障にならない夜間に開かれた「国語講習所」、もしくは「簡易国語講習所」に通ったのであった。「国語講習所」が、正規の教育からこぼれてゆく周縁化された人々を収容した教育施設であったことが明らかである。

「国語講習所」における教育の効果は、第一部において、新聞・雑誌から講習生が行儀や礼儀作法を学び、社会性を身につけるということが明らかにされたが、渓底村においても同様の効果が見られた。講師黄千禎氏によると、生徒たちは講習を受けてから礼儀を身につけたという。女性たちは人を見ても「無視」したり、人が訪ねていってもすぐに家に入ってしまったりしていたが、「国語講習所」に通ってからは、そういったことが少なくなったという。女性たちが講習を通じて社会的ルールを身につけていったことを窺わせる。講習所の教育が教科のみならず、社会的指導にも重点を置いていたことは、第7章新竹州関西庄の事例で検討されるが、渓底村においても聞取り調査により同様の傾向があったことが明らかにされた。このことは、台湾総督府にとっては日本国民の養成につながることでもあった。国語講習に対する台湾総督府側と台湾社会側の意図は、微妙なずれを生じながらも合致し、高い国語普及率をもたらした。

三　小括

本章では、北部閩南人農村地域における国語普及運動を、基隆郡萬里庄渓底村の事例から検討した。渓底村においては、「簡易国語講習所」設置以前に「国語練習会」が催されていたが、国語普及率は、話せる者が一九三一年では七・四五％と低調であるのが、一九三五年には二六・〇六％に上昇している。こうした国語普及の上昇は、一九三〇年代の「国語講習所」、「簡易国語講習所」の設置によるところが大きく、全島的な傾向と同じ様相を呈しているといえよう。これは、同じ台北州でも三峡庄のように台北市の近郊であり、ある程度の産業があり、公学校就学率も高かった地域とは差異をなす。

村での国語普及の様子は、講師に関しては、保正という村の指導者が指導に当たっていたことが明らかになった。これは関西庄の例でも同様であり、地域の社会的エリートが国語普及に当たっていたのである。また、元生徒の就学動機は勉強がしたかったという理由であり、ここからは統計にも見られるように、当時台湾社会の女性たちが教育機会から遠ざけられていた現実が浮き彫りになった。ことにインフォーマントの一人は、女性である上に養女であるという要因から、さらに就学から疎外されたことが分かる。夜間行われる講習には就学機会を逸した人々が集まっていたことが明らかにされた。教科目は国語、唱歌、算術などのほかに礼儀作法や社会的ルールをはじめとする公民養成の内容が教えられ、教育の効果として、他章の事例でも見られるように、生徒たちが社会的なルールを身につけていくことが窺えた。このことは、台湾総督府の日本国民養成という目的にも沿い、台湾総督府側と台湾社会側の意図は、微妙なずれを生じながら高い国語普及率という結果をもたらした。

また、この事例からは国語常用運動が国語講習への強い動機となっていたことも分かった。保正の一家が講師を務めるのみでなく、生徒たちも同じ家族であり、村の指導者が一族挙げて国語常用運動に取り組んでいたことが明らかになった。総督府が強く推進する国語常用政策の後押しを受けて「国語講習所」が設置され、また村の指導者層で「国語常用家庭」に認定された一族が、国語普及運動の中心的担い手となったことが明らかにされた。この点では台湾総督府と学びたいという人々の動機とが合致して国語普及運動が展開されたといえる。教育機会から疎外された周縁化された人々が国語普及運動に参加することで、「国語」が社会に浸透していったのである。

（1）林衡道主編・台湾省文献委員会編『台湾省郷鎮市概況』上册、一九八一年、九〇—九一頁。
（2）翁佳音・薛化元編『萬里郷志』台北県萬里郷公所出版、一九九七年、五四頁。
（3）同前書、一七一頁。
（4）同前書、一七六頁。
（5）同前書、一七四頁。
（6）同前書、一九七—一九八頁。
（7）同前書、一九七—二〇五頁。
（8）同前書、二一〇頁。
（9）基隆郡役所庶務課編『基隆郡勢要覧』一九三三年、三二頁。
（10）「海山庶教第四四八號」鶯歌庄役場「昭和七年　学事ニ関スル書類綴」『台北州檔案』（文書番号 0101110180164、0101110180165）。
（11）翁、前掲書、二二〇—二二一頁。
（12）「海山郡教育会主催国語演習会開催要項」鶯歌庄役場「昭和十二年度　学事ニ関スル書類綴」『台北州檔案』（文書番号 0101130090049–51）。
（13）一九三八年、雑誌『台湾婦人界』において、台北市国語講習所の生徒と教員の座談会が催されているが、その中の出席者の一人が養女であり、講習生たちに養女が多いということが講師である公学校教員から発言されている（「国語講習所の先生と生徒の座談会「皇民化は婦人から」の頼もしさを聴く」『台湾婦人界』一九三八年七月号、八—一六頁）。また、筆者が台北市で行った元「国語講習所」講師への聞取りにおいても同様に、養女が講習生にいたことが語られた。

第7章 北部客家人農村地域における国語普及運動
――新竹州関西庄の事例――

新竹は、台北の南に位置する。本章で取り上げる関西庄、現在の新竹県関西鎮は、「義民廟」(清朝乾隆帝時代、台湾中南部で起きた乱を鎮める中で命を落とした客家義勇軍を奉った廟)などの客家人の祭典でも知られ、日本統治時期も現在も農業を主たる産業とする地域である。台湾北部の客家人農村地域における国語普及運動を、「国語講習所」の活動を中心に検討する。

一 関西庄の概況と国語普及の状況

1 関西庄の概況

新竹県関西鎮は、現在新竹の一四ある市、郷、鎮の一つで、新竹県の東北、桃園県との県境に位置する。面積は一二五平方キロメートルあり、新竹県の平地の中では最も大きな地区である。現在は高速鉄道で台北から三〇分程度で新竹に到着する。そこから車を三〇分程走らせれば、遠くに一五〇〇メートル級の山々を臨む緑の多い農村地帯が広がる関西鎮に着く。高速バスならば台北から一時間程度の距離である。

この地域の地名は、いくつかの変遷を経ている。最初、乾隆五八年泉州人によって開墾された時は「美里荘」と呼ばれたが、翌年、「新興庄」と改められた。次に道光三〇年になると、「鹹菜甕」または「唧彩鳳」と呼ばれるようになり、その後「咸菜硼」へと変わっていった。日本統治下の一九二〇年、台湾地方制度改正時に、「咸菜硼」はその発音が日本語で「カンサイホウ」と読まれるため、「関西」の字が当てられ、「関西庄」となった(1)。

現在の関西鎮は約三万人の人口があり、居住者の大多数は客家人であり、閩南人や原住民は少数である。統計によると、一九三三年の関西庄の戸数は、三、四二三戸となっている。人口は二万二、三〇八名で、その内訳は「内地人」六五名、「本島人」中「福建人」一九三名、「広東人」二万二、〇〇三名、「熟蕃人」五名、「生蕃人」四名、「支那人」三八名となっている。人口の大多数が「広東人」すなわち客家人で占められており、「福建人」すなわち閩南人は少数である。日本人は六五名と、ある程度居住していた。この人口は四年後の一九三七年には二万三、四二七名に増加している(2)。

関西の主な産業は農業であり、人口の約一五%が農業に従事している。気候は平均気温が摂氏二二・五度と、一年を通じて温暖で、多くの農産物を産出している。主な特産品に仙草、トマト、苺、ドラゴンフルーツ、トウモロコシ、茶葉、椎茸、甘蔗、柑橘などが挙げられる。また、石灰岩やガラスの原料となる硅石、陶土、粘土などの鉱産も豊富である(3)。これらの多くは、日本統治時期より続いている産業である。本書で扱う一九三七年当時の主な産業には、茶業と柑橘が挙げられる。茶葉は日本統治時期より以前にすでに台湾の一産物として輸出されていたが、関西においては一八六二年、老社寮において栽茶が始められ、その後数年間で関西全体に伝播した。茶業は、日本統治時期になってからは、一八九七年から一九一八年にかけて発展した。この間、茶葉の価格が高騰し、それに伴い耕地が拡張され茶業を生業とする者が増えた。揉捻機等の機械の発明も、製茶業の発展に大きく貢献し、一九一八年、桃園庁において製茶公司が組織され、関西を含む六カ所に工場が建設されるに至った。しかしその後、世界恐慌の影響で茶園の倒産が相次いだ(4)。茶業が再び復興したのは、紅茶を製造するようになってからである。内地向けの紅茶製造を始めることで再び茶業が盛んになり、一九三四年には一五カ所に工場が建設され、また新竹州紅茶同業組合が組織され、紅茶業の生産保護を行う統制機関となった。その後も工場が新設され、一九三六年までに庄内二三カ所に当時新式の設備を備えた大工場が設置され、茶業は関西庄を代表する産業に発展した。茶業の生産販売を統轄すべく、製茶品質の向上および販売統制、茶樹栽培茶園の管理指導および製茶摘茶の改善等を目的とした関西庄茶業協会が設置され、この協会により荒廃した茶園や不良品種の茶園の更新の奨励、茶園の三分の二以上を占める傾斜地を利用した階段茶園設置の奨励、また、摘茶競技会、製茶講習会、製茶競技会、優良茶品評会などが開催された(5)。

茶業に次ぐ関西を代表する特産物は柑橘類であった。柑橘類は明治年間に創始され、大正初頭より増殖され、一九三四年新竹州柑橘同業組合が創設されてからはさらに発展した。一九三七年当時、関西庄においては柑橘増殖奨励、階段柑橘園奨励、柑橘園緑肥奨励、品種改良、病虫害駆除、柑橘剪定指導、柑橘貯蔵倉庫設置奨励、多角形柑橘園建設奨励、模範柑橘園設置奨励などの活動が行われ、柑橘の生産を支援していた(6)。その他にも、林業、畜産や石炭、石灰、煉瓦、瓦などの鉱業も行われていた。また、関西庄には、関西興業株式会社という会社が設立されていた。一九二四年に設立され、造林、土地開墾、売買、製糖などを行っていたこの会社は、新竹州下の主要会社として名を連ねていた[7]。これらの産業は、ある程度の日本人の居住者を生み出し、また、後に述べるように生徒が工場への就職を目指して国語講習を受ける動機ともなった。

2　国語普及の状況

関西庄における教育は、早くは清末に私設の民学が設立されたが[8]、公教育が導入されたのは日本統治時期になってからであった。一九三七年当時、設立されていた学校は、関西公学校（一八九九年設立）、石光公学校（一九一三年設立）、東光公学校（一九二〇年設立）、坪林公学校（一九二〇年設立）、関西農業補習学校（一九二四年設立）、関西公学校馬武督分教場（一九三五年設立）の六校である[9]。これらはいずれも現在国民小学や高等農業学校として存続している。

この中で最も古く設立されたのは関西公学校である。関西公学校は、一八九九年咸菜硼公学校として設立され、一九二一年に校名が関西公学校に変更された。一九一三年に設置された石崗仔分校は一九一七年に独立し石崗仔公学校となり、一九二一年に石光公学校と改名された。一九二〇年、石崗仔公学校に坪林分教場が設立され、一九四二年に坪林国民学校と改名され独立した。また、一九三五年には関西公学校に馬武督分教場が設立され、一九四一年に独立して錦山国民学校となっている[10]。

これら学校の規模は、一九三七年当時、一番大きかったのが関西公学校で、二二学級、訓導、准訓導、教員心得を合わせた教員数が二三名、児童数男九二五名、女五二五名の計一、四五〇名となっていた。二番目に大きかったのは石光公学校で一〇学級、教員一一名、児童数男四〇一名、女二一二名の計六一三名、次いで坪林分教場が四学級、教員四名、児童数男一八三名、女八〇人の計二六三名、最後に馬武督分教場が三学級、教員三名、児童数男一四二名、女七二名の計二一四名となっており、関西公学校が群を抜いて規模が大きかったことが分かる。[11]また、一九二四年に二年制の関西農業補習学校が関西公学校の中に設置された。[12]このように見てみると、関西庄においては、すべての学校が関西公学校のもとに発展してきたことが分かる。社会教育も例外ではなく、第二節で取り上げる「関西庄国語講習所」もまた、関西公学校が管理運営していたのである。

このように関西庄では、一八九九年から関西公学校を中心に学校教育による国語教育が行われる一方で、社会教育による学校へ通わない民衆に対する国語普及も進展を見せはじめる。新竹州『社会教育要覧』によると、関西庄における国語普及は、一九三一年、台湾総督府が府令を発布し全島に「国語講習所」が設置される以前から行われていた。この統計によれば、一九二九年関西公会堂において開催された「国語練習会」は、会員数が男二〇名、女二六名、教授日数が三〇日、一日の教授時間数が二時間となっており、出席率は男九三・七五%、女九八・〇八%、修了者数は男二〇名、女二六名となっている。講師は台湾人庄長ほか七名が当たっていた。[13]授業時間は一日二時間で、三〇日程度の短期間の「国語練習会」が催され、生徒たちの出席率は高く、五〇名近くの男女が国語の講習を修了したわけである。この「国語練習会」は、翌一九三〇年には、関西に加え、石岡子、坪林、薪城、湖肚、馬武督にも各々設置され、関西庄には合わせて六カ所に「国語練習会」が設立された。この年の会員数は関西、石岡子が男女各三〇名、その他の四カ所が各二〇名であり、教授日数はすべての練習会が三〇日、一日三時間の講習で、開催時間は男が午後七時から一〇時、女が午後一時から四時、期間は一〇月から一一月末および三月から四月末までの各二カ月間、隔日催され、庄長ほか八人が講師を担当した。これら練習会は振興会関西支会が維持していた。[14]

関西庄によるこうした「国語練習会」の取組みは、「国語講習所」へと引き継がれていった。関西庄に限らず、新竹州では「国語練習会」の活動が活発で、「国語講習所」が設置された後も、漸次「国語講習所」に改められるまで「国語練習会」が継続して開催されていた。[15] 以下の節では、関西庄の「国語講習所」の事例を、第二節では「関西庄国語講習所」の日誌と教案から、第三節では、同じく「関西庄国語講習所」の元講師および関西庄の一地域である太旱坑に設置された「国語講習所」元講師・生徒の聞取りから取り上げ、「国語講習所」教育の内容を検討する。

二　関西庄「国語講習所」教育の実際――「教案」「日誌」から

一九三〇年代、「国語講習所」の活動は台湾の各市街庄で展開された。総督府や各州による教科書編纂や講師に対する講習会などはあったが、その活動は各地域、各講習所により多様であった。本節では、「国語講習所」の教育の一事例を、「関西庄国語講習所」において記された教案と日誌をもとに検討する。

1　「教案」「日誌」の概要

教案や日誌を常備することは、公学校においては早くに定められた。総督府は「学校諸帳簿ニ関スル件」(一八九九)を発布して学校が備えるべき帳簿として生徒学籍簿、職員名簿・履歴書、学校沿革誌等一五の帳簿を挙げているが、その中に「教授細目及び教案」「学校日誌」が含まれている。[16]「国語講習所」においては、新竹州では、一九三三年四月二日に「国語講習所要項(新竹州訓令第八号)」を発布し、講習所に備える帳簿として「沿革誌、日誌、在籍簿、入所願綴、出席簿、修了者台帳、往復文書綴、経費に関する書類、その他」の合計九種類を挙げている[17]。本節で検討する「教案」「日誌」もこうした慣例に則って書かれたものである。

教案、日誌ともに一九三七年五月一〇日から、教案は六月八日までの一カ月間、日誌は一〇月一五日までの五カ月あまりにわたって記されたものである。これらは双方が対になる資料であり、署名から台湾人講師により書かれたことが分かる[18]。生徒数は、五月一〇日に二八名の在籍者で講習を開始しているが、人数は徐々に増え、一カ月後の六月一〇日には男一六名、女二二名の計三八名、七月一〇日には男一〇名、女三〇名の計四〇名、夏休み明けの九月一日には男一〇名、女四〇名の計五〇名、その後九月二七日に男子生徒一名を加え、計五一名の生徒が学んでいた。生徒の年齢は、就学年齢以上であった。日誌の六月一二日の記述には、八歳以下の生徒一一名に講習に来る必要がないことを伝え、翌日より参加させていない。また、九月二七日には一二歳の生徒が入所しており、講習生たちの年齢が公学校就学年齢以上であったことが分かる[19]。教案、日誌の双方に、当時関西公学校学校長の印鑑が押してあることから、関西公学校長が「関西庄国語講習所」を監督する立場にあったことが分かる[20]。詳細に記された一日の授業計画と報告とからは、この講習所における教育と活動内容が見て取れる。また、日中戦争勃発前後に記されたこの教案、日誌からは、皇民化政策始動当時の「国語講習所」の様子をも知ることができる。以下、教案と日誌を中心に「国語講習所」の活動を検討する。

まず、教案と日誌の様式を紹介しよう。教案は、「関西庄国語講習所」と印刷された縦書きの紙に記されている。月曜日から土曜日までの授業のそれぞれの科目に関して教案が記されているが、紙の上方に「題目」「教材」「準備」「目的」「教法」などの項目が記され、それぞれその下に詳しい内容が書かれている。教案が書かれた期間は、一九三七年五月一〇日（月）から六月八日（火）までの一カ月あまりである。一方、日誌は同年五月一〇日（月）から一〇月一五日（金）までの五カ月あまりにわたって記されている[21]。こちらも「関西庄国語講習所」

と印刷された縦書きの書式に、年月日、曜日、天気の記入欄があり、続いて会合の欄、そして一番大きなスペースを占める教授、訓練、管理、養護、状況の記入欄があり、次に出席状況の欄には在籍者、出席者、欠席者、備考をそれぞれ男女別に記入するようになっており、最後にその他の欄が設けられている。講師はこの日誌のそれぞれの欄にその日の会合や授業内容、指導の状況、出席状況、入所者や見学者などに関するメモを書き入れており、日誌を見れば講習所の一日が詳しく分かるのである。教授の欄には、第一時間目から第四時間目までの科目が記載されているが、六月九日以降は科目の教授内容に関しても記載がある。六月八日までは教案に詳しく予定される授業内容が記されており、六月九日以降は教案がなく、その代わりに日誌に授業内容の概要が記されている。

2 教科内容

教案と日誌に記述された教科に関する内容を検討する。「国語講習所」における教科目や教科内容に関しては、新竹州により要項が定められていた。一九三三年の講習所要項では、講習科目と一年の講習時間は「修身及公民」五〇時間、「国語」二〇〇時間、「唱歌体操」五〇時間とされ、講習期間は二カ年以上とされているが、講習科目は土地の状況により「実科其ノ他ノ必要ナル科目ヲ加へ又ハ国語以外ノ科目ヲ減スルコトヲ得」とし、科目の増減が認められていた。その後、一九三九年四月七日、「新竹州国語講習所規則」(新竹州令第八号)によりさらに詳細な規定が定められた。この改訂された「国語講習所規則」では、第一条において、「国語講習所」の目的を「国語ヲ解セザル者ニシテ成規ノ学校教育ヲ受クルコト能ハザル者ニ対シ国語ヲ授ケ公民的教養ヲ施シ国民タルノ資質ヲ向上セシムル」こととした。公学校に通わない者に対し国語教育を行い公民的教養を涵養して日本国民としての資質を向上させることが目的とされているのである。修業年限も二年以上四年以内と延長された。

教科目に関してもより詳細な規定がなされているが、以下検討する事例にも関連する「「国語講習所」各学年教授程度と毎週教授時数」〈表7–1〉を見ると、別記の第一号表として記された規定には、各科目の一年次から四年次までの教授時数および教授程度が示されている。[22]

一九三三年の要項に比べると、修身・公民、国語、唱歌・体操に加え、新たに算術が教授科目となっている。教授時数は、一年生から三年生は修身・公民一時間、国語八時間、算術一時間、唱歌・体操二時間の合計一二時間、四年生は国語を一時間減じ、その代わりに実業・家事・裁縫を一時間加えた一二時間となっている。同時期の修業年限六年の公学校の教授内容と教授時数を見てみよう。

〈表7–2〉は、一九二二年に公布された「公学校教授程度と毎週教授時数」である。科目別の毎週の教授時数を見ると、第一学年は修身二時間、国語一二時間、算術五時間、図画・唱歌・体操三時間の合計二二時間である。第二学年は国語がさらに二時間多く設けられた合計二四時間、第三学年はさらに算術、体操が各一時間多く設けられた合計二六時間、第四学年は理科一時間、女子に裁縫及家事二時間を加え男子合計二七時間、女子合計二九時間、第五、六学年は、日本歴史二時間、地理二時間、理科一時間、男子に実科四時間、女子に裁縫及家事三時間をさらに加えた男子合計三〇時間、女子合計三一時間となっている。さらに、第一学年から第六学年までを通じて漢文二時間が加えることが可能とされた。

〈表7–1〉と〈表7–2〉の第一学年から第四学年までを比較すると、公学校の方が科目数が要項に規定されている「国語講習所」より若干多かったことが分かる。図画の時間があること、第四学年より理科が加わることと、全学年において漢文を課すことができる点が科目上の違いである。また一週間の教授時数は、公学校では第一学年で二二時間（漢文を加えると二四時間）であるが、要項規定の「国語講習所」は一二時間であり、公学校においてはほぼ二倍近い授業数となっている。

続いて、教授程度を比較してみると、講習所の教授程度は公学校より幾分容易な点も見られる。例えば、国語の内容は講習所では一年生では「発音、平易ナル話シ方」、二年生になるとそこに「読ミ方」が加わり、三年生になって初めて「発音、話シ方、読ミ方、綴リ方、書キ方」と読み書きまでがそろうのであるが、公学校においては第一学年より「話シ方、読ミ方、綴リ方、書キ方」が教えられることになっている。また、算術は講習所では一年生から四年生までで扱う数が一〇〇以下であり、二年生以降簡易な計算が加わっている。それに対して、公学校では第二学年で一、〇〇〇までの整数、第三学年で一万までの整数が教えられることとなっており、第四学年になって「整数、小数、諸等数、(珠算加減)」と、講習所規則より幾分高度な内容になっている。すなわち、一九三九年の「新竹州国語講習所規則」によると、「国語講習所」では、公学校低学年程度の科目を、およそその半分の時間で教授するよう規定されているのである。

ここで、「関西庄国語講習所」の教授時数と教授内容を見てみよう。〈表7–3〉は当該講習所の科目と週あたりの教授時間を表したもの、〈表7–4〉は教授科目と教授大要をまとめたものである。毎朝七時に始業し、授業は月曜日から土曜日まで、水曜日と土曜日は三時間、それ以外の曜日は四時間の時間割で行われた。すなわち一週間の教授時数は二二時間であり、これは新竹州規定の「国語講習所」の教授時数の一二時間よりはるかに多く、公学校第一学年の教授数と同時間である。科目に関して教案と日誌とで記述が異なる場合は、授業後に書かれたと思われる日誌の記述を優先し、それぞれ内容の概略を示した。

これらを見ると、科目は国語(話方、読方)、算術、修身、唱歌、体操、室外、国旗など多岐にわたる。室外は教室の外で実物を利用して名称表現を学習しており、体操や国語を兼ねた科目と思われる。最初の一カ月のみ行

〈表 7-1〉「国語講習所」各学年教授程度と毎週教授時間数

学年／教科目	毎週教授時数	1年生	毎週教授時数	2年生	毎週教授時数	3年生	毎週教授時数	4年生
修身公民	1	国民道徳の要旨	1	同左	1	同左	1	国民道徳の要旨公民としての心得
国語	8	発音、平易なる話し方	8	発音、平易なる話し方、読み方	8	発音、平易なる話し方、読み方綴り方、書き方	7	同左
算数	1	100以下の数の数え方	1	100以下の数の数え方簡易なる計算	1	100以下の数の数え方書き方、簡易なる計算	1	同左
唱歌体操	2	単音唱歌、体操、遊戯	2	同左	2	単音唱歌、体操、遊戯競技	2	同左
実業家事裁縫	—		—		—		1	実業の大要、簡易なる裁縫及家事
計	12		12		12		12	

出典：『新竹州報』第1357号（1939年4月7日）。

〈表 7–2〉 修業年限 6 年の公学校各学年教授程度と毎週教授時間数（1922 年）

教科目＼学年	第 1 学年 時数	第 1 学年 程度	第 2 学年 時数	第 2 学年 程度	第 3 学年 時数	第 3 学年 程度	第 4 学年 時数	第 4 学年 程度	第 5 学年 時数	第 5 学年 程度	第 6 学年 時数	第 6 学年 程度
修身	2	道徳の要旨	2	同左	2	同左	2	同左	2	同左	2	同左
国語	12	近易なる話し方、読み方、綴り方書き方	14	同左	14	同左	14	普通の話し方、読み方、綴り方書き方	10	同左	10	同左
算術	5	百以下の整数	5	千以下の整数	6	萬以下の整数	6	整数、少数、諸等数（珠算加減）	4	同左	4	分数、比例、歩合算（珠算加減乗除）
日本歴史									2	日本歴史の大要	2	前学年の続き
地理									2	日本地理の大要	2	前学年の続き支那、南洋其の他の外国地理の大要
理科							1	植物、動物、鉱物及自然の印象、通常の物理化学の現象	2	同左	2	植物、動物、鉱物及自然の印象、通常の物理化学の現象、人身生理衛生の初歩

図画		簡易なる描写		同左	1	同左	1	同左	1	同左	1	同左
唱歌	3	単音唱歌	3	同左	1	同左	1	同左	1	単音唱歌簡易なる複音唱歌	1	同左
体操		体操、教練、遊戯		同左	2	同左	2	同左	2	同左	2	同左
実科									男4	農業、農業の大要及実習、商業、商業の大要、手工簡易なる製作	男4	同左
裁縫及家事							女2	簡易なる裁縫及手芸	女5	簡易なる裁縫及手芸、家事の大要及実習	女5	普通の裁縫及手芸、家事の大要及実習
漢文	(2)	平易なる短句、短文の読み方、綴り方	(2)	同左	(2)	平易なる文章、短文の読み方、綴り方	(2)	同左	(2)	同左	(2)	同左
計	22(24)		24(26)		26(28)		男27(29)女29(31)		男30(32)女31(33)		男30(32)女31(33)	

注：1. 本表教授時数の外図画は学校長に於て第1学年、第2学年各毎週1時を課することを得

2. 本表教授時数の外実科、裁縫及家事の為に学校長に於て毎週3時間内実習を課することを得

出典：『台湾教育沿革誌』379–381頁。

〈表 7-3〉 「関西庄国語講習所」週あたりの教授科目と時間数

月日＼教科目	修身	国語(話方・読方)	算術	唱歌	体操	室外	計	備考
5/10(月)-5/15(土)	4	8	1	3	0	2	19	5/10 初日に付授業なし 国旗 1 時間
5/17(月)-5/22(土)	1	9	4	2	0	2	18	5/20 国講講師検定試験に付休業
5/24(月)-5/29(土)	1	10	1	4	1	4	22	国旗 1 時間
5/31(月)-6/5(土)	1	10	6	3	0	2	22	
6/7(月)-6/12(土)	0	11	5	1.5	0.5	1	19	6/8 自習・保正宅訪問 3 時間
6/14(月)-6/19(土)	1	8	5	2	0	0	16	6/16 訓話 1 時間 6/17 始政記念日に付授業なし
6/21(月)-6/26(土)	1	13	4	0	0	0	18	6/25 国講研究会のため休業
6/28(月)-7/3(土)	1	14	5	1	0.5	0	22	6/28 聴方 0.5
7/5(月)-7/10(土)	1	13	4	0.5	1.5	0	20	7/10 学期最終日に付授業なし
7/11(日)-8/30(月)	—	—	—	—	—	—	—	夏期休業
9/1(水)-9/4(土)	0	9	3	0	0	0	12	4 日間 9/1 は 1 時間
9/6(月)-9/11(土)	1	13	4	1.5	0.5	0	20	9/10 出征軍人見送りに付 1 時間
9/13(月)-9/18(土)	1	13	3	1	1	0	19	9/18 満州事変記念行事参加に付授業なし
9/20(月)-9/25(土)	1	10	3	1	0	0	15	9/23 秋季皇霊祭に付休業 9/24 家長会議に付 1 時間
9/27(月)-10/2(土)	0	11	4	1	0	0	16	9/27・9/28 講師怪我のため 2 時間 9/29 国講研究会に付 1 時間
10/4(月)-10/9(土)	1	13	5	0.5	0.5	0	20	10/8 父兄懇談会に付 2 時間
10/11(月)-10/15(金)	1	10	2	0	0	0	13	5 日間 10/12 家長会議に付 1 時間 10/15 衛生デーに付 1 時間
1 週当たり平均時数	1	10.9	3.7	1.4	0.3	0.7	18.2	

出典：「関西庄国語講習所」教案・日誌（1937）より作成。

〈表 7-4〉「関西庄国語講習所」教授科目と教授大要

	第 1 時	第 2 時	第 3 時	第 4 時
5/10（月）				
5/11（火）	話方　オ早ウゴザイマス　今日ハ　今晩ハ　サヤウナラ	修身　国語ヲ使ヒマセウ	唱歌	室外　便所ヲ案内致シマス　テヲアラヒマス　ハンケチヲモチマス
5/12（水）	修身　国旗デス　国旗玉デス　シロヂデス　日ノ丸デス　オ祝ヒノ時ニ立テマス　オ祭リニ立テマス　キレイニタヽミマス　最敬礼ヲシマス	話方　頭、目、鼻、口、目《（ママ）》、耳、クビ、手、足、人、生徒、先生、何デゴザイマス	唱歌	室外
5/13（木）	国旗	国語	話方	算術
5/14（金）	国語　五十音	修身　目上ノ人ニ礼ヲシマセウ　オ友ダチニ礼ヲシマセウ　国旗ニ敬礼ヲ致シマセウ	唱歌　ウタヲウタイマセウ	話方
5/15（土）	修身　カラダヲキレイニシマセウ　ハンケチヲ必ズ持チマセウ	話方　紙、本、鉛筆、万年筆、帳面、オ金、一円冊、十銭　コレハ何デゴザイマスカ　ソレハ紙デゴザイマス	話方	
5/17（月）	話方　オヂイサン、オバアサン、オトウサン、オ	算術　一ツ、ニツ、三 ツ…123…	国語　五十音	室外

	カアサン、ニイサン、ネエサン、オトウト、イモウト			
5/18（火）	修身　礼儀作法　オ早ウゴザイマス　今日ハ　コン晩ハ　サヤウナラ	算術　人ノ数ヘ方　ヒトリ　フタリ　サンニン　ヨッダリ（ヨニン）　ゴニン　ロクニン　シチニン　ハチニン　クニン　ジュウニン	話方	唱歌
5/19（水）	話方　煙草ヲスツテヰマス　タバコデス　マッチデス　キセルデス　マッチヂクデス	室外　キデス　マツノキデス　サウシジユウノキデス	国語（会話）カラダ　アタマ、目、クチ、ミミ、クビ、テ、アシ	
5/20（木）	国語講習所講師検定試験のため休業			
5/21（金）	国語　アイウエオ（絵読本）アタマ、イス、ウミ、エダ、オシロイ	算術　石、木ノハ、マル等ノ数ヘ方ヲ熟練サセル　ヒトツ　フタツ　ミツツ　ヨツツ　イツツ　ムツツ　ナナツ　ココノツ　トウ	唱歌　日ノ丸ノ旗　一、シロヂニ　アカク　ヒノマル　ソメテ、アア　ウツクシヤ、　ニホン　ノ　ハタ　ハ。二、アサヒ　ノノボル　イキホヒ　ミセテ。アア　イサマシヤ、　ニホン　ノ　ハタ　ハ。	話方（室外）木　キデス　ツチ デス（土）木ノ枝デス　キノハデス　センダンデス
5/22（土）	話方　アカサタナ　アシ　カサ	国語　五十音　アイウエオ　ガ	算術　石ヲ数ヘル　ヒトツ　フ	

	ナタ　サカナ	ギグゲゴ　アカサタナ　ハマヤラワ	タツ　ミツツ　ヨツツ　イツツ　ムツツ　ナナツ　ヤツツ　ココノツ　トウ	
5/24（月）	国語　絵読本　カヘル（蛙）、キシャ（汽車）、クシ、ケイト（毛糸）コメ（米）	話方　コヒノボリ　ナイチジン　アリマス　ホントウジン　アリマセン　コヒノボリ　タテテヰマス　タゴヒ　ヒゴヒ　ヤグルマ　フキナガシ	室外　ヤマ　ヤマデス　オ家モアリマス　高イヤマデス　木モタクサン　生エテアリマス（ママ）低イヤマデ　茶畠モアリマス　遠イデス　竹ヤブモアリマス	唱歌　ハト　一、ポツ　ポツ　ポハト　ポツ　ポマメ　ガ　ホシイカ　ソラ　ヤルゾ。ミンナデ　ナカ　ヨクタベニ　コイ　二、ポツ　ポツポ　ハト　ポツポ　マメ　ハウマイ　カ　タベタナラ　イチド　ニ　ソロツテ　トンデ　イケ
5/25（火）	修身　時間ヲ守リマセウ　アサ早クオキマセウ　早ク勉強ニ行キマセウ　ヨイセイトニナリマセウ　早クカヘリマセウ	話方　会話　甲「コレハ、ドンナ花デゴザイマスカ」乙「コレハ、白イ花デゴザイマス」甲「ソレハ、ドンナ花デゴザイマスカ」乙「ソレハ、赤イ花デゴザイマス」	室外　イネ　ココハ田デス　アソコモ田デス　広々《ヒロビロ》トシテイマス　コレハイネデス　アレハザイライシユデス　アレハハウライシユデス　ギツシリシゲツテイマス　カゼガフイテイマス	唱歌　日ノ丸ノ旗、ハト
5/26（水）	話方　ハマヤラワ　イキシチニ	室外　家　タカイヤネデス　ヒ	唱歌　日ノ丸ノ旗、ハト　歌	

	1. ハ ナ、ヤ マ、ワ ラ、2. イ シ、キ、シカ、カニ、カ ニ（ママ）、ハチ	クイカキネデス ハシラデス カハラデス マドデス ニハデス		
5/27（木）	国旗掲揚 宮中遥拝（ママ）整列シマス 国旗ヲ上ゲマス 遥拝致シマス	話方海軍記念日 ヘイタイサン 日本 ロシヤト センサウシマシタ 日本カチマシタ ロシヤハマケマシタ ウミデ センソウ（ママ）シマシタ 日本ノヘイタイハツヨイデス バンザイ 大ヘンヨロコビマシタ	室外 水遊ビ ササブネ、カミヲワケマス、ササブネヲツクリマス カワヘイキマス ウカベマセウ ウキマシタ シズミマシタ スイ〳〵ハシリマス	話方 食事ノ作法 ヒルメシデス ゴハンデス イタダキマセウ オイシイデス ゴチサウサマデス
5/28（金）	国語 五十音 アイウエオ アカサタナ ハマヤラワ ガギグゲゴ	体操 早ク集《アツマ》リマス 口ヲトヂマス ヨク見マス ヨクキキマス	唱歌 カタツムリ 一、デンデン ムシ ムシ カタツムリ オマヘノ アタマハ ドコ ニ アル ツノダセ ヤリダセ アタマダセ	話方 室内 バケツ、ハウキ、ゴミトリ、ザウキン オサウヂ、ハキマス、フキマス、ステマス
5/29（土）	話方 買物ゴッコ 甲ゴメンクダサイ 乙ハイイラッシヤイ 甲チヤウメンヲクダサイ 乙ナンサツ デスカ	国語 ヒミイリヰ テノヒラ、ハサミ、イタ、マリ、ヰド	算術 1 2 3 4 5 6 7 8 9 10の数へ方 イチ ニ サン シ ゴ ロク シチ ハチ クジュウ	

	甲イツ　サツデス　乙ハイ　甲何センデスカ乙三センデス甲コレヲアゲマス　乙アリガタウゴザイマス甲イヽエ			
5/31（月）	修身　容儀検閲爪ヲ短ク切リマセウ　物ヲ大切ニシマセウ　仲ヨクシマセウヨイセイトニナリマセウ	国語　遊ビソトヘ出マセウ手ヲツナギマセウ　足ヲソロヘマセウ　口ヲトジマセウ　ウタヲウタヒマセウオモシロイデス	算術　石ノ数ヘ方　ヒトツ　フタツ…トウイツボン（ママ）ニホンサンボン　ヨンボン（ママ）ゴホン　ロクボン（ママ）シチホン　ハチホン　クホン　ジツボン（ママ）	話方　買物ゴッコ　前ノ復習
6/1（火）	話方　花　アカイ花デス　白イ花デス　ハナビラデス　ツボミデス　クキデスハデス	算術　石ノ数ヘ方　ヒトツ　フタツ　ミツツヨツツ　イツツムツツ　ナナツヤツツ　ココノツ　トウ	唱歌　カタツムリ　二、デンデン　ムシ　ムシカタツムリ　オマヘノ　メダマハ　ドコ　ニアル　ツノダセヤリダセ　メダマダセ	話方会話（名前問答）甲アナタハドナタデスカ乙ハイ　私ハ〇〇〇ト申シマス乙アナタハ　ナントト　申シマスカ　甲ハイ　私ハ〇〇〇ト申スモノデス
6/2（水）	話方　喜ビマセウ　オモシロイデス　メヅラシイデス　コツケイデス　オカシ	国語　着物《キモノ》　ウハギ、アタラシイ、フルイ、ヌギナサイ、ツケナサイ	算術　石ノ数ヘ方　ヒトツ　フタツ　ミツツヨツツ　イツツムツツ　ナナツ	

	イデス		ヤツ（ママ）ココノツ　トウ	
6/3（木）	話方　手ノユビ手ノヒラデス　オヤユビデス　ヒトサシユビデス　ナカユビデス　クスリユビデス　コユビデス	算術　石ノ数へ方　ヒトツ　フタツ　ミツツ　ヨツツ　イツツ　ムツツ　ナナツ　ヤツツ　ココノツ　トウ	室外　茶畠　チヤツミヲシテヰマス　ツミマセウ　チヤカゴデス　人ガタクサンヰマス　タノシイデス　ウタ　ヲ　ウタツテヰマス	唱歌　日ノ丸ノ旗、ハト　日ノ丸ノ旗ノ歌　ハトノ歌
6/4（金）	話方　犬　オヤイヌ　デス　コイヌ　ハ　オチチ　ヲ　ノンデイマス　子イヌデス　カハイラシイデス　シロイ　イヌ　デス　クロイ　イヌ　デス	算術　石ノ数へ方　イチ　ニ　サン　シ　ゴ　ロク　シチ　ハチ　ク　ジュウ	国語　紙　白イカミデス　赤イカミデス　クロイカミデス　キイロイカミデス　アヲイカミデス	室外　空　テン《ママ》デス　ソラデス　クモデス　アメデス　クモガクモツテヰマス（ママ）　アメガフリサウデス
6/5（土）	話方　オ金デス　一銭銅貨　五銭白銀貨　十銭銀貨	算術　石ノ数へ方　1　2　3　4　5　6　7　8　9　10	唱歌　日ノ丸　ハト　日ノ丸ノ歌　ハトノウタ	
6/7（月）	国語　五十音　アイウエオ　アカサタナ　ハマヤラワ　ガギグゲゴ	室外　ヨイテンキデス　ケフハアツイ　デス　ハンケチデス　アセヲフキマス　アヲイテイマス（ママ）　スゞシイデス　シヤガミマス　木ノシタニ　ヤスミマ	算術　木ノハノ数へ方　イチマイ　ニマイ　サンマイ　シマイ（ヨマイ）　ゴマイ　ロクマイ　シチマイ　ハチマイ　キウマイ（クマイ）　ジヲマイ（ママ）	唱歌　歌ノ復習　日ノ丸ノ旗、カタツムリ、ハト

		ス　タノシイデス		
6/8（火）	読方　絵読本　ハシ　ヒゲ　フエ　ヘビ　ホン	自習（11：00まで）、范先生と一緒に保正宅訪問		
6/9（水）	読方　ハナ　ハチ　ハ　クキ　話方ヲ加味シテ取扱フ	算術　一人二人…。一ツ二ツ…。一枚二枚…。等ノ指導	話方　コレハハナデス。タイソウキレイデス。コレハハナビラデス。四枚アリマス。ソラガクモツテヰマス。アメガフツテヰマス。	
6/10（木）	読方　赤イ花　白イ花　紫ノ花ノ語句ヲ成読	算術　一、二、三ノ指導	話方　買物ゴッコ　所生ガ帳面ヲ買フ問答	話方（第三時に同じ）
6/11（金）	読方　タコ　イト　コドモ　マリ　ミノ　ムチメ　モツクワ	算術　数字指導（数字カード）	話方　コレハアナタノデスカハイサウデスイイエチガヒマス	体操　遊戯指導ネコノネズミ追ヒ　唱歌　コヒノボリ
6/12（土）	話方　キフノオセツク（飲食ニ対スル注意ヲ加味ス）	算術　数字指導名数ノ数へ方復習	読方　オヤブタデス　コブタデス　前時教材復習	
6/14（月）	修身　キレイニセヨ　容儀検査ツメ、ハンカチ、チリガミ、首ノマハリ　説話一問答シアツテ	話方　チマキアマイ　チマキカライ　チマキササ　スキデスキライデス　砂糖　タケノカハ	算術　簡単ナ加減	読方　アタマアシ　テ　ミノアメ　カサ
6/15（火）	読方　クサ　キタケ　タケノコ	算術　五以下ノ数ニ「二」ヲ足	話方　アメ　アメガフッテヰマ	唱歌　コヒノボリ　メジロノコ

		スコト　一羽、二羽…一枚、二枚ノ数ヘ方	ス　コノ人ハカサヲカブツテミノヲキテヰマスワラヂヲハイテヰマス　コノ人ハカラカサヲサシテナガグツヲハイテヰマス	
6/16（水）	始政記念日ニツキ訓話　国旗所有状況調査、大麻奉斉状況調査並ビニ作法指導最敬礼ノ指導	算術　五以下の数ニ「三」ヲ足スコト　[2]-[1]-□　[6]-□-[4]	話方　ツクヱツクヱノマンナカニ　○　ガアリマス　ツクヱノハシニ　○ガアリマス　ツクヱノヨコニ○　ガアリマス	
6/17（木）	始政記念日　国旗掲揚　宮城遥拝　皇太神宮遥拝　訓話　家庭ニ於ケル国旗掲揚ノ状況調査			
6/18（金）	話方　ヤマ　ココハヤマデスクサガタクサンハエテイマスコレハキデスコレハタケデス三本ハエテイマス　コレハタケノコデス　二本デテイマス	読方　クサ　キタケ　タケノコ	算術　五以下ノ数ニ四ヲ足スコト　1+4=5　2+4=6　3+4=7　4+4=8　5+4=9　枚 羽、冊、本ノ唱ヘ方、数ヘ方	
6/19（土）	算術　五以下ノ数ニ四ヲ足スコト　数字ノ書方指導（プリント配付）	読方　アメ　ミノ　カサ　カラカサ	唱歌　コヒノボリ　メジロノコ	
6/21（月）	修身　テンノウヘイカ　一番オ	話方　事物（近称、中　称、遠	読方　スミトスズリ　カミトフ	話方　前時教材ノ復習（ヤマ、

	エライオ方デス　テンチャウセツデス　オカハイガリ下サイマス　ハウヲンシマセウ	称）ノ問ヒ及ビ答ヘ方ヲ発表セシム　コレハバケツデス　ソレハハウキデス　アレハゴミトリデス。	デ	アメ）
6/22（火）	読方　国語読本　シロイ　イヌ　クロイ　ネコ	話方　住所問答　アナタノウチハドコデスカ　ワタシノウチハ○○○○デス	算術　五以下ノ数ニ五ヲ足スコト　5＋1＝6　5+2=7　5+3=8　5＋4＝9　5＋5＝10	話方　近称、中称、遠称ノ問答　ソコ　アソコ　ココニ何ガアリマス　ソコ　ココ　アソコ　ニ○ガアリマス。
6/23（水）	読方　トリノス　キノエダ　書方　トリノス　キノエダ	算術　六以上ノ数ニ二ヲ足スコト　6+2＝8　7＋2＝9　8＋2＝10　1、2…10（枚、銭、個、本、冊）ノ唱ヘ方数ヘ方及ビ書方ヲ指導スル	話方　キ　コレハキデス　コレハキノハデス　コレハキノエダデス　トリノスガカカツテイマス　コトリガ二羽ヰマス　頭ヲアゲテヰマス	
6/24（木）	読方　シカノツノ　ウサギノミミ　書方五十音字帳面（指導）	算術　六以上ノ数に三、四ヲ足スコト　6+3＝9　7＋3＝10　6+4=10　書方　[5]-[4]-□　[6]-[5]-□　[8]-[7]-□　[8]-□-[6]-□　[5]-□-[3]-□-□	話方　○○○サンハ　アルイテヰマス。ハシツテヰマス。立ツテヰマス。シヤガンデヰマス。コシカケテイマス。手ヲアゲテヰマス。本ヲヨンデヰマス。	話方　近称、中称、中　称（ママ）（会話）　コチラ、ソチラ、アチラ（何ガアリマスカ）
6/25（金）	教師ハ馬武督国語講習所研究会ニ出席ノ為メ不在　休業			
6/26（土）	話方　ヤサイバ	算術　前ニ同ジ	読方　ウス　サ	

	タケ　実物実景ヲ直観セシメテ		ラ　キリ　ウマ　フネ　カマ　フエ　ハサミ　クワ	
6/28（月）	修身　容儀検閲　国語ヲ勉強セヨ	話方　ヘチマ	話方　ハナ	聴方　ウサギトカメ 唱歌　ヒルネウサギ
6/29（火）	読方　既習教材ノ復習	算術　6、7ヲ足スコト	話方　コツプ　ヤクワン　マキニツイテ会話	唱歌　コヒノボリ 体操
6/30（水）	読方　ウス　ウマ　キリ　ハサミ　書方指導	算術　8、9ヲ足スコト	話方　ニハトリ	
7/1（木）	読方　コレハ　ホン　デス。コレハ　カバン　デス。（書方）	算術　前ニ同ジ	話方　会話（コガタナ）	話方　既習教材ノ復習（ニハトリ）
7/2（金）	話方　バンニツキ	算術　数字ニヨリ数ヲ表スコト	読方　スズメガヰマス。ツバメガヰマス。メジロモヰマス。	話方　前時教材ノ復習（バン）　既習教材ノ復習（小刀）
7/3（土）	読方　ブタガヰマス。オヤブタトコブタデス。書方（帳面記入）	算術　数字ノ数ヘ方及ビ唱ヘ方。書方及ビ計算（帳面記入） $\begin{array}{r}1\\+1\\\hline 2\end{array}$ $\begin{array}{r}1\\+2\\\hline 3\end{array}$ $\begin{array}{r}1\\+3\\\hline 4\end{array}$ $\begin{array}{r}1\\+4\\\hline 5\end{array}$	話方　教室ニツキ	
7/5（月）	修身　時間ヲ守レ	話方　机ニツキ	読方　オヤドリガ　ヨンデヰマス。ヒヨコガカケテキマス。	話方　前時教材ノ復習及ビ既習教材ノ復習
7/6（火）	話方　ヘイタイサンガ　キマシ	算術（1ヲヒクコト、2ヲヒク	話方　ウデ時計　扇子　ハンケチ	体操 唱歌　小鳥

	タ。ラッパヲフイテヰマス。	コト）10－1＝9　9－1＝8　8－1＝7　7－1＝6　6－1＝5　5－1＝4　4－1＝3　3－1＝2　2－1＝1	チリガミ	ナツヤスミ
7/7（水）	読方　コレハワタシブネデス。オトナモ　コドモモ　ノツテヰマス。	算術（2ツノ数ノ大小ヲ比較スルコト　3ヲヒクコト）	話方　稲刈リ	体操　走リ競争
7/8（木）	読方　カゼニクルクル　カザグルマ　ミズニグルグル　ミズグルマ	算術（引算　4ヲヒクコト）	話方　山ニツキ	話方　前時教材復習　既習教材復習（稲刈）
7/9（金）	話方　バケツニツキ	算術（引算　5ヲヒクコト）応用問題	読方　ニイサンハ　ヱヲ　カイテヰマス。ネエサンハ　ジヲ　カイテヰマス。イモウトハ　ソバデ　見テヰマス。	話方　前時教材復習　既習教材復習（山ニツキ）
7/10（土）	夏休みの注意　オヤスミノアヒダツギノコトヲマモルコト　1. バンハハヤクネテ、アサハヤクオキマセウ。 2. ネビエシナイヤウニキヲツケマセウ。 3. タベモノニキヲツケマセウ。 4. スズシイウチニオベンキヤウヲシマセウ。 5. ヨクコクゴヲツカヒマセウ。 6. メウヘノ人ニヨクレイヲシマセウ。 7. ウチノオテツダヒヲシマセウ。 8. ミズアソビヲシナイヤウニキヲツケマセウ。 9. ヨイアソビヲシマセウ。 10. カイグヒヲヤメマセウ。 11. ガクカウニクルヒヲワスレナイヤウニキヲツケマセウ。 学校へ出ル日指導 7/21、7/26から8/4まで10日間（特別招集）、8/10から8/14まで5日間（特別招集）、8/21、9/1　ワスレナイヤウニカナラズデマセウ。 モツテイクモノヲワスレナイヤウニキヲツケマセウ。 課題書発行　大掃			

<table>
<tr><td></td><td colspan="4">除　課題書指導　自習復習ニ注意</td></tr>
<tr><td>7/21（水）</td><td colspan="4">宮城遥拝　皇太神宮遥拝　ラジオ体操　容儀検閲　課題帳検査　御休みに付きお話し</td></tr>
<tr><td>7/26（月）</td><td colspan="4">宮城遥拝　皇太神宮遥拝　集合練習　ラジオ体操　容儀検閲　課題帳検査　話方（田植）　北支事変に就きお話し　夏休みに付きお話し</td></tr>
<tr><td>7/27（火）</td><td colspan="4">宮城遥拝　皇太神宮遥拝　朝会　課題帳指導　夏休みに付き注意</td></tr>
<tr><td>7/28（水）</td><td colspan="4">宮城遥拝　皇太神宮遥拝　朝会　話方（既習教材）</td></tr>
<tr><td>8/4（火）</td><td colspan="4">宮城遥拝　皇太神宮遥拝　朝会　課題帳指導</td></tr>
<tr><td>8/10（火）</td><td colspan="4">宮城遥拝　皇太神宮遥拝　集合練習　容儀検閲　礼儀作法</td></tr>
<tr><td>8/11（水）</td><td colspan="4">宮城遥拝　皇太神宮遥拝</td></tr>
<tr><td>8/12（木）</td><td colspan="4">宮城遥拝　皇太神宮遥拝　課題帳検査　算術（1カラ20マデ唱ヘサセル）</td></tr>
<tr><td>8/13（金）</td><td colspan="4">宮城遥拝　皇太神宮遥拝　朝会　課題帳指導　話方（会話前時教材小刀）</td></tr>
<tr><td>8/14（土）</td><td colspan="4">宮城遥拝　皇太神宮遥拝　朝会　読方（国語読本）　唱歌（君カ代）</td></tr>
<tr><td>8/16（月）</td><td colspan="4">宮城遥拝　皇太神宮遥拝　課題帳指導　算術（1カラ30マデ唱ヘサセ数ヘサセル）　唱歌（君カ代）</td></tr>
<tr><td>8/20（金）</td><td colspan="4">宮城遥拝　皇太神宮遥拝　夏休みに付きお話し　旧七月十五日のお祭りに付きお話し　唱歌（君カ代）</td></tr>
<tr><td>8/21（土）</td><td colspan="4">読方（国語読本）　課題帳指導　算術（1カラ50マデ唱ヘサセル）中元に付お話し（注意）</td></tr>
<tr><td>8/26（木）</td><td colspan="4">宮城遥拝　皇太神宮遥拝　課題帳指導　中元に付お話し</td></tr>
<tr><td>8/27（金）</td><td colspan="4">宮城遥拝　皇太神宮遥拝　唱歌（君カ代）</td></tr>
<tr><td>8/30（月）</td><td colspan="4">宮城遥拝　皇太神宮遥拝　朝会　ラジオ体操　夏休終リニ付キオ話シ　課題帳調査　唱歌君カ代</td></tr>
<tr><td>9/1（水）</td><td colspan="4">話方（談話）オ勉強ニ付き</td></tr>
<tr><td>9/2（木）</td><td>読方　国語読本</td><td>算術（1カラ30マデノ数ヘサセ（ママ）唱ヘサセル）</td><td>話方　オケイコニ付イテ</td><td>話方　インキニ付イテ</td></tr>
<tr><td>9/3（金）</td><td>話方　自動車</td><td>算術（引キ算以下ノ数に1ヲ</td><td>読方　四十ページ</td><td>話方　既習教材の復習　前時教</td></tr>
</table>

		引くこと）		材の復習
9/4（土）	話方　水クミ	算術　数字の書方指導	読方　国語読本四十一頁	
9/6（月）	修身　オ友達ニ親切ニセヨ	話方　マリツキ（会話）	読方　国語読本四十二頁	話方　前時教材の復習　既習教材の復習
9/7（火）	読方　国語読本四十三頁	算術（10ニ6ヲ引クコト）書方及ビ計算帳面ニ記入　足シ算 $\begin{array}{r}1\\+5\\\hline 6\end{array}$ $\begin{array}{r}1\\+6\\\hline 7\end{array}$ $\begin{array}{r}1\\+7\\\hline 8\end{array}$ $\begin{array}{r}1\\+8\\\hline 9\end{array}$ $\begin{array}{r}1\\+9\\\hline 10\end{array}$	話方 ザボン	体操　ラジオ体操 唱歌　君ガ代
9/8（水）	読方　国語読本四十四頁　読方復習	算術（10ニ7ヲ引クコト）30マデ唱ヘ方及ビ書方ヲ指導スル	話方　オ茶ヲワカス（会話）	唱歌　コヒ上リ　君ガ代
9/9（木）	読方国語読本（読方復習　書キ方指導）	算術（10ニ8ヲ引クコト　10ニ9ヲ引クコト）	話方　既習教材の復習（水クミ）	話方　ハチノ巣既習教材
9/10（金）	話方　木瓜	出征軍人見送り（新城派出所の巡査さんが出征軍人になつたので所生が関西分室迄送別をして2時間かゝりました。）		
9/11（土）	話方　鉛筆につき	算術　1カラ50マデノ唱ヘ方数ヘ方及ビ書方	読方　国語読本四十五頁	
9/13（月）	修身　物を大切にせよ	話方　散歩	読方　国語読本復習　字の書取り	話方　前時教材の復習　既習教材の復習
9/14（火）	読方　国語読本四十六頁	算術　2ツノ数ノ大小ヲ比較スルコト　10以下ノ数ニ1ヲ	話方　良い生徒	唱歌　出征を送る　君ガ代

		足スコト　応用問題		
9/15（水）	読方　国語読本四十六頁復習	算術　10以下ノ数ニ2ヲ足スコト　数字の書キ方	話方　犬に就いて	体操　ラジオ体操
9/16（木）	読方　国語読本四十七頁　字の書取り	話方　家に就いて	算術　10以下の数に3を足すこと	話方　前時教材の復習　既習教材の復習
9/17（金）	話方　講所の修僐	算術　20以下の数に2を引くこと	読方　読本復習	話方　前時教材の復習
9/18（土）	関西公学校へ満州事変記念行事に参加する事　1. 実行事項を指導する。 2. 礼儀作法・服装を指導する。 3. 注意　言葉使ひ　礼儀作法、行儀作法　4. 出発 7:40　5.　帰国所 11時　6. 無事帰所した。			
9/20（月）	修身	話方　掛図一頁　ダイコン、イモ、キウリ、ニンジン、レンコン、マコモ、カゴ又は書方指導	読方　国語読本四十八頁	話方　前時教材復習
9/21（火）	読方　国語読本四十八頁及び復習（時局と島民（1）読方指導）	算術（20以下の数に3を引くこと）	話方　支那事変	唱歌　出征を送る歌
9/22（水）	読方　時局と島民（1）	算術（20以下の数に4を引くこと）	話方　叔さんと阿仁	
9/23（木）	秋季皇霊祭休業　今日関西庄国語講習所の講師及び所生代表級長副級長が新竹神社参拝に行くので本所からも参加しました。			
9/24（金）	話方　既習教材の復習	家長会議の為早引した。		
9/25（土）	話方　時局と島民　板画を示す	算術　20以下の数に5を引くこと　書取	読方　読本四十九頁	

9/27（月）	話方　既習教材の復習（支那事変）	唱歌　コヒノボリ	講師は先日うでをけがしたのでがまんが出来ず仕方なく所生を早く帰へさせた。	
9/28（火）	話方　既習教材の復習（時局と島民）	算術　暗算（足し算引き算）	集合練習	教師の手が痛い都合三時間にして所生を帰した。
9/29（水）	読方　復習（五十音指導　書取り）	湖肚国語講習所国語研究会の都合一時間にて所生を帰へさせた。		
9/30（木）	読方　四十九頁（読本）	算術　20以下の数に6を引くこと　数字の書方指導	話方　既習教材の復習（木瓜）	話方　既習教材の復習（家）
10/1（金）	話方　既習教材の復習（良い生徒）	算術　20以下の数に7を引くこと	読方　読本四十九頁	話方　既習教材の復習
10/2（土）	読方　国語読本五十頁	算術　20以下の数に8を引くこと　数字の書取（10以上の数）	話方　既習教材の復習	
10/4（月）	修身　きれいにせよ	話方　ヌヒモノ	読方　国語読本五十頁	話方　前時教材の復習　既習教材の復習
10/5（火）	読方　国語読本五十頁及び復習	算術　20以下の数に10を引くこと　30までの数を唱へさせる	話方　ナワトビ（会話）	唱歌　出征を送る歌 体操　ラジオ体操
10/6（水）	読方　国語読本五十頁及び書取り	算術　20以下の数に3を足す　20以下の数の書方指導	話方　笠（談話）	
10/7（木）	読方　国語読本	算術　20以下	話方　田（談	話方　前時教材

	五十頁	の数に4、5を足すこと 20以下の数に11、12を引くこと	話）	の復習
10/8（金）	話方　センタク	算術　20以下の数に6、7、8を足す　20以下の数に13、14を足す	父兄懇談会　1.授業参観　1.講師挨拶（講師に付き）　1.国語講習所の目的　1.教法批評（参考的に）1.所生に就き講話　成績出席　家庭訪問　1.時局講話	
10/9（土）	読方　国語読本復習	算術　20以下の数に9、10、11を足す　20以下の数に12、13、14、15を引くこと	話方　私の家	
10/11(月)	修身　うそをいふな	話方　教室修繕	読方　国語読本五十一頁	話方　既習教材の復習　前時教材の復習
10/12(火)	読方　国語読本五十一頁及び復習	家長会議の為早引した。会議の迷惑にならぬ様早く帰へること。田邊鹿夫氏の出征につき。		
10/13(水)	話方　戊申詔書御賜下記念につき	算術　足し算引算復習	読方　読本五十二頁及び復習　五十音指導	
10/14(木)	読方　読本五十三頁	算術　20以下の数に12、13、14を足すこと　20以下の数に16、17、18を引くこと	話方　新しい本	話方　前時教材の復習
10/15(金)	話方　新しい教室	新教室が完成したので三時間ばかりかゝつて教室内外を整理した。（衛生デー）		

出典：「関西庄国語講習所」教案・日誌（1937）より作成。原文ママ。

われ、その後は全く行われず、代わって体操が行われている。国旗は最初の月に二回のみ行われた授業である。これらを見ると、「関西庄国語講習所」の教授科目、授業数はともに公学校の規定に近かったことが分かる。

次に、教授程度であるが、講習所の規則では国語は発音と平易な話し方と規定されているが、「関西庄国語講習所」では話し方の他に読み方も教えられている。公学校の規定では話し方、読み方、綴り方、書き方が教えられることとされており、むしろそちらに近いように見えるが、日誌には五カ月程度の記録しかないため、一年生の間にどの程度まで教えられたのかは不明である。算術も同様に講習所規定では一〇〇以下の数の数え方とされているが、当該講習所は五カ月の間に二〇までの足し算引き算が教えられている。これも公学校の規定に近いと感じられるが、一年後の進度は残念ながら知ることはできない。しかしながら、これらの大要を見る限り、一九三七年時点の「関西庄国語講習所」では、その二年後に規定される講習所規則より高度な、より公学校に近い内容が教えられていたことが窺えるのである。

次に、各教科の内容を見てみよう。まず、国語である。国語は、「読方」と「話方」とがある。「読方」は、台湾総督府編公学校用『国語読本』巻一（第四期一九三七年）を使用している。日誌には最終記述日の前日である一〇月一四日になって台湾教育会編纂の「国語講習所」用教科書『新国語教本』が配付されたことが記されている。それ以前は公学校用『国語読本』が使用されており、公学校一年生程度の授業が行われていたことが分かる。「国語」の時間に『国語読本』巻一が使用され始めたのは六月九日である。それまでの一カ月は、「国語」の時間は文字の導入や、「話方」に当てられていた。教案には教授予定の内容が詳しく記されている。例えば、五月二四日の第一時間目の「国語」の教案である。

五月二十四日　月曜日　晴天

第一時　国語

題目　絵読本

教材　カヘル（蛙）　キシャ（汽車）　クシ　ケイト（毛糸）　コメ（米）

目的　1．カキクケコ（文字ヲ使ツテ短文ヲツクル）

　　　2．生徒ニ物事ヲ国語デオ話シスル様ニ指導スル

準備　カヘル　クシ　ケイト　コメ

教法　○教師ハカキクケコヲ黒板ニ書キ出シテ何ペン（ママ）モ生徒ニ読マセソレカラ語句ヲ書キ出シテ言葉ヲ明ラカニ使ツテ指導スル。

○教師ハ又実物ヲオ話シテ生徒ニ本ノ絵ヲ指サシテ一人一人調査シ間違ヒヲ世話スル。

○黒板ニ語句ヲ書キ出シテ生徒ニ読マセ上手ナ者ハ拍手シテホメテ喜バセル。

○生徒ニ本ヲ持ツテ立ツテ読マセル。

○黒板ニ実物ノ絵ヲ書キ出シ生徒ヲ二人ヅツ出シテ会話サセル。

コレハ　何デスカ。　答コレハ　カヘルデス。

コレハ　何デスカ。　答コレハ　キシャデス。

コレハ　何デスカ。　答コレハ　クシデス。

ソレハ　何デスカ。　答ソレハ　ケイトデス。

ソレハ　何デスカ。　答ソレハ　コメデス。

右ノ話方ヲ熟練サセ間違ヒヲ指導スル。

この教案からはカ行の文字の勉強として、カキクケコを黒板に書いて生徒に読ませ、次いでカ行の語句、「蛙、汽車、櫛、毛糸、米」を片仮名で書きその言葉を指導し、絵読本と実物を使用して生徒一人ずつの理解を確認している。また、生徒に語句を読ませ上手な者を褒めたり生徒に本を持って立って読ませたり、語句を利用した対話を生徒二人で行わせたりしている。文字、語句、発音、読み、対話からなる授業の組立ては、今日の日本語教育と大きくかけ離れたものとは考えられない。母語話者でない学習者に対する日本語教育が行われていたといえよう。

「国語」および「読方」の教授項目を挙げると、次のようになる。

五十音、カラダ(会話)、アイウエオ(絵読本)、カキクケコ(絵読本)、ヒミイリヰ、遊び、着物、紙、ハヒフヘホ(絵読本)、公学校用『国語読本』巻一。

授業の始めの頃は五十音や絵読本を使った語句の導入、身近な題材を取り上げて読みや発音、対話の練習を行うよう記されている。一カ月後には「読方」と「話方」に授業が分かれ、「読方」では『国語読本』巻一が使用され、単語から短文、様々な文型へと展開される教科書内容に沿って、一時間約一頁、内容が高度になってくると二、三時間で一頁の割合で進められている。

次に、「話方」の内容を見てみよう。同じく五月二四日の第二時間目の「話方」である。

第二時　話方
題目　コヒノボリ
教材　ナイチジン　アリマス
　ホントウジン　アリマセン
　コヒノボリ　タテテヰマス
　マゴヒ　ヒゴヒ　ヤグルマ　フキナガシ
目的　○コヒハ非常ニ勇シイモノデアル、我々子供モ其ノ鯉魚《コヒ》ノ様ニ勇シク強ク（マ　マ）ニナリタヒモノデアル。
　○鯉魚《コヒ》ハ大ヘン勇シクテ強イモノデアルト言フコトヲ子供ニ感ジサセル。
教法　○教師ハ黒板ニ絵ヲ書キ出シテ此レハコヒノボリデアルト言フコトヲ示シイチイチ其ノ実物ヲ説明スル。
　○コヒノボリハ我々ノ家ニハ立テマセン内地人ノ家ニ立テル意味ヲ説明スル
　コヒノボリデス。　イサマシイデス。　マゴヒデス。　ヒゴヒデス。　ヲビレデス。　シヒビレデス。　ヤグルマデス。

　フキナガシデス。　ヲトコノヒデス。　ツヨイヲトコデス。　ゴガツニタテマス。　タンゴノセックデス。　ナイチジンニアリマス。　ワレワレハアリマセン。　ワレワレモタテマセウ。　見タコトハアリマセン。
　○教師ハ其ノ語句ヲハッキリオ話シテ生徒ニマネサセイサマシイモノデアルト言フ気持ヲアタヘル。
　○生徒ヲ一一其ノ言葉ヲ使ハシテ見ル、サウシテ不満足ナ言葉ヲ親切ニハッキリ指導スル。
　○黒板ニ鯉魚上《コヒノボ》リノ絵ヲ書キ出シテ生徒ニ竹ヲ持ツテサシナガラオ話シテ指導スル。
　○教師ハ又絵ヲサシテコレハ何デス。ト問ヒテ生徒ニ答テモラフ。

「話方」は、身近な題材を取り上げているが、五月の教材として鯉のぼりが取り上げられている。黒板に絵を示して「内地人」文化である鯉のぼりを説明し、語句の発音指導、問答をすると同時に、生徒たちにもその文化を取り入れるように指導されている。言葉の練習と同時に、日本文化への同化が意図されているといえよう。ただし、次の〈表7-5〉で示すように、「話方」には多くの題材があるが、日本文化に関する題材はこの「鯉のぼり」一時間のみである。

〈表7-5〉に教案と日誌に記された「話方」の題材および授業時間、全体のパーセントを示した。まず、体に関すること、木や花や山、田や畑、雨、犬など周囲の自然を「自然」として分類した。花、山、鶏といった題材は複数回にわたって取り上げられている。次に文房具やお金、煙草や腕時計、机、インキや鉛筆など身の周りや室内の小物、講習所に関する事柄などを「身の周りの事物」とした。鞠就き、縄跳びなどの遊び、鯉のぼりやチマキなどの節句を「遊び・節句」とした。兵隊さん、支那事変、時局と島民など戦時下の出来事を「戦時」、天皇制に関わることを「国体観念」と分類した。「その他」は日本語教授上の文法項目である。「不明」は、記載がないもの、あるいは「既習教材の復習」と書かれ、何を指すかが不明なものである。

〈表7-5〉から明らかなように、「話方」の題材は、「身の周りの事物」が一番多く、全体の四〇%程度を占めている。次いで「自然」が二八・六%と多く、この二項目で七割近くを占める。次が「遊び・節句」の七・六%である。「自然」、「身の周りの事物」、「遊び・節句」という生徒の身近な日常生活に関する事項の合計は七六・八%であり、全体の四分の三以上を占めている。これに対し、「戦時」、「国体観念」といった皇民化政策に関わる題材の合計は六・三%である。ここから、「話方」の題材が圧倒的に高い割合で身近な日常を扱っていることが分かる。

次に授業時間が多いのは「算術」である。一週間に四、五時間設置されており、多くが二時間目に集中しているが、その教授内容は数字の数え方、物の数え方、そして簡単な足し算、引き算である。教案によれば、授業の

〈表 7–5〉「関西庄国語講習所」の「話方」題材

項目	題材	時間	%
自然（身体，動物含む）	体　木（2）　アカサタナ（足，笠，ナタ，魚）　花（3）　ハマヤラワ（花，山，藁）　手の指　犬（2）　花・ハチ　雨　山（3）　野菜畑　ヘチマ　鶏（3）　バン（1.5）　稲刈り（1.5）　田植え　ザボン　蜂の巣　木瓜　掛け図1頁（野菜）（2）　田（2）	32	28.6
身の周りの事物	あいさつ　文房具・お金　家族　煙草　食事　掃除　名前問答　お金　所有を尋ねる問答　机（2.5）　これ・それ・あれ（掃除用具）　住所問答　コップ・やかん・まき　小刀（2.5）　教室　腕時計・扇子・ハンカチ・ちり紙　バケツ（1.5）　お勉強　おけいこ　インキ　自動車　水汲み（2）　お茶を沸かす　鉛筆　散歩（1.5）　良い　家（2.5）　講習所（2）　叔さんと阿仁　縫い物（1.5）　笠　洗濯　私の家　教室修繕（1.5）　新しい本（2）　新しい教室	45.5	40.6
遊び・節句	鯉のぼり　買物ごっこ（3）　節句　ちまき　まりつき（1.5）　縄跳び	8.5	7.6
戦時	海軍記念日　兵隊さん　支那事変（2）　時局と島民（2）	6	5.4
国体観念	戊申詔書御下賜記念	1	0.9
その他	喜びましょう（形容詞練習）　ここ・そこ・あそこ「〜ています」の動作　こちら・そちら・あちら	4	3.6
不明	記載なし（7）　既習教材の復習（8）	15	13.4
計		112	100.1

注：(　) 内は時間数、表記のないものは1時間。
出典：「関西庄国語講習所」教案・日誌（1937）より作成。

最初の頃は、一つ、二つ、一枚、二枚といった物の数え方を実物を使って教授している。続いて一、二、三という算用数字を数字カード等を使用して導入し、それから五以下の数に二を足すといった一桁の足し算、一桁の引き算が逐次復習を交えながら教えられていく。一桁の加減と並行して、一から唱えさせるかたちで五〇までの数字を導入し、四カ月が過ぎた頃には二〇以下の数に一桁、二桁の数字を足したり引いたりすることが教えられている。五カ月あまりの間に二桁の足し引き算が教えられたことになる。簡単な数式や縦書きの引き算足し算の方法も教えられている。これらは、教案を見る限り日本語を用いて教えられたことが分かる。

「修身」は一週間に一時間の割合で教えられており、日々の行いや皇室に関する事柄を教授している。講習所の授業が軌道に乗ってきたと思われる五月末からは、月曜日の一時間目に置かれており、一週間が「修身」から始まっていたことが分かる。

記載されたすべての題材は次のとおりである。（ ）内は教えられた日にちである。礼儀作法・行儀に関する内容は、礼儀作法・あいさつ（五・一八）、目上の人に礼をしましょう（五・一四）といった礼儀や行儀を教える内容であり、一・五時間教えられた。規律・模範・社会的ルールは、時間を守りましょう（五・二五）、物を大切にせよ（五・三一）（九・一三）、時間を守れ（五・二五）（七・五）、お友達に親切にせよ（九・六）、うそを言うな（一〇・一二）など、社会生活上の常識や規律・模範に関する事柄で、五・五時間教えられた。衛生は、体をきれいにしましょう・ハンケチを必ず持ちましょう（五・一五）、容儀検閲（五・三一）（六・二八）、きれいにせよ（六・一四）（一〇・四）などで四時間、国語常用は国語を使いましょう（五・一一）、国語を勉強せよ（六・二八）などで一・五時間、国体観念は国旗です（五・一二）、国旗に敬礼を致しましょう（五・一四）、天皇陛下（六・二二）などで合計二・五時間教えられた。その他記載のない時間が一時間ある。

〈表7-6〉「修身」題材と教授時間数

礼儀作法・行儀	1.5	国語常用	1.5
規律・模範・社会的ルール	5.5	国体観念	2.5
衛生	4	記載なし	1

出典：「関西庄国語講習所」教案・日誌（1937）より作成。

〈表7-6〉は、以上の「修身」の題材の教授時間数を示したものである。教案・日誌に記載された内容を分類しその件数を示したものである。内容が二項目にわたる場合は、それぞれ〇・五時間とした。

礼儀作法・行儀、規律・模範・社会的ルール、衛生など社会生活上の知識や常識を教える「公民養成」の項目の合計が一一時間、国語常用、国体観念など日本「国民養成」の項目の合計が四時間である。ここから、「修身」科においては社会生活上のルールを教える時間が多いことが分かる。

教案より教授の具体例を見ると、例えば、五月三一日の教案には、「生徒ニ手ノユビヲ出シテ此レヲ調査シ長イモノハ短ク切ルヤウニ注意ヲアタヘル」とある。学校教育でしばしば行われる爪などの衛生検査が行われたことが分かる。また、同日の教案には「ツマラナイオ話ヲシタリ悪口ヲシタリ我ガママナコトヲシタリ、ケンカヲシタリ等ノ悪イオ行儀ヲ注意シテ教師ハ常ニコレヲ心得テ悪いモノヲ見タラ其ノモノヲ教材トシテ皆ヲ指導スル」と記されており、社会的ルールの指導が予定されていることが分かる。このような記述はしばしば見られ、日々の生徒に対する指導と併せて、修身科においても社会生活の指導が重視されていたことが明らかである。

次に「唱歌」科目であるが、「唱歌」で取り上げられた歌は、「日の丸の旗」「ハト」「カタツムリ」「鯉のぼり」「メジロの子」「昼寝」「うさぎ」「小鳥」「夏休み」「君が代」「出征を送る歌」などである。数時間にわたって同じ歌を指導し、復習をしてから新しい歌が導入されている。五月二一日（金）の教案を見ると、「日の丸の旗」の歌詞が記され、目的として「国民精神ヲ付ケル」「生徒ヲ喜バセル」「生徒ヲ楽シク勉強サセル」と書かれている。また、教法には板書した歌詞を生徒に読ませて発音指導し、教師が先に歌ってから生徒に歌わせるように記されている。また、教師は生徒に口形、調子、発音を練習させ、声をうまく出せるように指導するともある。一列一列に歌わせて手をたたいて調子をとらせる、家で歌を覚えてきた者に歌わせて親切に指導する、などの工夫もなされている。「ハト」や「カタツムリ」など、必ずしも国民精神に直結しない歌も、教案を見ると、「勉強ヲ喜バセル」「勉強ノシユミヲ養フ」「心ノミダレヲ清キスル（ママ）」などと記され、唱歌が学習をより促進する役割を果たしていることが窺える。このように「唱歌」の時間は国語の発音等の訓練にもなり、同時に勉強に対する士気を高める効果も期待されていたことが分かる。これは、国語を学習させ、国民精神を涵養するという「国語講習所」の目的に沿ったものといえよう。

「体操」は、一月に一、二回行われる程度で、しばしば「唱歌」と同じ時間に置かれている。内容は、集合の仕方、遊戯（ネコのネズミ追い）、走り競争、ラジオ体操等である。教案によれば、集合の目的は「キリツヲ正シクスル」「オ行儀ヲヨクスル」「運動スル」と記されている。これは、集団生活の訓練ともいえよう。

そのほか、「室外」は会話の練習で、最初の一カ月には配置されているが、後には「話方」に統合されている。また、夏休みは七月一二日から八月末までであるが、その間計一六日間、時には三日間ないしは五日間連続で登校日が設定されており、この間、必ず宮城遥拝と皇太神宮遥拝が行われた。生徒たちには、朝会、容儀検閲、課題帳検査等のほか、読方、話方、算術の復習、「君が代」斉唱等が行われた。

以上の内容から、「関西庄国語講習所」の教科は多岐にわたり、その科目は公学校同様であること、国語に関しては公学校用『国語読本』が使用されていたことが分かる。中でも重きを置いているのが国語（話方、読方）と算術であり、これはいわゆる読み書きそろばんの基礎学力である。教科内容は、初歩的なものであるが、その中には国体観念や戦時体制といった皇民化政策下の「国民養成」の内容が見られるほかに、集団生活や衛生、社会的ルールの訓練といった「公民養成」の内容が多く見られる。

3 指導内容

「国語講習所」の講師は、科目を教授するだけではなく、生徒の生活全般に関しても指導を行った。第一部で検討した講習所に関する文献や第6章の事例からも、講師が生徒たちに礼儀作法を教えたことが明らかにされてきたが、「関西庄国語講習所」の日誌からは、講師が生徒に対して日々、どのような指導を行っていたのかが具体的に見て取れる。

〈表7-7〉は、日誌に書かれた生徒指導に関する記述である。（ ）内は、記述された欄であるが、必ずしも日々の日誌が整然と整理されて記されていたわけではないため、訓練、管理、状況、其他等の内容は区別しがたい。記述された指導内容は多岐にわたるが、大まかに、八つのカテゴリーに分類することができる。それらは、1「連絡」、2「健康・安全上の注意」、3「礼儀作法・行儀」、4「規律・模範・社会的ルール」、5「衛生」、6「国語常用」、7「国体観念」、8「戦時」の八つである。それぞれの内容を検討してみよう。

1「連絡」は、生徒と、校長などの日誌を見ると思われる講習所関係者に対して発せられた事項で、記念日についての話もここに含めることとする。連絡に関する記述は多く見られる。生徒に対しては、会合において、その日や翌日のスケジュール、弁当持参、夏休みについて、父兄懇談会や授業参観に関する記述が見られる。講習開始の頃は、毎朝七時に授業が始まること、日曜日は授業がないこと、夏休みや二学期開始の折の心得などが詳しく生徒に対して話されている。また、時の記念日（六・一〇）、関東大震災（九・一）、満州事変記念日（九・一

〈表 7-7〉「関西庄国語講習所」指導状況の記述（1937 年）

5／10（月）	校長先生が生徒に対して此れから国語講習を始まり《(ママ)》ませうと挨拶した 主事訓話（会合） 体をきれいに洗ひます（訓練） 明日は喜んで真先来るやうにします（其他）
5／11（火）	親につれてもらはなくても喜んで来る様に致しました（会合） 挨拶・話方・整列（教授） 列を正しくなるやふにいたしました（訓練） 衣服を清潔にします（管理） 体を始終きれいに洗ひます（養護） 面白くおけいこをしました（状況） 五十音の出来る者が五、六人あって大変感心した（其他）
5／12（水）	毎朝来た時には必ず国旗に対して敬礼すること（会合） 話方、礼儀作法、整列（教授） けんかをしないこと（訓練） 礼儀を正しくすること（管理） 身体をきれいにすること（養護） 生徒が非常に真面目です（状況） 走って帰へらない様に致しました（其他）
5／13（木）	毎日七時に勉強を《(ママ)》始まること（会合） 人を呼ぶ時には必ずさんを付けること（訓練） 人の物をぬすんでいけないこと（管理） 途中ですまふをとらないこと（養護） 礼が大分よくなつたこと（状況）
5／14（金）	ヨイ生徒ハ缺席ヲシナイコト（会合） 教室ヲヨゴシテハナラナイコト（管理） 生徒一人鼻カラ血ガ出テ冷水ヲ使ツテ世話シタ（養護） 鼻カラ血ガ出タ生徒ハ無事デシタ（状況） 生徒一人増シタ劉氏水妹（其他）
5／15（土）	明日は日曜日で勉強しません（会合） 礼儀を正しくすること（訓練） 教室にカミクツ《(ママ)》があつたら必ずひろつてすてること（管理） 礼儀作法が割合によくなりました（状況） 生徒一人増した戴黄氏鳳嬌（其他）

5／17（月）	親ニシカラレナクテモクルコト（会合） ケンカヲシナイコト（管理） 男古仁欽入所（其他）
5／18（火）	礼儀が割合によく出来た（状況） 女羅氏金窓入所（其他）
5／19（水）	毎日バケツに水を一パイ入れさせること 小便した後は必ずバケツの水で手を洗ふこと（管理） 皆は大分行つているやうです（状況）
5／21（金）	1. 休み時間には教室へ入らない様にすること（会合） 女古氏秀英入所（其他）
5／22（土）	休ミ時間ハ木ヲ《（ママ）》上ツテハナラナイコト（会合） 授業時間ハ七時ニ始マルコト（管理）
5／24（月）	家へ帰ツタラオ手ツダヒヲスルコト（会合）
5／25（火）	1. 時間中ニワキ見ヲシナイコト 2. 友達ノ悪口ヲシナイコト（会合） 授業時間ノオ行儀ガ割合ニヨク出来テヰル（状況）
5／26（水）	明日ハ便當ヲ持ツテ来ルコト（会合） 放科後《（ママ）》ハ遊バナイデ早ク家へ帰ヘルコト（管理） 室内ヲ整理シタ（養護） 都合ニヨリ黄金増ハ早引シタ（其他）
5／27（木）	遅刻ヲシナイコト（食事ノ作法）（管理） 生徒一人腹ガ痛イノデクスリヲノマセタ（養護） 腹ノ痛イ者ハ無事デシタ（状況） 所生ニ弁当ヲ持タセテ昼食会ヲシタ（其他）
5／28（金）	記述なし
5／29（土）	1. 授業ガスムト途中デ遊バナイデ早ク家へ帰ヘルコト 2. 家へ帰ヘタラオテツダヒヲスルコト（会合） 時間中ハ教室デ遊バナイコト（訓練） 紙クツ《（ママ）》ヲムヤミニステナイコト（管理） 訓練・管理ハ実行シテヰルヤウデス（状況） 女澎氏細妹病気ノ都合デ早引シタ 男張雲清入所（其他）
5／31（月）	1. アブナイ遊ビヲシナイコト 2. コレカラアツクナリマスガ水浴ヲシテハナラナイコト（会合）

	授業時間ハゼツタイニ相手ノ者トオ話ヲシナイコト 時間中ハ小便ニ行ツテイケナイコト（管理） 生徒一人オナカガ痛イノデクスリヲ飲マセマシタ（養護） 1. 訓練管理ハ実行シテヰルヤウデス 2. オナカノ痛イ生徒ハ無事デシタ（状況） 男張雲開、女張氏菊妹、張氏香妹入所（其他）
6／1（火）	1．オ祖サン、お父サン、オ母サンノ言フコトヲヨク聞クコト 2．雨天デ川ニ大水ガ出テヰマスカラヨク気ヲ付ケナケレバナラナイコト（会合） 講習所ノモノヲ大事ニスルコト（訓練） 人ノモノト自分ノモノヲ間違ハナイヤウニスルコト（管理） 生徒一人着物ガ雨ニヌレタノデ外ノ生徒カラ着物ヲ借リテ暖ク指導シタ（養護） 礼儀ガ進歩シタヤウデス（状況）
6／2（水）	雨ノ天氣デ道ハスベスベシテヰマスカラ注意シテアルクコト（会合） 雨ノ天気デスカラ水ヲ《（ママ）》遊ンデハイケナイコト（管理） 生徒一人オナカガ痛イノデクスリヲ飲マセマシタ（養護） 1. 管理ハ実行シテイマス 2. オナカノ痛イ生徒ハ無事デシタ（状況） 男黄金増ハ病気ノ都合デ早引シタ 生徒五人不可抗力ニ依ツテ欠席シタ（其他）
6／3（木）	1．人ノ物ヲ盗ンデハイケナイコト 2．オ行儀ヨクシテ家ヘ帰ヘルコト（会合） 朝五時迄ニ必ズ起キルコト（管理）
6／4（金）	1．生徒一人牛番ト一諸ニ水浴シテ注意サレタ 2．生徒ト牛番ノオ行儀ヲ比較シテ注意シタ（会合） 生徒一人腹ガ痛イノデ薬ヲ飲マセマシタ（養護） 腹ノ痛イ者ハ無事デス（状況） 父兄一人訪問ニ来マシタ（其他）
6／5（土）	掃除当番ヲキメマシタ ケンカヲシテハイケナイコト（会合） 礼儀ガ大分進歩シマシタ（状況） 父兄一人訪問ニ来マシタ（其他）
6／7（月）	1．ツマラナイコトヲ絶対ニオ話シシナイコト

	2. 出来《（ママ）》ダケ国語デオ話シヲスルコト（会合） 衛生ガ割合ニヨク出来テイマス（状況） 范先生ガオイデニナリマシタ 劉氏庭妹ハ都合ニヨツテ早引シタ（其他）
6／8（火）	1. 東久邇宮殿下ガ台北ヘオイデアソバスコト 2. 范先生ニ対シテ挨拶ヲスルコト（会合） 笠ヲ必ズ後ニ正シク置クコト（訓練） 帰ヘル時ハ笠ヲ間違ハナイヤウニ取扱フコト（管理） 訓練、管理ハ実行シテイマス（状況） 1. 今日ハ一時間ダケ授業ヲシテ生徒自由ニ十一時迄勉強シタ 2. 范先生ト一緒ニ保正サンノ家ヘ訪問シタ（其他）
6／9（水）	東久邇宮殿下ノ御盛徳ニツキ（会合） 雨天ノ際途中疾走シナイコト 笠ニ記名ヲスルコト 廊下デ静粛ニ遊ブコト（状況）
6／10（木）	1. ナキマセンコト 2. 時ノ記念日ニ就イテオ話（会合） 集合ヲ機敏ニ静粛ニ 遅刻シナイコト（其他）
6／11（金）	東久邇宮殿下新竹ヘ御成リニツキ訓話（六月十日）（会合） 教室出入ノ練習、礼ノ作法（其他）
6／12（土）	八才以下ノ児童（11名）ニ来週ノ月曜日ヨリ登校不要ヲ告グ（状況） 買喰ヒヲ禁ズ 児童ノ遊ビ場所ヲ限定ス（廟ノ広場ヨリ外ヘ出テ遊バナイコト）（其他）
6／14（月）	雨天ノ件（川増水、道路不便）ニツキ通行注意（会合） 生徒（女）二名入所シタ（状況） 国語講習所ニ在所セル支那人調査ノ件回報 今日カラ9才以上ノ所生ヲ置ク
6／15（火）	渡橋ニ対スル注意（状況） 用便後ノ作法指導 女生徒新ニ一名入所シタ（其他）
6／16（水）	東久邇宮殿下ノ御帰還ニツキ（会合） 女生新ニ三人入所シタ（状況）

	明日靴着用ノコト、国旗掲揚ノコトヲ告グ（其他）
6／17（木）	記述なし
6／18（金）	記述なし
6／19（土）	鉛筆、下敷、消ゴム配付。物品受領ノ作法指導、語句ノ指導。エンピツ、シタジキ、ケシゴム、カキマス、ケシマス、チャウダイ、アリガタクゴザイマス（教授） 物品ヲ大事ニ使用ノコト。他人ノ物ヲトラナイコト（状況） 学用品代トシテ生徒ヨリ拾銭ヅツ徴収シタ（其他）
6／21（月）	記述なし
6／22（火）	1. オ互ヒニ国語ヲ使フコト 2. 休ミ時間は絶対ニ教室デ遊バナイコト 3. 小便シタ後ハ必ズ手ヲ洗フコト（会合）
6／23（水）	1. 先生ノ言ヒ付ヲヨク守ルコト 2. 毎朝来タラ必ズ自習スルコト（会合）
6／24（木）	1. 走ツテ帰ヘラナイコト 2. 病気ニツキ訓話（会合）
6／25（金）	記述なし
6／26（土）	集合ヲ迅速ニ 台語ヲ使用セザルコト（会合） 長上ニ礼ヲスルコト 人ノ前ヲ通ルトキノ作法（状況）
6／28（月）	灯火管制ニツキ（会合） 清潔（紙屑ヲ拾フコト、ヨク掃除ヲスルコト） 礼儀（「ハイ」ト返事スルコト、舌ヲ出サナイコト）（訓練要目）
6／29（火）	物ヲ受ケ取リスル場合ノ作法（訓練）
6／30（水）	朝ハ必ズ自習ヲスルコト。（会合） ニハノゴミ拾ヒ、休ミ時間ハ絶対ニ教室ニ残ラナイコト（管理） 礼儀（朝ノ挨拶ニツキ）（訓練）
7／1（木）	男子ト女子ノ礼ノ作法 帳面ヲキレイニ取扱フ（訓練） 古氏四妹、除氏英妹、鄒氏秋妹転所、鐘氏宝妹、彭氏兄妹入所（其他）
7／2（金）	出来ル言葉ハ国語デ使フ（会合）

7／3（土）	自習時間ハ静カニ（会合）
7／5（月）	教室ヲヨゴサナイコト（管理） 集合時間ヲ正シク 記入帳面ヲキレイニ取扱フ（訓練）
7／6（火）	記述なし
7／7（水）	記述なし
7／8（木）	夏休みにつき（会合）
7／9（金）	記述なし
7／10（土）	夏休みにつき訓話（会合）
7／21（水）	大掃除（其他）
7／26（月）	登所日ヲ忘レナイヤウニ 病気シナイヤウニ気ヲ付ケルコト 目上ノ人ニヨク礼ヲスルコト（会合） 大掃除（其他）
7／27（火）	記述なし
7／28（水）	大掃除（其他）
8／4（火）	記述なし
8／10（火）	国語常用ニツキ 病気ニツキ（会合）
8／11（水）	大掃除（其他）
8／12（木）	記述なし
8／13（金）	記述なし
8／14（土）	記述なし
8／16（月）	大掃除（其他）
8／20（金）	良い遊びと悪い遊び 良い生徒と悪い生徒（会合） 大掃除（其他）
8／21（土）	大掃除（其他）
8／26（木）	大掃除（其他）
8／27（金）	生徒ヨリ学用品代及ビ教科書代ヲ取集（其他）
8／30（月）	大掃除 1．机・腰掛を緑坑河へ持って行って洗フこと　2．校庭

	の除草（其他）
9／1（水）	1. 児童ガ元気ヨク夏休ミヲ過シタコトヲ感心スルコト 2. 児童ノ正シイオ休ミヲ感心スルコト 3. 今日ヨリ第二学期ノオ勉強ヲ致スコト（会合） 礼儀作法、容儀検閲（訓練） 1. 児童ノ列ヲ変動スル 2. 児童ノ席ヲ変動スル 3. 国語常用ニ付キ（管理） 関東大震災に就き訓話 皇室遥拝（其他）
9／2（木）	◎朝の集合機敏に ◎何事をやるにもはき〳〵する（会合） 1. お互ひによく礼をすること 2. お互ひによく国語を使ふこと（訓練）
9／3（金）	記述なし
9／4（土）	静かに遊ぶこと 良い遊びをすること　ナワトビ　マリツキ　ネコトネズミ（管理）
9／6（月）	オ友達ノ悪口シナイコト キタナイ話ヲシナイコト（会合）
9／7（火）	講習所の修繕関係上教室移す（其他）
9／8（水）	朝来た時は必ず校庭のごみを拾ふこと。（会合）
9／9（木）	新城巡査さんの出征に就きお話し（会合）
9／10（金）	出征軍人の見送りに就き指導（其他）
9／11（土）	国旗掲揚台を立てる為保甲の打ち合せで所生の力を借りて石を取ること（会合） 日曜日は必ずお手伝だひをすること（其他）
9／13（月）	大掃除（其他）
9／14（火）	お友達を悪口しないこと（会合）
9／15（水）	記述なし
9／16（木）	記述なし
9／17（金）	満州事変記念日に付き（会合） 式参加準備　日の丸の旗、服装（其他）

9／18（土）	只今から関西公学校へ満州事変記念行事に参加すること（会合）
9／20（月）	講所修僐の倹悪に注意 旧十五夜のお月様に付き（会合） 先日関西公学校行に対して説問 新掛図を大切に使ふこと（其他）
9／21（火）	記述なし
9／22（水）	秋季皇霊祭に付き 国旗を立てること 明日新竹神社参拝に付準備（其他）
9／23（木）	記述なし
9／24（金）	1. 休み時間は静かに 2. 朝来たら書取りをすること（会合） 新竹神社参拝に付 秋季皇霊祭に付 机を片付ける（其他）
9／25（土）	記述なし
9／27（月）	支那事変に付き日本は勝利を得たこと。（会合） 教師は先日うでをけがしたのでがまんが出来ず仕方なく所生を早く帰へらせた 児童男子一人入所（年 12）（其他）
9／28（火）	集合練習 教師の手が痛い都合三時間にして所生を帰した（其他）
9／29（水）	湖肚国語講習所国語研究会の都合一時間にして所生を帰へした 研究会に付き（其他）
9／30（木）	昨日の研究会に付き（其他）
10／1（金）	大掃除（其他）
10／2（土）	記述なし
10／4（月）	宮城遥拝、皇太神宮遥拝（其他）
10／5（火）	大きな声で台湾語を使はないこと（会合） 作法指導（其他）
10／6（水）	休み時間は静かに（会合） 容儀検閲（其他）
10／7（木）	明日父兄懇談会を開くことに付き

	お行儀を克くすること（会合） 明日の懇談会に手紙を所生に渡す 大掃除（教室室外） 明日の行事につき準備（其他）
10／8（金）	・授業参観につき注意（会合）
10／9（土）	昨日の懇談会につき（会合）
10／11（月）	1．教室修僐の迷惑にならぬ様（会合） 宮城遥拝 皇太神宮遥拝（其他）
10／12（火）	家長会の為早引した 会議の迷惑にならぬ様早く帰へること 田辺鹿夫氏の出征につき 国旗掲揚 宮城遥拝 皇太神宮遥拝（其他）
10／13（水）	湖肚の松永軍人の戦死を感賞《（ママ）》する為所生より一銭づ《（ママ）》取集した。（会合） 戊申詔書奉読式 戊申詔書御賜下記念につき 国旗掲揚 宮城遥拝 皇太神宮遥拝（其他）
10／14（木）	克く倹約すること。（紙、鉛筆、着物、食物）（会合） 本の受け取りにつき作法 本日より新国語教本を所生に発した（其他）
10／15（金）	風が強いから克く気を付けて行くこと（会合） 新教室が完成したので三時間ばかりかかつて教室内外を整理した（衛生デー） 新教室を大切に使ふこと 朝夕が涼しくなつたので身を注意すること 紙を教室に散ら《（ママ）》ないこと（其他）

出典：「関西庄国語講習所」日誌（1937）より作成。原文ママ。

七）、旧十五夜（九・二〇）などの記念日や季節の行事についても話されている。一方、講習所に対しては、生徒の健康状態とそれに対する処置、早退欠席状況、入所者や父兄の訪問、講師の研修参加等が報告されている。腹痛、鼻血の生徒に薬を飲ませたり冷水で処置したりし、その後生徒が無事であったという報告がしばしばなされている。また、出欠状況のほかに、入所した者や、早退者の氏名が記されており、日々の報告事項が細かく記されていることが分かる。

2「健康・安全上の注意」は、生徒の健康・安全のための注意事項である。危険な遊びを禁じたり（五・三一）、悪天候による外出時の注意（六・一、六・九、六・一四、六・一五、一〇・一五）、病気をしないように・体をいたわること（六・二四、七・二六、八・一〇、一〇・一五）などが記されている。

3「礼儀作法・行儀」は、礼儀や作法、行儀に関する事項である。挨拶、話方、整列などが繰返し指導されている。食事の作法（五・二七）、教室出入りの練習（六・一一）や物を受け取る際の作法（六・一九、六・二九、一〇・一四）、人の前を通る時の作法（六・二六）などが実際の場面に即して指導されている。

4「規律・模範・社会的ルール」は、「早起きをする」や「遅刻をしない」等の規律、「良い生徒」などの模範、「講習所のものを大事にする」などの社会的ルールに関する事項である。例えば、けんかをしないこと（五・一二、五・一七、六・五）、欠席・遅刻をしないこと（五・一四、五・二七、六・一〇）、他人のものを取らないこと（五・一三、六・三、六・一九）、休み時間には静かにすること・教室に残らないこと（五・二一、六・二二、六・三〇、九・二四、一〇・六）、放課後は早く帰宅すること（五・二六、五・二九、一〇・一二）、つまらないこと・悪口を言わないこと（五・二五、六・七、九・六、九・一四）、授業中や自習時間の静粛（五・二五、五・二九、五・三一、七・三）、お手伝いをすること（五・二四、五・二九、九・一一）、自習すること（六・二三、六・三〇、九・二四）

などが挙げられる。これらの多くは、基本的な生活習慣であり、集団生活・社会生活を始めた生徒たちに対する指導が窺えるくだりである。中には「朝五時迄ニ必ズ起キルコト」（六・三）、「買喰ヒヲ禁ズ」（六・一二）等の記述もあり、教師が生徒の講習所以外での素行にも注意を払っていることが窺える。

5「衛生」は、体や教室などの身の回りの清潔に関する事項である。体や衣服を清潔にすること（五・一〇、五・一二）、ゴミ拾い・除草（五・一五、六・二八、六・三〇、八・三〇、九・八）、室内整理（五・二六、九・二四、一〇・一五）、教室を汚さない（五・一四、五・一五、五・二九、七・五、一〇・一五）などのほかに、用便後の衛生指導（五・一九、六・一五、六・二二）、夏休みの登校日等に大掃除が行われている。体や衣服の清潔は比較的早く生徒に習得させられたようで、六月七日に「衛生が割合ニヨク出来テイマス」という記述がなされている。また、用便後の衛生指導も六月二二日より後には記述が見られず、生徒たちが衛生習慣を習得していったことが窺える。

6「国語常用」は、国語を使うこと、台湾語を使わないことである。戦時体制下では、皇民化運動が盛んになり、台湾社会において日本語使用が強化されていったが、この時期の「国語講習所」でもそうした動きが見られる。もっとも、それが皇民化運動のみの影響とは断言できない。というのは、日本語は当時の国語であり、学校など公の場で使用される言葉であり、学んでいる言葉を使うように指導するのは教師として当然の対応であろう。日誌の中では台湾語を使うことへの罰や家での国語常用の強要は見られない。日誌が書かれた当時は日中戦争勃発前後の時期であり、強烈な国語常用には至っていなかったのは当然のことである。具体的な記述は、「出来ダ《ママ》ケ国語デオ話シヲスルコト」（六・七）、「オ互ヒニ国語ヲ使フコト」（六・二二）、「台語ヲ使用セザルコト」（六・二六）、「出来ル言葉ハ国語デ使フ」（七・二）「国語常用ニッキ」（八・一〇、九・一）、「お互ひによく国語を使ふこと」（九・二）、「大きな声で台湾語を使はないこと」（一〇・五）などである。いずれも表現としては、穏当といえよう。

7「国体観念」は、皇室や天皇制国家に関する事項である。国旗に対する敬礼や掲揚もここに含む。東久邇宮の来訪（六・八、六・九、六・一一、六・一六）や秋季皇霊祭・新竹神社参拝（九・二二、九・二四）、戊申詔書奉読式（一〇・一三）などの行事のほか、国旗敬礼・国旗掲揚、宮城遥拝や皇太神宮遥拝は日常的に行われていた。日誌を見る限り、国体観念も国語常用も、講習所の教育の中では朝早く起床すること、買い食いをしないこと、授業中は静かにすることといった日々の指導事項の一つであるということが感じられる。

8「戦時」は、戦時下特有の事項である。当講習所においては、六月二八日「灯火管制ニツキ」が最初の記述である。九月に入ると、関西庄から出征する人が出、それらの見送りなどが行われるようになる。「新城巡査さんの出征に就きお話し」（九・九）、「出征軍人の見送りに就き指導」（九・一〇）、「田辺鹿夫氏の出征につき」（一〇・一二）などである。また、戦争に関しても生徒たちに伝えられている。「満州事変記念日に付き」（九・一七）、「只今から関西公学校へ満州記念行事に参加すること」（九・一八）、「支那事変に付き日本は勝利を得たこと」（九・二七）。先に見たように、「話方」の授業においても、「時局と島民」（九・二二、九・二五）という教化印刷物が取り上げられたり、「唱歌」で「出征を送る歌」（九・一四、九・二一）が歌われるようになるのもこの時期である。徐々に日中戦争が、のどかな関西庄の「国語講習所」にも影を落とし始めていくのが感じられる。そして、一〇月一三日、この地域から戦死者が出、そのために講習所では生徒たちからお金を徴収している。「湖肚の松永軍人の戦死を感賞《（ママ）》する為所生より一銭づ《（ママ）》取集した」（一〇・一三）。この時期に至って、日中戦争が生徒たちの日常に影響を与えるようになってきたことが分かるのである。

〈表7−8〉は各八つのカテゴリーの記述件数を示したものである。日々の連絡事項である「連絡」の次に多いのが「規律・模範・社会的ルール」であり、六七件ある。次に「衛生」三五件、「礼儀作法・行儀」二九件と続く。これらはいずれも社会生活を送る上での常識の指導である。その次に多い事項は「国体観念」二五件であり、「国語常用」「戦時」はそれぞれ八件および七件である。連絡を除く指導内容は、大きく社会生活上の常識を扱った「公民養成」(「健康・安全上の注意」、「礼儀作法・行儀」、「規律・模範・社会的ルール」、「衛生」)と皇民化政策を扱った日本「国民養成」(「国体観念」、「国語常用」、「戦時」)とに大別されるが、前者が合計一四六件、後者が四〇件と、四倍近い件数で「公民養成」が多いことが分かる。[23] 講習所の指導が社会生活のルールを身につけさせることに重きを置いていたことが窺える指導内容である。

以上、教案・日誌から「国語講習所」の教育を検討したが、教科内容は公学校に近いものであったこと、また、指導内容は社会生活上の常識に重きを置いていたことが明らかになった。次節では、聞取りから「国語講習所」の教育を検討する。

〈表7-8〉 指導内容の件数

連絡	79	衛生	35
健康・安全上の注意	15	国語常用	8
礼儀作法・行儀	29	国体観念	25
規律・模範・社会的ルール	67	戦時	7

出典:「関西庄国語講習所」教案・日誌(1937)より作成。

三　関西庄「国語講習所」教育の実際二
——元講師と生徒のインタビューから

かつて「国語講習所」に通った元生徒や教育に当たった講師たちは高齢化が進み、面接調査は年々難しくなっている。公学校などの正規の学校と違い、「国語講習所」は、修了生の組織もなく、名簿も入手が困難である。第5章で扱った三峡ではすでに

〈図 7–1〉「国語講習所」用修身掛図

出典：中央研究院台湾史研究所檔案館所蔵。

面接対象者が見つからない状況であった。関西では、しかしながら、二名の元講師とその生徒であった男女各一名および男性一名の合計五名に対して面接することができた。この人数は関西における「国語講習所」の教育を代表しうるものではないが、経験者の語りはかつての講習所の実態を知りうる貴重な資料である。本節ではその面接内容から、当時の国語普及の諸相を検討することにする。

1 インフォーマントのプロフィール

(1) 講師、劉煥堂氏

一九二一年生まれの八六歳（二〇〇七年九月当時）。朝八時訪問時、リビングのテレビからはNHKニュースが流れていた。劉家は、代々この地で保正をしてきたという。三人兄弟の長男として生まれた。地元公学校高等科を卒業した後、自ら希望して試験を受け講習所講師になったという。「大旱坑講習所」で三、四年教えた後、校長に呼ばれ地元の石光公学校でも教鞭を執ったという。四男四女をもうけ、現在は同じ敷地の中に三男家族が同居している。戦後は地元で政治家を務めた。現在、妻は養老院に入り同居しておらず、身の回りの世話は外国人手伝いがしている。目に少し不自由があるので散歩はしないというが、毎週地元の老人会で歴史の講義を担当するなどしている。裕福な家庭に生まれ、教えた「国語講習所」の一〇〇〇坪の土地と道路は自身が寄付したという。

(2) 講師、陳憲章氏

一九二一年生まれの八八歳(二〇〇九年一二月当時)。父親は総督府の嘱託で農業研究者であった。実家は農園を所有しており、伯父は保正を務めていた。陳氏は自他ともに認める裕福な家庭に一人っ子として生まれた。地元の石光公学校を卒業し新埔高等学校、宜蘭農林学校で各々一年学んだ後に、熊本農業高等学校へ進んだ。三人の伯父たちが学んでいたことが陳氏が当校へ進学する理由となった。卒業後台湾へ戻り、校長に誘われ一九三九年から一九四一年の間に関西公学校で教鞭を執り、同時に「関西庄国語講習所」でも教えた。一九四一年から志願兵として上海や南京に一年半駐在し、脚気を患い台湾に戻ってからは家業を手伝い、時には満州へ出かけたりもしたという。その後台北州淡水郡石門庄の勧業課長を務めるが、空襲が激しくなったため一年半ほどで関西に戻った。午前一一時の訪問時、辞書を片手に中国語の本を読んでいた。日本から『文藝春秋』などを取り寄せて読んでいるという。現在は同姓の宗親会の理事を務めるなどしている。

(3) 生徒、李戴統妹氏

一九三二年生まれの七五歳(二〇〇七年一二月当時)。家族は両親と兄一人、姉一人、弟二人、妹一人の六人兄弟であった。家は農業を生業としていた。本人によると一家は貧しかったため、幼い頃に同姓の家の養女になったという。両親は農閑期にはリヤカーで荷物を運ぶ仕事をしており、子どもの面倒を見る人がいないため、李戴氏および後に弟が養子に出されたという。養父は当時結婚しておらず、李戴氏が七、八歳の頃に結婚し、後に男二人女一人の弟妹ができたという。家族の関係は円満で、親代わりとなって育ててくれた養祖母は特にかわいがってくれたという。二一歳で結婚し、二人の息子と四人の娘を授かり、現在は長男夫婦と同居している。面接時、大学生の孫が一緒に出迎えてくれた。この地域の大半の人々と同じように、李戴氏宅の居間には義民廟の札が掛けられてあった。李戴氏が講習所に通ったのは「一三、一四歳の時」だという。ほとんどの台湾人が数え年を使うため、満の年齢に直せば、一一歳から一三歳くらいの頃であろう。時期は一九四三年から一九四五年の間、すなわち日本統治末期に該当する。

(4) 生徒、張貴明氏

一九三二年生まれの七七歳（二〇〇九年一二月当時）。農家の出身で、兄は書房に通い漢文の勉強をしたが、本人は勉強する機会がなかった。書房は徐々に廃止され、また家庭の経済的な問題で、勉強したくとも行かれなかったという。面接は、張氏宅の玄関を入ったところで行われたが、近隣の住人たちも出入りしており、張氏の交友関係は良好であるように見受けられた。講習所へは八歳から一一歳の時に三年間通ったという。李戴統妹氏とともに劉煥堂氏が講師を務める「大旱坑講習所」で学んだ。講習所を出た後は「タケ部隊」に軍夫として奉仕採用されたという。戦後三カ月くらい中国語を習ったが、それ以外は教育に接する機会がなかった。張氏は質問のほとんどを理解しそのいくつかを日本語で答えたが、その日本語能力は講習所のみならず軍夫として入隊して培われたもののように思われた。

(5) 生徒、曾光火氏

一九二五年生まれの八八歳（二〇一三年八月当時）。五〇人の大家族に生まれ、自身は六人兄弟の長男である。

家は関西から一キロメートル程度離れた山中に位置し、一家は一〇数ヘクタールの土地に茶を植え生業としていた。近隣には漢塾があり、叔父の一人が通っていた。公学校はあったが、当時の自宅から四キロメートルほど離れており、徒歩一時間を要し、途中大きな川を二つ渡らなくてはならなかった。雨季には増水し、橋も現在のようなセメント製ではなく板の橋であったため、通学には危険がともない、そのために公学校には通えなかった。一歳年上の叔父が「国語講習所」に通うこととなり、それを機会に自身も八歳で入所した。「国語講習所」は廟に設置されていたという。一年半「国語講習所」に通った後、関西公学校に馬武督分教場が設置され、二年生に編入した。馬武督分教場の設置は一九三五年、曾氏が一〇歳の時であり、本人の記憶とちょうど合致する。公学校卒業後は農林専修学校に進み二年を過ごし、鳳山園芸試験場に一年勤め、一九四三年三月、徴兵によりラバウル島へ出征した。一九四六年三月、三年の歳月を経て関西に帰郷した。現在は息子夫婦と同居し、畑を耕し多くの農作物を作っている。日本語は流暢である。

2　関西庄の「国語講習所」教育の実際

(1)　学習動機と生徒募集

まず、元生徒の通学の動機から検討しよう。李戴統妹氏の家は経済的に豊かではなく、彼女は学校に通えなかった。数え年の一三歳の頃、保正が回覧板のようなものを使って宣伝をしたという。「勉強したい人間は来なさい、ここで今、日本語教えます」と。それで講習に行ったという。初めて勉強した時の気持ちは「勉強できるって、いいねえ」「うれしい」と思った。通訳を務めてくれた地元の日本語世代の知識人によると、当時李戴氏の家の付近は「何もなかった」という。電灯もなく、道も「小さいあぜ道よりも、ちょっと広いくらい」の小道であったという。もちろん、バスなどの交通機関もない。この一帯の現在の様子は、確かに町から離れており、山を背にして所々木々が生い茂っており、何軒かの住宅が建っている道を挟んで反対側には田んぼが広がっている。その当時を想像すれば、子どもが町まで通うのは困難であっただろう。一九四二年、石光公学校の分教場として、坪林国民学校ができた。その翌年、義務教育が始まり、その時、五歳上の兄が、学校に行くように呼びかけたが、自宅から学校までが遠く、断念したという。当時の日本語世代の知識人たちがいうように、公学校がない「田舎」の地域に、それを補うために「国語講習所」が作られたという説明も首肯できる。

李戴氏宅の近くに住む張貴明氏もまた、勉強がしたくとも家庭の経済的事情で学校へ通えなかった一人である。やはり人が勧誘に来て講習所に通うようになったという。本人の話では、国民学校の先生が通知に来たとのことである。彼はその後、約三年間、約一キロメートルの距離を一人で講習所へと通った。生徒の募集は、保正のほかに、学校の教員も行っていた。「関西庄国語講習所」元講師の陳憲章氏は、なかなか講習へ出て来ない女性たちに対して勧誘に行ったという。陳氏の話からは、講習に積極的でない人々の姿が窺えた。「国語講習所」が学校に通わない人たちを対象としているために、「橋を通して」呼び出したという。すなわち、警察を通じて呼び出したのである。そのような生徒たちは勉学意欲が薄いために「いくら教えても」「分からない」。陳氏はやる気のない生徒たちに台湾語で、日本語を勉強すれば子どもの教育程度もよくなるし、本人の日本人に対する考え方も大分違ってくるであろうと、「意思疎通のために」日本語が必要であることを説いたという。

曾光火氏もまた、正規の学校教育から疎外された一人であった。自宅が関西庄の市街地から遠く離れており、公学校が近隣に存在しなかった。前述したように通学には危険がともない、子どもの足では到底難しかった。学校に入りたくとも、いわゆる辺鄙なところに居住しているために入学がかなわなかったのである。そのため、近隣に設置された「国語講習所」に入学したのである。曾家では、本人のほかにも一歳年上の叔父がともに入所している。曾家には土地があり、金銭的に困難な状況であったようには見受けられないが、居住地域が辺鄙であるために公学校に通えず「国語講習所」に入所したのであった。公学校分教場が設置されてからは、曾家の年下の従兄弟たちは公学校に入学したという。

元生徒と元講師の話を総合すると、関西庄においては、通知を受けて自発的に通った者もある一方、警察にいわれて「仕方なく」講習に参加した者もあったようである。もっとも、講習所の置かれた地理的条件によっても生徒の質が変わると考えられる。「大旱坑国語講習所」や馬武督分教場の所在地のようにもともと公学校のない地域に設置された講習所には、比較的若い、勉学意欲の高い生徒たちが集まったであろうと想像される。関西公学校付近に設置された「関西庄国語講習所」とは生徒の意欲が違っていても不思議ではない。

(2) 講習所の所在地と生徒の年齢、公学校との関連

地域によって生徒の質などに差異があったと考えられる講習所であるが、その所在地は、残念ながら資料の制約上明確ではない。ただ、劉氏の話によれば、「国語講習所」は二つか三つの「里」に一つ置かれていたという。元講師たちの話を総合すると、保正が生徒勧誘を行ったり、自ら講師となったり、あるいは講習場所を提供したりしていた。李戴氏と張氏によると、通った講習所は二カ所であった。現在太平国民小学が建っている場所に小さな集会場があり、国語講習が行われていたという。当初この講習所に通ったが、後に人数が少ないせいか、廃止されてしまったという。その後、劉氏の「大旱坑国語講習所」に通うようになり、合計で三年間ほど勉強したという。陳氏によれば、関西庄の「国語講習所」では朝、昼、晩と三回の国語講習が行われていた。生徒は二〇

代以上と比較的高い年齢であったという。これは、「大旱坑講習所」では元生徒二人が八歳から一三歳までの頃に通っていたこと、劉氏の話からも一二歳から一八歳程度が多かったということと相違する。学齢児童が多いことからも「大旱坑国語講習所」が公学校を補完する役割を果たしていたことが窺える。

また、曾氏の事例は「国語講習所」と公学校が密接な関連を有していたことを明らかにしている。曾氏は「国語講習所」に一年半通った後に新しくできた関西公学校馬武督分教場へ編入している。かけ算の九九の暗唱や国語の読み方・会話、口頭試問等の編入試験を経て、自身を含む八名の男子が公学校へ編入したという。このことは、「国語講習所」が社会教育施設であることにとどまらず、公学校を補完する機能を有していたことを示していよう。関西庄のような地方の三年制の「国語講習所」は、明らかに公学校代用の性質を有しており、経済的、地理的な理由によって公教育から疎外される周縁化された人々の受け皿となっていたといえよう。

(3) 教科と教授、生徒の様子

勉強したいという念願かなって講習所に通った李戴氏は、「とても真面目に勉強した」という。筆者が訪問した時には、手書きのかけ算の九九の表を示された。白い紙に二の段から八の段までのかけ算が記されており、一〇年程前に書いたものだという。講習所で学んだものであり、五の段までは覚えているがそれ以降はあまり覚えていないとのことではあったが、当時の学習効果が窺えるものであった。講習時間は、劉氏の「大旱坑講習所」は朝八時頃から正午まであったという。劉氏によると、ほとんどの生徒が農民であったため、生徒たちは朝仕事をしてから講習所に通っていたという。前節の教案・日誌で見たように「関西庄国語講習所」もまた午前中の四時間が講習時間であり、これは公学校と同様の時間帯であった。科目は、劉氏によると、国語、算術、修身などで、唱歌は一週間に一回程度教えたという。劉氏が実際に歌ってくれたのは「お手手つないで」の出だしで知られる「靴が鳴る」、「ぽっぽっぽ、ハトぽっぽ」で知られる「ハト」の二曲であったが、「ハト」は李戴氏も覚えていて歌うことができた。前節で検討した「関西庄国語講習所」でも教えられた歌であり、当時広く教えられていたと想像される。それから「君が代」である。これは一週間に一回くらい歌ったという。歴史や体操の時間は「少なかった」とのことである。宮城遥拝に関しては、公学校では行われたが、劉氏の講習所では行わなかったという。なお、張氏によると、劉氏の講習はとても厳しく、遅刻は認めないなど、厳格であった。しかし講習に行くのは楽しかったという。「関西庄国語講習所」の陳氏もまた、自ら厳しく授業を行った様子をこう語っている。

我々はやはり、教育者としての自分の職を完全にまっとうしていく、そういう気持ちはある。それでつまらんことを言わないで、真面目に教える。生徒がいろんなこと言い出したら、こちらは、ぱーんと白墨を投げたり。(陳氏)

当時の教員たちの授業運営が、規律を重んじていたことが窺える件である。

なお、生徒たちは放課後は、何をしていたのか。張氏は、草を刈ったり、放牧をしたりと家業を手伝っていた。李戴氏は、講習が終わった後の時間は「遊んでいた」という。「隣行ったり、友達とおしゃべりしたり、遊んだり、駆け回ったり」、「子ども時代」だったので、遊んで過ごしていたという。養女であり、家が貧しかったという李戴氏であるが、家計を手伝わなくともよい程度の経済状態であったことが想像される。これは第6章萬里庄渓底村で取り上げた労力・結婚を前提とした養女とは性質を異にしている。一方、陳氏によれば、関西庄のその他の「国語講習所」では、午前だけではなく午後も夜も講習が行われ、二〇代以上、三〇代といった講習生もあり、仕事のない時間を選んで来ていたという。中には子どもを連れて講習に来る女性もあったというので、家庭の状況を考慮して講習時間が設定されていたと思われる。

(4) 社会生活上の常識の指導

講習所で学ぶことは、科目だけではなかった。前節で、講習所講師が科目以外に生徒の社会的指導にも関わっていたことを検討したが、劉氏は講習所の教育を次のように語った。

「国語講習所」の中の教育は、知識、常識、学識、お行儀。それから憲法ですね、法律。みな教えます。(劉氏)

前節で検討した教案・日誌と同様に、「国語講習所」の教育は学識以外に、社会生活をする上で必要な知識や常識、礼儀作法、法律にも及んだのである。陳氏も、講習所に通った後、生徒たちが日本人と挨拶ができるようになること、そして法を守るようになることを指摘した。そして、法を守ることが同時に警察の権力から身を守ることにもなることを語った。陳氏によると、当時の警察には嫌疑の段階で被疑者を二九日間拘留する権限があったという。そのため、生徒たちには疑いが掛けられないようにしなくてはいけないことを説いた。先に述べられた学生募集と並び、当時台湾社会で警察の権力がいかに大きかったかを窺わせる内容である。

劉氏は、「国語講習所」の教育は公学校と「まるで同じ」だと語った。当地の日本語世代の知識人たちがいう、「国語講習所」が公学校を補完する役割を担っていたという説明と合致する。講習生の日本語能力に関して、劉氏は、生徒たちは二年間勉強して、「たいていの日本語は話せるようになった」という。

（5）講師の給料と仕事

劉氏によると、講習所講師の試験は、公学校の校長が行ったという。自ら希望して試験を受け、新竹郡守より大判の招聘状をもらった時は、「資格がある、とてもうれしい」と感じた。講師の給料は、劉氏によると月俸一八円であった。劉氏はその後、一九円に昇給し、後に公学校で教鞭を執るようになった時には二〇円、そして二一円にまでなったという。二〇円という金額は、第8章で取り上げる琉球庄において、六年制公学校卒業でなかつ「国語講習所」講師の講習会を修了している講師と同額である。公学校低学年程度の教育を行っていたとう「国語講習所」であるが、公学校との差異もある。教員の面からいえば、公学校の教員が複数いるのに対し、講習所は一人ですべてを任されていたという。公学校では各学年に一人の教員が配置され、体操や唱歌の教員もいたが、講習所ではすべてが一人の教員に任されていたという。

（6）勉学志向と就業機会あるいは階層上昇

二年程度の講習を終えると日本語がわかるようになったというが、生徒たちは日本語能力を身につけてどうしたかったのか。李戴氏は単純な動機で講習に通っていた。彼女の家は農家で、外へ働きに出るという考えはなかった。「ただ、日本語を勉強したい。勉強して、これは、いいものだと、思想通じる」という考えをもったという。張氏もまた、将来的に学歴はあまり承認されないから、勉強ができて、日本語が話せればいい、日本語を見て分かればいいと思ったという。二人とも日本語学習の動機を勉強がしたかったこと、そして日本語を見て分かるようになりたかったと説明している。一方、曾氏も公学校に通いたいと考えており、家庭も経済的に余裕があると思われるにもかかわらず、地理的に学校から隔離された地域に居住していたために、公学校の代わりに「国語講習所」へ通った一人であった。勉学の志がありながら、経済的・地理的条件で公学校へ通えない生徒たちが「国語講習所」でその機会を得たわけである。

元講師たちや通訳を引き受けてくれた日本語世代の地元の人たちの話を総合すると、当時関西庄にいた日本人は、庄長、公学校の校長や教員、巡査等であった。実際、劉氏が挙げた日本人の校長や庄長の名前は台湾総督府『職員録』の記載と一致していた。陳氏や通訳によると、関西庄には製茶工場などの会社も存在したため日本人社員もいたというが、その数は多くはなく、すべての日本人を併せても当時一〇〇名にも上らなかったであろうという。関西庄の日本人の人口は、一九三三年時点で六五名であった。当時の人口比で台湾人一、〇〇〇人に対し、わずかに三人程度の割合である。この数値が日本統治末期にも同様であったかは分からないが、大きな人口の移動がないかぎり、当時の知識人の話を総合しても、関西庄に居住していた日本人は上述の職種の人々とその家族であり、それらは町に集中しており、公学校も派出所も会社もなかった李戴氏、張氏や曾氏の住む山際の地域には、日本人はほとんど見られなかったであろうと想像される。それでも彼らが講習所に通ったのはなぜか。

李戴氏は、講習所は金を払わずに教えてもらえ、自分のためにも役立つという気持ちで勉強に行ったという。将来、日本語を使って何かをしようという気持ちは特になく、「勉強に行くと友がたくさんいた」、「自分の勉強のためにはいいという気持ち」だった。李戴氏は、勉強したいという気持ちが強かったという。近所の男子は、両親に講習所に通うようにいわれても、「行きたくない」、「遊びたいから勉強したくない」、「字を書くのは難しい」といって山に逃げ隠れたという。勉学がしたいという気持ち、友達に会えるという楽しみが李戴氏を講習所へと通わせていたのである。そこには、日本語を習得して金を稼いだり社会的階層を上昇させたりしたいといった思いはないように感じられる。同時に、教育の機会が与えられるのであれば、張氏が自身は経済的事情で書房に行かれなかったといっているように、それが日本語でなくともよかったようにも思われるのである。また、勉強がしたいという理由のほかに、日本語ができないことにより不都合を被ることも想像される。自身の名前も読めずまた書けない人物が、社会の中で様々な困難に遭遇することは想像に難くない。積極的な勉学意欲のほかに、このような社会的な要求もまた、受講理由の背景にあったと思われる。また、前述したように警察の権力を使って学生募集が行われていたように、皇民化政策下、台湾社会全体に国語常用を強く推進する雰囲気が背景に存在していたことも「国語講習所」通学の大きな要因であったに違いない。

李戴氏や張氏、曾氏のように就学機会に恵まれなかった勉学志向の強い生徒がいた一方で、講習所で教育を受けた後に、就職する生徒たちもいた。劉氏によると、講習後に商売をしたり、工場で働く者があったという。「国語講習所」で学んだ後は常識や知識や学識を身につけ、就職していったのだという。そのため、生徒を勧誘するために家庭訪問することは比較的少なく、皆、自発的に申し込んで来たという。役場などは中学校等より高い学歴がなければ入れなかったが、工場等には講習所で学んでいれば入れたという。

（工場は）日本語、分からんと入れない。日本人がたくさん、おるでしょ。命令が来た時、聞いて分からんといけない。（劉氏）

陳氏も修了生の進路を語った。国語演習会等で賞を受けるなどした成績優秀な修了生が、欠員が出た役場や農業組合などに就職したと語っている。陳氏は、これは一生懸命、勉強をしたことへの報いだという。こうした優秀な生徒は、二〇代前半くらいの男性が多く、彼らには漢学の素養があったという。書房に一、二年間通っていたのだという。そこで読み書きを習得し、算術や日常生活に必要なことは身につけてきたという。陳氏の話からは、書房に通った後に「国語講習所」へ入所するケースがあったことが明らかにされた。そして、それら優秀な生徒たちには、講師が推薦状を書いて就職を斡旋したのである。

他に、会社の給仕（雑用係）になった修了生もあったという。劉氏によれば、給仕という職は日本語ができて初めて就ける仕事であった。これは、男性も女性も同じであった。日本語が分からなければどんな仕事にも就けなかったという。農民がほとんどであったという生徒たちは、就職の機会を求めて講習に来ていたのだろうか。劉氏は続ける。

自分の将来ね、行く道、出る道を探すには、勉強しないとだめ。みな、この知識はある。（劉氏）

そして、講習所では生徒たちの期待どおり、日本語だけでなく、社会生活のルールもまた教えられていたのである。劉氏がいう「知識、常識、学識、法律」である。義務教育が施行された後も、学校のない地域の「国語講習所」で毎朝授業が行われていたのである。

ある者は勉学に励みたかったという。ある者は、講習の後に就職の道を探っていた。様々な思いを抱き「国語講習所」に通っていた生徒たちもすでに高齢である。彼らの所在は散り散りになって、定かではない。一生懸命勉強した当時の国語は、戦後は標準漢語に取って代わられた。標準漢語を話す孫世代との意思疎通の難しさ、母語の喪失への危機感を訴える人も少なくない。関西に限らず面接を通じて、日本語を使わないので忘れてしまったが昔は流暢に話せた、という言葉をよく聞く。面接の所々で日本語が飛び出してくるところを見ると、あながち誇張でもないように思われる。そうした話を聞くと、時間と労力を費やした勉学の成果が、日本の敗戦とともに失われてしまったように思われる。[24] しかしながら、「知識、常識、学識、法律」といった講習所の教育は、社会が日本語を話さなくとも通じる観念である。「国語講習所」は、教科の教育だけでなく、社会的知識や常識を育成する場でもあったということが、聞取り調査を通じて明らかになった。

四　小括

新竹州関西庄における国語普及運動を、「国語講習所」の活動から検討した。「関西庄国語講習所」の教案・日誌からは、国語、算術といった基礎学力を中心とした科目に加え、修身、唱歌、体操などの科目も教えられ、当該「国語講習所」が公学校同様の科目を教え、「読方」に関しては公学校用『国語読本』を使用していたことが明らかになった。教科内容の程度は、初歩的なものであり、国体観念や戦時体制に関わる皇民化期特有の内容が見られるほかに、集団生活や衛生、社会的ルールの訓練が行われていた。

また、指導内容の記述は、「連絡」、「健康・安全上の注意」、「礼儀作法・行儀」、「規律・模範・社会的ルール」、「衛生」、「国語常用」、「国体観念」、「戦時」など多岐にわたり、講習所の講師が、教科を教授するほかに、生徒たちの生活全般を指導していたことが明らかになった。その中でも、指導件数は社会生活上の常識に関わる内容が圧倒的に多く、「国語講習所」が社会生活の訓練の場でもあったことが分かる。

また、一九三七年に書かれた日誌からは、日中戦争が勃発し、台湾民衆の生活が徐々に戦時体制に入っていく状況も窺える。五カ月あまりにわたる日誌の後半以降、講習所生徒たちの日常に、出征軍人の見送りやそれにともなう唱歌の学習、戦死者への献金など、戦争が影を落としはじめていくのが窺える。しかしながら、皇民化運動の推進程度を見ると、宮城遥拝など一定の国体観念養成が見られるものの、国語常用に関しては、教師が折に触れ推奨しているが、強制をともなうような記述は見られず、強制的な国語常用には至っていないことが窺える。日中戦争勃発直後という時期の講習所教育では、当然のことながら、国語常用はまだ推奨程度であった。

面接からは、日常的に日本人に接する機会が少ない地域に住みながらも、「国語講習所」に通った元生徒や元講師たちの語りから、勉学を志しながらも経済的・地理的理由から学校に通えなかった生徒に対し教育を施した施設が当該地の「国語講習所」であったことが明らかになった。この点から、当該地域の「国語講習所」が公学校を補完する役割を担っていたことが窺える。[25] とにかく勉強がしたかったという勉学志向の強い生徒がいた一方で、元講師の語りからは、講習所の教育を受けて就職していく生徒たちがいたことが明らかになった。農業を生業とする者が講習を経て他の仕事に就く機会が得られたのである。「国語講習所」は、基礎学力と基礎的教養を習得する場であり、なおかつそれらを身につけて職業を替える可能性をも孕んだ場であったのである。講習所が教科の教育だけでなく、社会常識や規律を育む場でもあったことが教案・日誌および面接から明らかになった。

面接からは、生徒は自発的に「国語講習所」に通い、講師も自ら望んで教鞭を執っていた。面接対象者たちは強制されて日本語を学んだり教えたりしていたわけではないことが窺えたが、しかしながら、だからといって為政者の政策を全面的に受け入れていたともいいがたい。「国語講習所」の教育には「公民養成」と「国民養成」の双方が含まれることを検討してきたが、後者の養成が必ずしも達成されていたとはいえないからである。劉氏のように、宮城遥拝をしていなかった講習所もあった。一方で、元講師の話からは、講習に積極的でない人々に対して、警察が生徒募集を行ったことが明らかにされた。当局が権力で国語普及を行おうとしていたということである。それらの生徒たちは勉学意欲が薄いため、教えても学習効果が上がらなかったという。皇民化時期、国語普及率は飛躍的に上昇していくが、中にはこのような消極的な生徒たちも含まれたため、実際の国語理解度については考慮する必要があろう。

教案・日誌からは教授内容の多くが社会生活上の指導であったことが明らかになった。元生徒は勉学のため、または職業を替え階層上昇するチャンスを得るために講習に通っていたことが明らかになった[26]。台湾北部の客家人農村地域における「国語講習所」は日本語の学習のほかに、社会常識等を涵養する「公民養成」の場、階層上昇の可能性を孕んだ場であったのである。

戦時中の皇民化政策の下で、国民精神を涵養することを目的に台湾総督府は国語常用運動を推進したが、多くの民衆の実利や生活上の要求から「国語講習所」では、近代知識や社会的ルールの習得に関わる内容が多く教えられていた。総督府の意図と台湾社会側との間にはずれが生じていたといえよう。そして周縁化された人々に国語が普及することで、いわゆる社会の「近代化」が図られ、また「国語」概念が浸透していったのである。

（1） 黄国憲編集『関西鎮誌（稿本）』一九九〇年、二一―三頁。
（2） 新竹州役所編『新竹州要覧』一九三三年および一九三七年。
（3） 黄、前掲書、二五七―二六一頁、鄭飄編『新竹縣国民中小学郷土教育補充教材　関西鎮』新竹縣政府、二〇〇三年、二一―六頁および五三―五五頁、謝栄華『関西』三久出版社一九九九年、一八〇―一八九頁。

（4）関西庄役場『関西庄産業大観』新文堂印刷所、一九三七年、一四―一八頁。
（5）同前書、一八―二九頁。
（6）同前書、三〇―三七頁。
（7）新竹州役所編、前掲書、一二五―一二八頁。
（8）『關西國小創校百週年特刊』一九九九年、四五―四六頁。
（9）黄、前掲書、一一四―一一八、一三〇―一五八頁。
（10）同前書。
（11）台湾総督府『職員録』一九三七年七月一日、四八二―四八三頁および新竹縣文獻委員会『臺灣省新竹縣志』第四部第七巻「教育志」一九七六年、一〇九頁。
（12）黄、前掲書、一一五頁。
（13）新竹州『社会教育要覧』一九三一年三月、五二頁。
（14）同前書、六二頁。筆者の関西鎮での聞取りによると、一九三二年「国語練習会」を修了した者の中には後に保正となる三〇代の人物もいた。全島的に「国語講習所」が展開される以前の各地方の国語普及の取組みに、指導者層が参加していたことを窺わせた事例である。
（15）新竹州において「国語練習会」が規定されたのは、一九三〇年一二月一四日発布の「国語練習会設置標準（新竹州訓令第七五号）」による。それ以前から新竹州下各地において行われていた「国語練習会」は、この設置標準により、一年を通じて九〇日、一八〇時間以上、一会場四〇名程度の規模で主に国語を教える施設として統一された。その後、一九三三年に「新竹州訓令第八号」により「国語講習所要項」が定められ、より長期の組織的な国語習得機関が設置され、この後、新竹州下では「国語練習会」と「国語講習所」が併存していくこととなった。『新竹州管内概況及事務概要』（一九三一年度―一九三六年度）によると、新竹州における「国語練習会」の設置数と会員・修了者数は「国語講習所」設置の一九三一年以降も継続して増加している。一九三一年度末には一六九カ所、会員六、二三〇名、修了者四、九七九名となっており、この数は一九三四年度末には二四二カ所、会員七、一九二名、修了者六、四二〇名と増加している。一九三七年度末には二一カ所、会員五四名、修了者六六〇名と減少し、この頃になってはじめて「国語講習所」への移行が大々的に進められていったことが窺える。

(16) 台湾総督府公文類纂「学校ニ備ヘ置クヘキ諸帳簿ノ種類」一八九九年一二月一一日、冊号三六三、文号二一。また、一九四四年当時公学校教員を勤めていた詩人の杜潘芳格も、当時の日記を出版した著書の中で、授業の前日に教案を書き校長の検印を得るのが慣例であったことを記している(杜潘芳格『フォルモサ少女の日記』総和社、二〇〇〇年、一四頁)。

(17) 一九三三年四月二日新竹州訓令第八号「国語講習所要項」十簿册(『新竹州報』第七一六号、一九三三年四月二日)。

(18) この講師は、劉姓の人物である。現地での聞取りによると、劉氏は、書房教育を受けた人物で、当時「年齢がある程度に達していた」比較的年長の講師であったという。

(19) 新竹州の「国語講習所」の講習生の年齢は、一九三三年の要項では一〇歳以上二五歳以下、一九三九年の規則では六歳以上二〇歳以下とされているが、日誌に記された八歳は数え年により、満六歳と考えられる。一九三七年に記されているので、要項によれば一〇歳以上が入所することになっているが、六歳以上が入所しているということは、公学校に倣ったとも考えられる。また、六歳未満の生徒が一一名も講習の門を叩いたということは、少なからぬ生徒またはその保護者が「国語講習所」入所に意欲を見せていたことを示していよう。

(20) 現地での聞取りによると、「関西庄国語講習所」講師を勤めた陳憲章氏(第三節参照)も、講習所では、授業前に教授内容を書き出し、学校長の承認を受けていたこと、また、学校長が時々授業を見にきたなど、関西公学校長が当時「国語講習所」を管理監督していたことを語っている。

(21) 入手できた教案・日誌は数カ月分であるが、実際の講習は長期にわたっていたはずである。新竹州の要項によれば、「国語講習所」は講習期間が少なくとも二年間ある。日誌最終部分ではその日以降、新しい教科書を使うことが記されており、講習がその日で完結しているわけではないことを示している。

(22) 『新竹州報』第三五七号、一九三九年四月七日。この規定により、先に施行されていた「国語練習会設置基準」(「新竹州訓令第七五号」一九三〇年一二月一四日)および「国語講習所要項」(「新竹州訓令第八号」一九三三年四月二日)は廃止された。

(23) もっとも、皇民化政策に関する内容が多くないからといって、それらが重視されていなかったとはいえない。また、日誌がさらに長期にわたって記述されていれば、皇民化運動もより推進される時期に入り、当然それらの指導も増えていたであろう。

ここでは、社会生活上の指導が多いことを指摘するにとどめたい。

(24) 日本人になる教育を施され、それが国民党政権下、奴隷化教育であったと全く異なる価値を付与され、自身のアイデンティティの置き所に苦悩する台湾人の姿を元台湾総統李登輝は「台湾人の悲哀」と表現した。こうした事例も植民地人民の悲哀にほかならない。

(25) 面接をした二人の元生徒たちが通った「国語講習所」のあった場所には、戦後、太平国民小学が建設された。また、各地の県志などを見ると、戦後に設置された国民小学の中には「国語講習所」が前身であったところも複数存在する（白柳弘幸他編『外地学校所在一覧　上巻　台湾・朝鮮・樺太・南洋』平成二三～二五年度科研費基盤研究(B)研究成果報告書、二〇一三年三月を参照）。

(26) しかしながら、見えない形で教育を通じて形成される人々の行動様式や思考は計りしれない。植民地となり宗主国の教育を施された人々のその後の苦悩や、意識せずに国家へと組み込まれていく様相は、より深く考慮するに値する。

第8章

南部離島における国語普及運動
——高雄州東港郡琉球庄の事例——

本章で取り上げる小琉球島は、台湾南部に位置する東港からフェリーで三〇分程度の所に位置する島である。第5章から第7章までで取り上げた地域はすべて台湾本島の地域であるが、本章で取り上げる地域は離島である。東京、もしくは台北といった政治的中心地から物理的に乖離したこの島には、当時日本人は庄長や警察とその家族など一〇人前後しかおらず、日本語が台湾人の日常で話されることはなかった。このように中央からの政治的影響が少なく、日本人もほとんどいない「僻地」で、なぜ国語普及運動が展開されたのか、人々は国語講習に何を求めていたのかを考察する。聞取り調査の対象となった人々は女性たちである。離島に住み、女性であるという何重にも周縁化された人々にとっての「国語講習所」の意義を検討する。

一　小琉球の概況と教育状況

1　小琉球の概況

小琉球、現在の正式名称屏東県琉球郷は、台湾南部高雄県をさらに南に下った東港から西南一五キロメートル、東経一二〇度、北緯二二度に位置する珊瑚礁の島である。面積は六万八、〇一八平方キロメートル、オートバイで小一時間あれば一周できる小さな島である。現在は本福村、漁福村、大福村、南福村、中福村、天福村、上福村、杉福村の八村が存在する。人口は一万二、四三五名、うち男六、八八五名、女五、五五〇名（一九九九年四月調査当時）であり、住民の多くは漁業や農業に従事している。

琉球郷公所編『琉球郷志』（入手当時未刊）によると、「琉球」という名称はもともと琉球群島および台湾とその付属島嶼を指していたが、明の時代に琉球群島を「大琉球」、台湾を「小琉球」と称するようになった。しかし、後に地理が明らかになるにつれて台湾が「大琉球」より大きいことが分かったため、「小琉球」から今日の名称に変更され、その時まだ漢字名のなかったこの島が「小琉球」と称されるようになったという。

小琉球は、三年に一度行われる王爺祭と呼ばれる民間信仰の祭典が台湾内外の文化人類学者から注目されている地域でもある。島民の宗教は上福村に長老派の教会が一軒あるのみで、ほかはほとんどが民間信仰で、至るところに寺廟が見られる。実際小琉球は台湾で最も寺廟の密度が高いといわれる地域でもある(1)。

現在島に住む住民はほとんどが一七世紀に移住してきた漢族の人々の子孫である。彼らが住む前に、この島にはマレー・ポリネシア系の原住民が居住していた。Siraya 族に属する Makatau 族だといわれる原住民は、当時人口が一、〇〇〇名以上あったが、一六三〇年代から四〇年代にかけてオランダ人の「討伐」により島から姿を消してしまう。[2]その後に移住してきたのが大多数の島民の祖先にあたる漢族の人々である。

2　国語普及施設の概況

『琉球郷志』によると、小琉球に初めて教育施設が置かれたのは日本統治時期である。台湾総督府は一八九八年七月二八日、「公学校令」を公布し、全島各地に台湾人向けの初等教育機関を設置した。それから約一年後の一八九九年九月、東港公学校琉球嶼分教場が設置されたのがこの地域の組織的な教育の始まりとなった。この島には四書五経を教える書房も存在していなかったため、[3]公学校の設置は教育の濫觴となったといえよう。

面接内容からも明らかにされるが、当時公学校に通うことができたのは経済的に余裕のある家庭の子弟のみで、その数は多くはなく、なおかつ卒業に至る者はさらに少なかった。しかもそのほとんどが男子である。女性の場合、就業機会は極めて少なかった。本書で面接対象となった「国語講習所」の生徒たちは、皆教育機会に恵まれなかった女性たちである。

当時の「国語講習所」の設置状況を統計で表してみよう。小琉球は、当時の行政区分では高雄州東港郡琉球庄である。〈図8-1〉、〈図8-2〉は高雄州郡市別「国語講習所」設置数と生徒数の変遷を示したものである。

当時の高雄州には「市」が二つ、「郡」が七つあった。「国語講習所」設置数、生徒数とも一九三七年を境に緩やかな、あるいは鳳山郡のように急激な増加を見せている。これは一九三七年が皇民化運動開始の年であることが直接的な原因であろう。高雄市、屏東市などの都市部は一定して設置数、生徒数の変化に乏しく、「国語講習所」の活動が低調であったことが窺える。これは都市部の公学校の就学率が高いことと関連していると考えられる。東港郡は、大部分の郡と同様に、一九三七年から四〇年にかけて緩やかに増加し、四一年に減少している。

〈図 8-1〉 高雄州郡市別「国語講習所」設置数

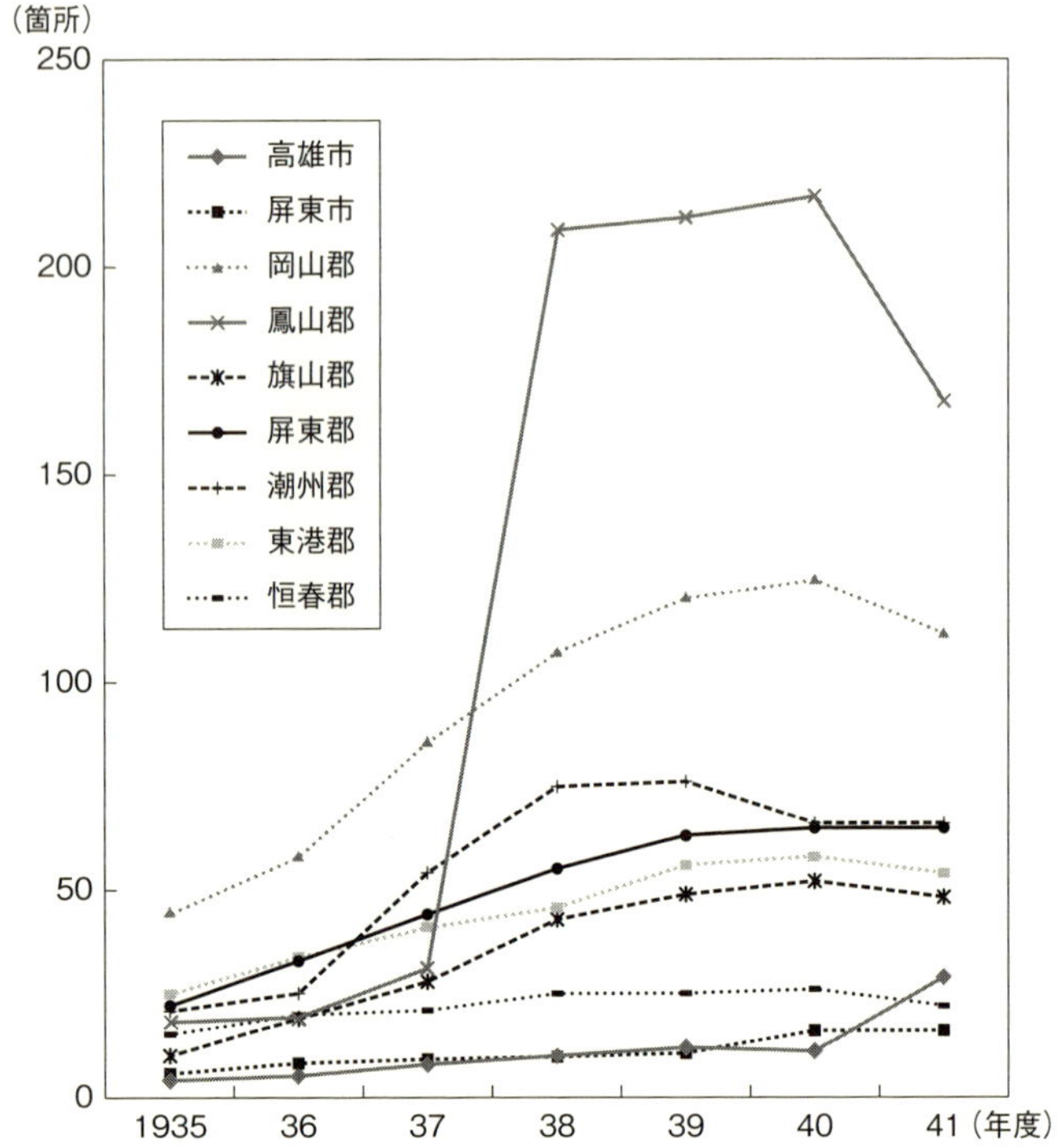

出典：『高雄州学事一覧』1935 年度〜1941 年度より作成。

その数は、一九三七年四一カ所三、〇〇二名、一九三八年四三カ所四、〇八一名、一九三九年五六カ所四、五五二名、一九四〇年五八カ所四、七四七名、一九四一年五四カ所三、五九四名であり、一九三九年、四〇年が設置数、生徒数ともに最も多いことが分かる。その他の郡もほぼ同様の傾向を見せており、中には鳳山郡のように、一九三七年三一カ所二、一八九名であったのが、翌三八年に二〇九カ所一万一、九五〇名と一年間に六倍程度の増加を見せ、その後も高い数値を保っている地域もある。

高雄州では、「国語講習所」設置数・生徒数は一部の市・郡を除き、皇民化政策開始の年より増加し、一定程度の普及を見せているといえよう。

〈図 8-2〉 高雄州郡市別「国語講習所」生徒数

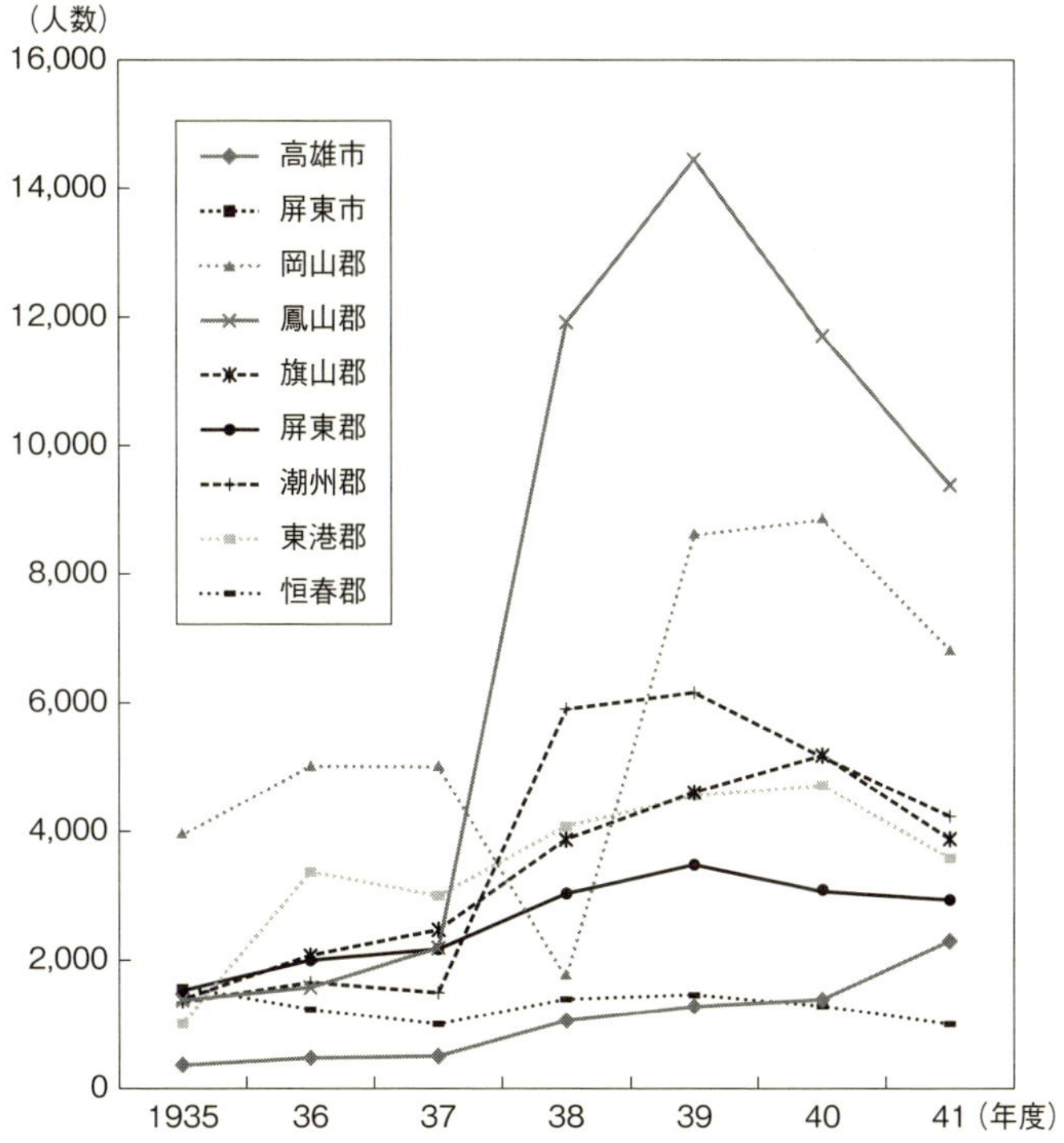

出典：『高雄州学事一覧』1935 年度～1941 年度より作成。

一方、〈図 8-3〉、〈図 8-4〉に示されるように、「簡易国語講習所」は、全般的に設置数および生徒数に大きな変動はないが、一九四〇年に岡山、鳳山、旗山、潮州の各郡で大きな増加を示しており、その翌年に旗山郡を除いて減少している。東港郡は、多くの市、郡同様、一定してその普及程度が低い。

全般的に、高雄州では、「国語講習所」に比べ「簡易国語講習所」の設置数、生徒数が低調だといえよう。「国語講習所」が、設置数・生徒数において一九三六年、三七年を境に増加し皇民化政策に連動しているのに対し、「簡易国語講習所」は岡山、鳳山、旗山、潮州の四郡で一九四〇年から四一年にかけて急増している以外、数値の変化が乏しい。しかしながら、一九四

〈図 8-3〉　高雄州郡市別「簡易国語講習所」設置数

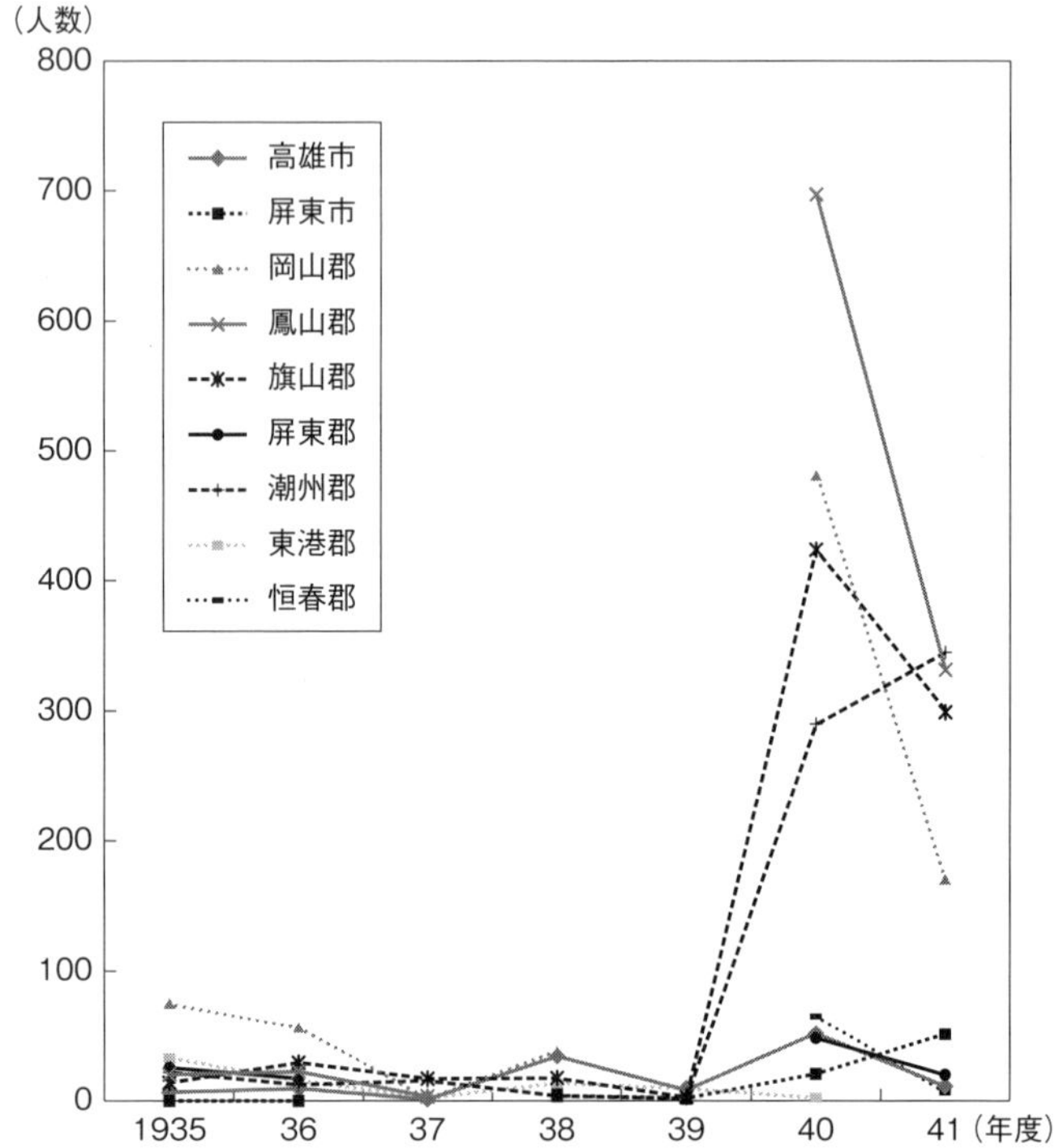

出典：『高雄州学事一覧』1935 年度～1941 年度より作成。

〇年、四一年のこれら四郡の設置数、生徒数は、同時期の「国語講習所」よりはるかに多く、最多の鳳山郡の「簡易国語講習所」は、一九四〇年に六九七カ所二万六、一八二名であり、同年の「国語講習所」が二一七カ所一万一、七二〇名であるのに対し、設置数で三倍、生徒数で二倍以上の値となっている。「簡易国語講習所」が一部の郡で一九四〇年、四一年に極めて多かったことは、短期間の講習を施す講習所が一時的に多く設立されたことを示しているが、その詳細は今後の検討課題として残される。

次に、琉球庄の国語普及施設数を見てみよう。

一九三八年四月一日には「国語講習所」、「簡易国語講習所」がそれぞれ一

〈図 8-4〉　高雄州郡市別「簡易国語講習所」生徒数

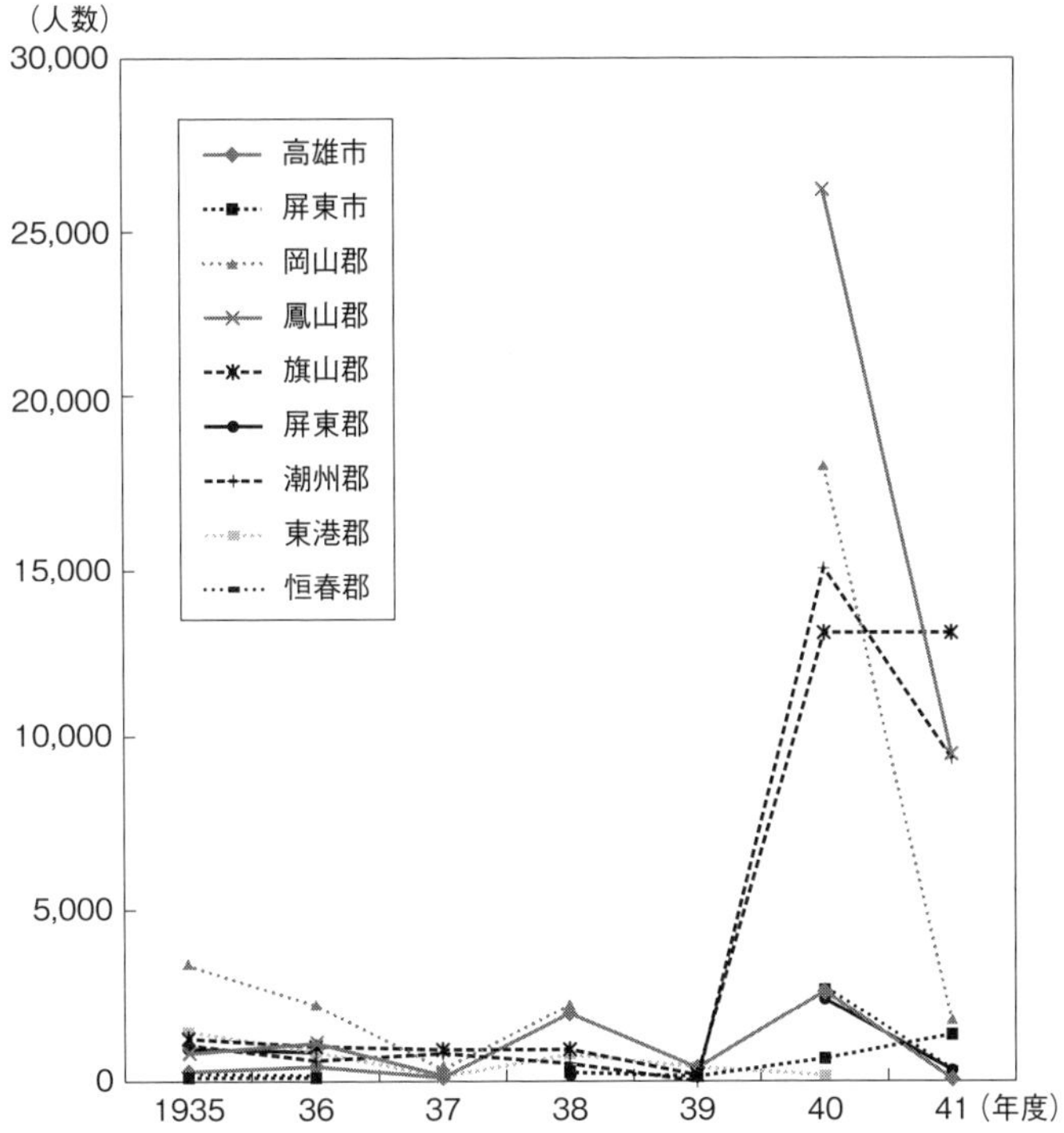

出典：『高雄州学事一覧』1935 年度～1941 年度より作成。

〈表 8-1〉　琉球庄国語普及施設設置数

教育施設 / 年月日	国語講習所	簡易国語講習所	全村学校	国語保育園
1938 年 4 月 1 日	1	3	—	—
1938 年 10 月 31 日	2	2	10	1

出典：『琉球庄管内概況』1938 年 4 月 8 日版、1938 年 11 月 27 日版および『琉球公学校学校沿革誌』より作成。

カ所、二カ所設置されており、同年の一〇月三一日にはそれぞれ二カ所になっている。「国語講習所」が一年から四年の講習期間であるのに対し、「簡易国語講習所」は三カ月から六カ月程度の講習期間であり、農作業の繁閑に合わせて開設されるため、調査月により数が前後することがある。琉球国民学校保存の『琉球公学校学校沿革誌』の記録によると、「国語講習所」、「簡易国語講習所」は、一九四一年四月一日には「特設国語講習所」となり、「第一種国語講習所」が琉球国民学校の付設として一学級、「第二種国語講習所」が大寮および白沙尾にそれぞれ一学級ずつ設置された。すなわち、一九四一年からは島には「特設国語講習所」が三学級設置されたことになる。

それ以外の教育施設としては、各部落に設置されていた簡易な教育施設である「全村学校」が一〇カ所、「国語保育園」が一カ所設置されており、皇民化運動が推進されていたことが窺える。「全村学校」は「国語講習所」より簡易な日本語を教える施設で、『琉球公学校学校沿革誌』の記録によると、一九三八年九月五日に開所式が行われている。この教育施設は、「国語講習所」よりも簡易な日本語を講習し、期間はそれぞれ四カ月程度、講師は青年団員等である。また、「国語保育園」は同年六月二一日に開設された。

インフォーマントの中には「簡易国語講習所」に通った者もあれば、「全村学校」で学んだ者もある。両者の講習内容が似ており、元生徒自身がそれらを区別していないため、本章では小琉球の国語普及施設を総称して「講習所」と称する。

島の日本語世代の老人たちによれば、一九三八年以前にも「国語講習所」以外の教育施設はあったというが、残念ながら統計資料の不足のためにその普及程度を論じることはできない。概して「国語講習所」および「簡易国語講習所」の設置数は、大きな変動を見せていない点で、東港郡の統計と同様の変遷を辿っているといえよう。

〈図 8-5〉 琉球庄学齢児童就学率

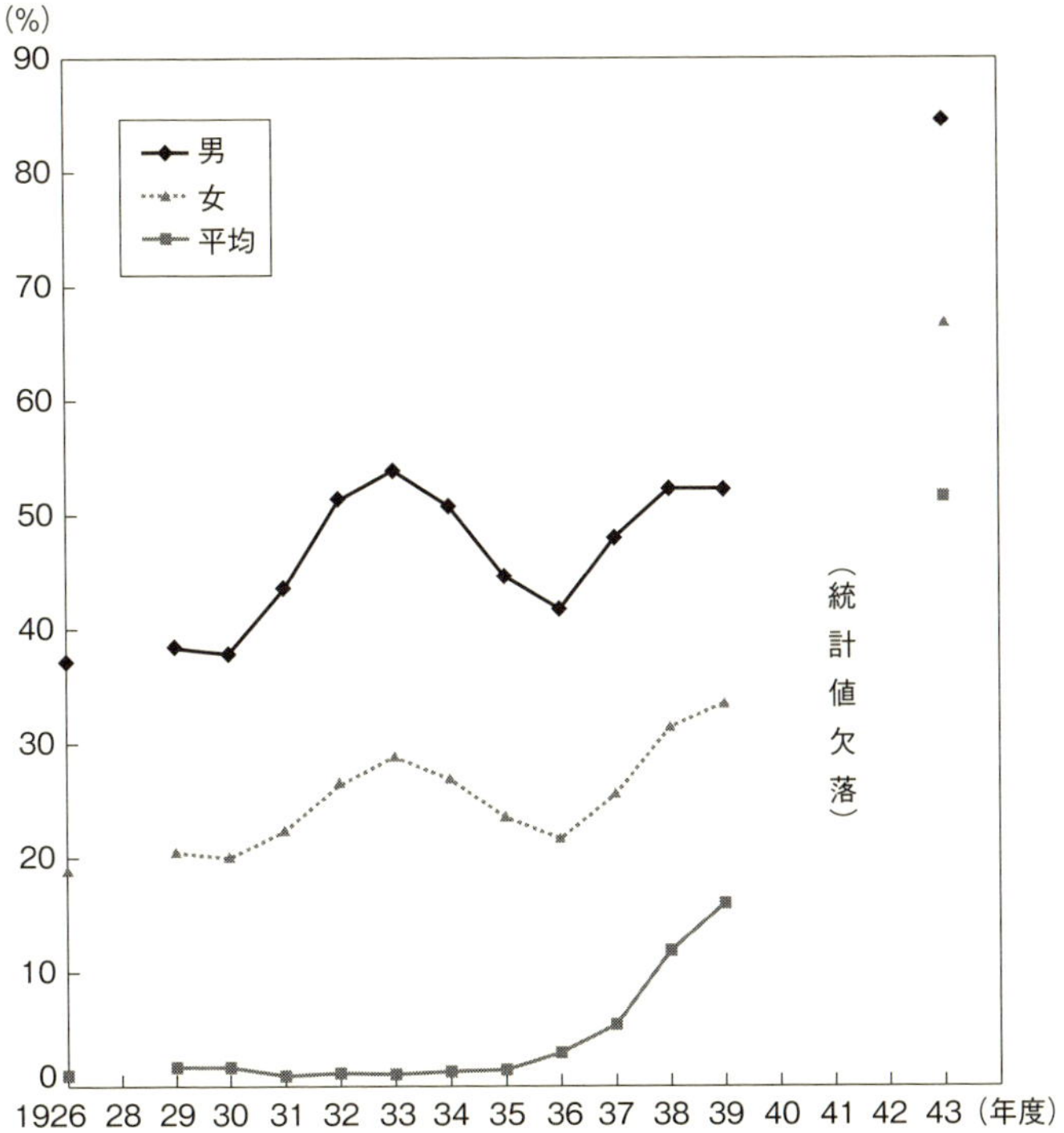

出典：琉球庄役場編『琉球庄管内概況』1927 年度〜1943 年度より作成。

ただし、小琉球には、「国語講習所」以外にも「全村学校」等の施設が皇民化運動の一環として導入され、各部落という小規模な単位で運動が展開されていたのである。

〈図8―5〉は琉球庄の学齢児童の就学率を表したものである。一九四〇年代初頭の統計が欠落しているが、ここからは琉球庄の女児の就学の傾向が見てとれる。この図に表される通り、琉球庄の女児の就学率は非常に低い。一九三七年に五・五三％と、一〇％にも満たない状況であり、一九三八年になって一二・一七％と、ようやく一〇％台に上った程度である。男児は多少上下するものの、一九三一年以降一九三九年まではほぼ五〇％前後の就学率を保っている。前述したとおり、公学校に通っても中途で退学する者が少なくなかった。特に漁業が主たる産業であるこの地域では、漁の時期によって出席率が上下したであろうと想像される。一九四三年には台湾総督府により義務教育制度が敷かれ、その結果、就学率が男児は八四・二七％と、八〇％を超えるが、女児は五一・五四％と、依然として五〇％強に過ぎない。本章で扱う元生徒たち四名は、三名が一九二五年から一九三四年の間に、最も若年の一名が一九三四年から一九四〇年の間に公学校就学年齢を過ごしている。彼女たちが公学校に行かなかったのは、この時代小琉球の女児一般の現象であったことが、この統計からも明らかである。以下の節では、公学校に通えず、「夜の公学校」と呼ばれた「国語講習所」または「全村学校」に通っていた、周縁化された存在である女性たちの人生を振り返り、彼女たちが「国語講習所」に求めたものと、「国語」がどのように捉えられていたのかを探る。

二　小琉球の「国語講習所」教育の実際

1　インフォーマントのプロフィール

まず、二回の調査の対象となった一名の講師と四名の女生徒たちの生い立ちを紹介する。それによって小琉球における社会教育の対象の階級や階層、そして彼らが教育に求めていたものが明らかにされよう。

（1）　講師、蔡有明氏

一九一四年生まれの八六歳（二〇〇〇年当時、以下同様）。毎朝五時に起きて散歩をするのが日課である。宗教は仏教。現在は妻と次男夫婦と同居している。

蔡氏の父親は漁業、母親は農業に従事し、いずれも学歴はなかった。しかし島民の間では蔡家は富裕な一家だといわれている。六男二女の長男に生まれ、本人は八歳で琉球公学校に入学し一四歳で卒業、五人の弟たちも次男は師範学校卒、三男から六男まで皆国民学校卒（本人の弁では「ほとんど卒業」）と当時としては高学歴である。

蔡氏の学歴、職歴は次のとおりである。蔡氏は公学校を卒業した一九三四年、学校の小使となり、三年間勤務した後、高雄へ渡り高雄港灯台守を一年間務めた。それから島に戻り漁業会に勤務し、書記を務めた。この頃（一九三七年から一九四〇年前後）「国語講習所」で教鞭を執っていたという。琉球国民小学保存の『琉球公学校職員履歴書綴』の蔡氏の記録と照合させてみると、「国語講習所」講師に委託されたのは一九四四年四月三〇日であり、月給一八円とある。蔡氏は一九三八年までに台湾総督府委託臨時教員養成講習会の講習課程を修了し、同年一〇月四日に月俸三七円で助教に命じられ、琉球公学校に勤務していた。実際「国語講習所」に勤めていたのがいつなのかは、記憶と記録に差異が生じているが、一九三八年に「全村学校」指導員との記録があることから「全村学校」で教えていたのと混同しているのではないかと考えられる(4)。戦時中には「銃後後援会」にも勤務し、終戦直後は一年間代用教員を務めた。後、一九七五年に定年退職するまで農業会に勤務、信用部の主任を勤めあげた。満二〇歳で結婚し、三男五女をもうけた。

筆者が見るところ、蔡氏は経済面、健康面、また子孫繁栄の面でも明らかに恵まれており、物心ともに豊かな老後を過ごしているように見受けられる。様々な恵まれた背景を持つ蔡氏が、後に紹介するように、当時無給で「全村学校」の講師を引き受けたことは納得できることである。

(2) 生徒、陳花枝氏

一九二一年生まれの七八歳。宗教は道教。毎晩お経をあげるのが現在の日課である。一年前に胃を悪くするまでは果樹栽培をしていた。一九九九年には全島八村から一名ずつ選出される「模範母親」に選ばれた。夫亡き後は隣長(隣組長)を引き継ぎ、現在は長男夫婦と同居している。

陳氏の父親は木造家屋を作る大工であったが、陳氏が七歳の時に死亡、その後は母親が畑を耕しサツマイモなどの商品作物を栽培して家計を支えた。姉が二人いたが、いずれも二〇代で死亡、他に兄弟姉妹のない陳氏は家を継ぐことになり、二〇歳の時に島の男性と結婚した。彼女の姓が一つなのはそのためである。

陳氏を含め両親姉妹には全員学歴がなかった。一家は経済的に貧しく、食事は一日二回だけであったという。結婚前は「碧雲寺」に通うのが日課であり、また、服を作るのが趣味であった。二〇歳の時に結婚した夫は近所に住む二歳年上の男性だった。結婚は陳氏の人生において、家に男が来る、また家族が増えるという点で大変うれしい出来事であったという。陳氏は二男六女に恵まれた。子どもたちが小さいときは陳氏の母親が世話をし、彼女は畑で働いたという。

「講習所」には一九三七年頃、彼女が一六歳の頃から三年間通った。講習は一年に三カ月程度であった。これが陳氏の人生で享受することのできた唯一の教育であった。「講習所」での成績がよく、島内の「国語演習会」に出席し、賞を受けたこともあるという。陳氏の学びたいという気持ちはいまだに強く、筆者が訪問したとき、本人は親戚宅から借りてきたという日本語教科書でかな文字を勉強中であり、筆者にモデルリーディングを頼むほどであった。

（3）　生徒、林洪香氏

一九二八年生まれの七二歳。現在は夫と二人暮らし。宗教は道教。毎朝四時に近所の「五王廟」に行くのが日課である。漁師を引退した夫は現在、「五王廟」で手伝いをしており、林洪氏は毎日食事を作り、薪割りなどの家事をこなしている。

林洪氏の両親は農業を営み、いずれも学歴はなかった。兄弟は、兄一人、弟一人、姉が三人、妹が二人。林洪氏は九人兄弟の五番目である。兄と弟は公学校に通ったが、林洪氏を含む六人の姉妹はいずれも学歴がなかった。結婚するまでは毎日畑仕事をしていた。

結婚は一九歳の時、夫は一歳年下のお見合い結婚である。夫の職業は漁師、子どもの頃公学校に通っていたことがある。夫婦は二人の息子と四人の娘に恵まれた。子どもたちが小さい頃は、日中は夫の弟の妻が子育てを手伝い彼女は畑で働いたという。林洪氏は幼い頃から現在まで休むことなく日々働いて過ごしている。

「講習所」には一九四二年から四三年頃まで、すなわち本人が一四、一五歳の頃に一、二年間断続的に通ったという。

（4）　生徒、許林閉氏

一九二二年生まれの七七歳。現在は夫と雑貨店を営んでいる。宗教は道教。かつては朝三時、四時に起きて歩いて「碧雲寺」でお経をあげるのが日課であったが、現在は家の中でお経をあげる毎日だ。

許林氏の両親は農業に従事していた。父親は島では当時数少ない公学校卒業者で、許林氏は父親が識字者であったことを大変誇りにしている。母親は島の多くの女性同様に学校に通った経験はない。兄弟は兄が三人、弟が二人、姉が二人、妹が二人の五男五女である。許林氏は三女である。次男と一番下の五女は幼い頃に亡くなり、四男と五男の二人の弟たちは家庭の経済的事情から養子に出された。姉たちは皆嫁いで農業に従事していた。

結婚前の許林氏は牛の放牧、農作業、薪割りなどの仕事をしていた。そのほかにも衣服を縫ったりしていたが、趣味と呼べるほどのものはなく、また時間もなかったという。許林氏が結婚したのは一八歳の時、夫の職業は漁師、子どもの頃には公学校に通っており、日本語が流暢である。結婚してからは、幼い子どもをかごに入れ畑に出て、世話をしながら畑仕事をしたという。上の子どもが大きくなってからは、彼らに下の子どもの面倒を見させ、家族全員で家事を分担しながら生活してきた。三男二女をもうけている。

「講習所」には一九三七年頃、すなわち本人が一五歳頃から三年間通った。陳花枝氏と同級生であった。

（5）　生徒、黄蔡心氏

一九一九年生まれの八一歳。現在は夫と息子夫婦と同居している。毎朝四、五時に起きて近所の廟にお経をあげに出かけるのが日課である。

黄蔡氏の父母は「碧雲寺」と「三隆宮」という島最大の廟の管理人をしていたという。学歴はなかった。兄弟は彼女を含めて四人。兄、彼女、そして二人の弟である。兄弟たちは漁師であった。

結婚前の黄蔡氏の日課は、畑仕事が主であった。落花生やサツマイモが主要作物であった。そのほかにも他家の子どもの世話やサツマイモ洗い、畑の施肥に井戸の水汲みなど、日々忙しく過ごし、趣味に割く時間はなかったという。二〇歳の時にお見合い結婚をした。夫の仕事は造船、学歴はない。結婚後の黄蔡氏は四人の息子をもうけ、以前と同様に畑を続けながら子どもを育てた。

「講習所」には結婚前に通ったという。何年かははっきりしないが、蔡有明氏の授業に出ていたというので、一九三七年から三九年、すなわち黄蔡氏が一八歳から二〇歳の間と推し測れる。

(6) インフォーマントの特徴

生徒たちが「講習所」に期待していたものを論じる前に、彼女たちの生い立ちや背景などの特徴を整理しよう。生徒四名は年齢が七二歳から八一歳。林洪香氏を除き、皆息子夫婦と同居している。また、陳花枝氏を除き、皆夫が健在である。彼女らの生い立ちの主な共通点は以下のとおりである。

① 信心深い。宗教は民間信仰の道教であるが、現在の日課が廟へのお参りまたは自宅でお経をあげることである。これらは子どもの頃からの習慣である。(5)
② 両親は、許林閉氏の父親を除き皆学歴がない。
③ 兄弟姉妹の中には養子・養女に出された者や死亡した者もいる。学歴は、男兄弟は公学校中退または学歴なし、女姉妹は本人を含め全員学校に通った経験がない。
④ 結婚前は貧しく農業を中心とした仕事の毎日であった。結婚・出産後も畑仕事を続ける生活。なお、小琉球では男性の多くが漁業に従事していたため、農業は主に女性の仕事であった。
⑤ 「講習所」には結婚前に通った。
⑥ 夫とはお見合い結婚。夫の学歴は公学校中退またはなし。仕事は漁師や造船等いずれも漁業関係。
⑦ 多くの子どもに恵まれ、そのほとんどの学歴が小学校卒業以上。中には陳花枝氏の次男や許林閉氏の三男のように高等教育を受け中学や小学校の教師になった者もある。

彼女たちは貧しい家庭に生まれ育ち、教育機会に恵まれなかった、公教育からこぼれ落ちていく周縁化された人々である。時代的に女に教育は無用という風潮があったと思われるが、男兄弟ですら一時的に公学校に通った経験があるのみである。講師の蔡有明氏の兄弟のほとんどが公学校を卒業していることと比較すると、やはり彼女たちの家庭の経済的事情がよくなかったことが窺える。

また、彼女たちは子どもの時からずっと働き続けてきた。主に農作業であるが、子育ての最中にも休むことなく、働き詰めの人生であったといえよう。彼女たちはこうした状況下で夜「講習所」に通ったのである。彼女たちが講習に求めたものを検討しよう。

2　小琉球の「国語講習所」教育の実際

（1）　通学の動機と講習の印象――自主的通学――

面接調査からは、彼女たちが自主的に「講習所」に通っていたことが明らかになった。「講習所」から通知が来たり、教員が勧誘に来たりした時の気持ちを彼女たちは次のように表している。

勉強が好きだったからうれしかったわ。勉強が嫌いだったら行く必要はないでしょ。（陳花枝氏）

あの時先生が来て、招待されてみんなうれしかった。（黄蔡心氏）

あの時、政府から通知書を受け取って、みんなとてもうれしかった。なぜなら勉強もできるし、いっしょに出かける仲間もいるし。（林洪香氏）

私たちは自ら勉強しにいきたかったの。…（中略）みんな勉強しに行くのが好きだったわ。（許林閉氏）

これらの聞取りからは、彼女たちは強制されたのではなく、自ら望んで「講習所」に通っていたことが分かる。講習に対する印象は、全般的に「楽しかった」という内容であった。なぜ楽しかったのか、彼女たちの語りから挙げてみよう。

（勉強しに行くときの心情は）うれしかった。なぜならみな一緒になって出かけられるから。（許林閉氏）
仲間がいるからうれしかった。それに勉強もできると思うととてもうれしかった。（林洪香氏）

彼女たちは勉強をするために「講習所」に通ったのであるが、「仲間がいる」というのがもう一つの大きな要因であった。日中畑仕事に忙しい彼女たちは、日常、一緒に集まって活動することがほとんどなかった。勉強という知的楽しみのほかに仕事を終えてからの講習は、仲間と過ごせる時間でもあったのである。彼女たちの楽しみには、講習の登下校も含まれていた。仲間が誘いに来て、そろって講習にでかける楽しみである。もっともそれは、暗い夜道を集団で登下校し安全を確保するという意図も含まれていた。当時は電灯のない時代である。路は暗く危険であった。

暗い中を帰る時、「アズサ」の歌を歌っているときに転んで溝に落ちたのだけど、辺り一面真っ暗で一点の明りもなかったわ。…（中略）転んで田んぼの溝に落ちて、暗くてよく見えない、路はとても小さな一本の路、現在とは違ってい

たのよ。…（中略）時には転んで死ぬ人もあったのよ。（許林閉氏）

実際、当時生徒たちが通った道を辿ってみると、オートバイでも一〇分程度かかる、今でも鬱蒼と草木が生い茂る山道であった。街灯のない当時、この道を徒歩で通うのはかなりの困難がともなったことは想像に難くない。さて、そこまでして彼女たちが通った「講習所」であるが、講師や彼女たちの話から講習内容を検討してみよう。

（2）講習の内容と効果――集団トレーニングと知識吸収――

夜七時から二、三時間続く授業ではどのようなことが行われたのか。まず、授業の最初にすることである。

（授業のはじめは）みんな起立、座る。「君が代」を歌う。私が教えた生徒は、大概「君が代」はみんな知っている。（蔡有明氏）

授業の始めに教師に挨拶をするのは、当時の公学校や小学校のみならず、現在の初等教育で広く一般的に行われていることである。「君が代」斉唱もまた、当時の教育では欠かせない要素であった[6]。こうした始めの段取りは、当時社会教育、初等教育を問わず行われたようである。そして、教室では座り方や並び方などの礼儀作法も教師から教えられた。これは、集団生活の訓練であるといえよう。

「国語講習所」には教科書があった。元講師、生徒たちに確認したところ、使用されていた教科書は、第四章で取り上げた「国語講習所」用に編集された台湾教育会編『新国語教本』巻一（一九三三年）またはそれと類似のものである。当時台湾各地で行われていた社会教育では様々な教科書が使われていたが、現存するものを見ると、その多くが『新国語教本』と内容的に類似している。元生徒陳花枝氏は、教科書の一文を暗記して覚えており、それが『新国語教本』（一九三三）巻一の二一課の本文であったことからも、当時小琉球で使用されていた教科書が台湾教育会編の『新国語教本』巻一である可能性は高い(7)。なお、この教科書には指導書である『新国語教本教授書』巻一（一九三四年）があるが、講師蔡有明氏に確認したところ、当指導書は使用していなかったとのことであった。

蔡氏によると、授業では日本語と台湾語を混ぜながら、文字の学習、ペアでの会話練習などが行われた。これらの授業内容はむしろ外国語としての日本語教育と文字の学習が主である。生徒たちに確認したところ、五〇音、数字、身振り手振り付きで唱歌の練習、ペアでの会話練習などがあり、人によっては文字を書く宿題が課されたという。また、蔡氏によると唱歌やおとぎ話なども教えられた。

講習の効果である。簡単な日常会話はできたと生徒たちはいう。事実、面接の間にも、挨拶言葉に加え、「あなたはどこに行くのか」などの表現が日本語で飛び出した。五〇年以上前のことである。当時はもっと日本語で会話ができたという彼女たちの言葉は、あながち誇張でもなかろう。蔡氏も講習後の生徒たちは簡単な言葉はできたと語っている。また、文字も同様にある程度習得されていたと想像できる。

一方、集団トレーニングの効果も見られる。講習前と後で、女性たちの態度が変化したというのである。

精神力も変わる。あと、話し振りも言葉も、「国語講習所」に入る以前の発言と違ってくる。…（中略）講習の前はね、とにかく、社会のことの記憶《（ママ）》が、ちょっと少ないんだ。「国語講習所」に入って社会教育を受けて、それで初めてこの社会はだんだんとこんななんだ、進歩しているという記憶《（ママ）》が、頭に入ってくる。（蔡有明氏）

講習所では、言葉の教育のみならず、社会で生活するための最低限の訓練と知識の伝授が行われていたといえよう。生徒の中には、家で炊事をしながら地面に字を書いて練習した（一回目の調査より）という者もある。電灯のない時代である。授業は蠟燭の火を灯して行われた。熱心に勉学に励み、講習を通じて何かを吸収しようとしていた者も少なくなかったようである。生徒たちは皆、講習は楽しかったと語っている。仲間と一緒に勉学に励む喜びと、知識の吸収への希求が彼女たちを「講習所」へと運んだのであろう。

（3）講習会場と教員——地域運動としての社会教育——

「国語講習所」の会場は、記録の上でも、講師蔡有明氏との面接からも琉球公学校で行われたとされている。しかしながら生徒たちに講習の会場を尋ねると、多くが個人の家を挙げた。この差異は、蔡氏に話を聞くうちに解明された。

前述したように、「国語講習所」として生徒たちが認識しているものには当該講習所のほかに「全村学校」が含まれる。蔡氏の話では「全村学校」は、より簡易な日本語教育を個人の家や庭などで行い、大抵はここを経てから公学校に設置されている「国語講習所」に進むのだという。これは生徒の陳花枝氏が、三カ所での講習を終えてから公学校での講習に参加したという証言からも裏づけされる。『琉球公学校学校沿革誌』の記録では、「全村学校」では試験も行われている。まっとうな教育機関と見てよいだろう。

こうした「全村学校」は、「国語講習所」と違い総督府や州庁によって制度化されたものではなく、自主的な社会教育機関であったようである。琉球庄の場合講師は無給で、会場も個人宅がほとんどである。陳花枝氏と同級生の許林閉氏の通った三カ所の「全村学校」会場は、（1）杉福村の教会、（2）杉福村の陳氏宅、（3）上福村李氏の庭園の三カ所である。（1）杉福村の教会とは、島唯一の基督教教会である。当時は宗教を問わず社会教育に協力的であったことが窺える。（2）杉福村の陳氏がどのような人物であったかは不明であるが、（3）の上福村の李氏が保甲役員であることから、陳氏も保甲役員または区総代などの有力者であると想像される。（3）李氏とは、保甲役員の李西炮氏のことである。『琉球庄管内概況』によると、李氏は一九三四年に保甲書記として琉球庄の協議会員となり、一九三七年には島内四区中の第二区総代となっている。「国語の解否」欄には「解」とある。記録を見る限り島内で有力な人物と思われる。実際、李氏の自宅を訪ねてみると、現在は洋風な館が建っていたが、当時講習を行った庭園は今でも残っており、広い敷地に木々が濃い影を落としていた。講習会場はこのように、「全村学校」は地域の有力者の自宅や教会、「国語講習所」は公学校であった。それでは実際に教壇に立つ教師たちはどのような人物であっただろうか。

蔡氏によると、講師は公学校卒業者であったという。生徒たちの話では講師は皆台湾人であったという。確かに〈表8–2〉に示されるように琉球庄の「国語講習所」の講師たちは全員が台湾人である。

〈表8–2〉から、琉球庄「国語講習所」の講師には次のような特徴が挙げられる。

（1）台湾人である。小琉球「国語講習所」には記録を見る限り日本人講師はいない。

（2）講師の年齢が若い。講師は最年少は一六歳、最年長でも若干三一歳である。

（3）専任講師が少ない。専任講師はわずかに三名を数えるのみで他は兼任講師である。

〈表 8-2〉 琉球庄「国語講習所」講師一覧

氏名	生年	原籍	学歴、資格および主な職歴	任命先および職位	月俸	任期
蔡 天助	1913	高雄州東港郡琉球庄	琉球公学校（3カ年）修了	琉球庄特設第二種国語講習所、専任講師 琉球庄特設第二種国語講習所、講師	35円 18円	1943.4.30–7.14 1944.4.30–8.1
蔡 有明	1914	高雄州東港郡琉球庄	琉球公学校（6カ年）卒業、琉球庄全村学校指導員（1938.9.5）、州主催第二回国語講習所専任講師講習会受講（1939.8）、郡主催国語講習所専任講師養成講習会修了（1940.6）	大寮国語講習所、専任講師	20円	1939.4.18–1940.11.9
許氏 秀月	1917	高雄州屏東市皈来	私立台南長老教女学校（4カ年）卒業、屏東市皈来第二国語講習所講師（1936.4.6–1938.1.15）	琉球庄特設第一種国語講習所、講師	35円	1941.4.1–1943.4.30
洪 先助	1921	高雄州東港郡萬丹庄	萬丹公学校本科（6カ年）卒業、萬丹農業補習学校（2カ年）卒業	琉球庄特設第二種国語講習所、講師	18円	1944.4.30–?
呉 徳武	1924	高雄州東港郡新園庄	山坎頂公学校本科（6カ年）卒業、萬丹農業専修学校修了、府委託臨時教員養成講習会修了（1942.11）	琉球庄特設第二種国語講習所、講師	18円	1944.4.30–?
林 水鏡	1924	高雄州東港郡林邊庄	林邊公学校（6カ年）卒業、東港実業国民学校（3カ年）卒業、州臨時教員養成講習会（2カ月）修了	琉球庄特設第一種国語講習所、講師 琉球庄特設第一種国語講習所、講師	10円 20円	1941.4.1–1942.1.6 1942.3.31–1943.2.28
洪 榮華	1925	高雄州東港郡	琉球国民学校初等科（6カ年）卒業、府主催国	琉球庄特設第二種国語講習所、専任	17円	1940.12.16–1943.1.8

		琉球庄	民学校臨時行員養成講習会修了、州主催国語講習所講師講習会修了	講師 琉球庄特設第一種国語講習所、講師	18円	1943.3.31–1945.1.31
蔡 實	1926	高雄州東港郡琉球庄	東港実業専修学校（3カ年）卒業	琉球庄特設第二種国語講習所、講師	18円（1944.7.31、21円）	1944.4.30–1945.3.31
張 廷瑞	1926	高雄州東港郡林邊庄	琉球国民学校（3カ年）修了、府主催国民学校臨時教員養成講習会修了	琉球庄特設第一種国語講習所、講師	16円	1944.3.31–1945.2.28
陳 樹	1926	高雄州東港郡琉球庄	琉球国民学校初等科（6カ年）卒業、青年学校指導員（1944）	琉球庄特設第二種国語講習所、講師	30円	1943.8.10–1944.3.24
蔡 漏乾	1927	高雄州東港郡琉球庄	東港実業専修学校（3カ年）卒業	琉球庄特設第二種国語講習所、講師	28円	1944.4.30–1945.2.28
荘 国忠	1927	高雄州東港郡新園庄	国民学校高等科（2カ年）卒業、府主催国民学校臨時教員養成講習会修了	琉球庄特設第一種国語講習所、講師	16円	1944.3.31–1945.1.31
胡 振輝	1928	高雄州東港郡新園庄	国民学校高等科（2カ年）卒業、府主催国民学校臨時教員養成講習会修了	琉球庄特設第二種国語講習所、講師	18円	1944.4.30–1945.3.31
洪氏 錦雀	1928	澎湖庁西嶼庄	国民学校高等科卒業、府主催国民学校臨時教員養成講習会終了	琉球庄特設第二種国語講習所、講師	16円	1944.7.31–1945.2.28
陳氏 雪子	1928	澎湖庁白沙庄	国民学校高等科卒業、府主催国民学校臨時教員養成講習会終了	琉球庄特設第二種国語講習所、講師	16円	1944.7.31–1945.3.31

出典：『琉球公学校職員履歴書綴』より作成。

（4）講師の学歴は初等教育修了程度が大多数である。公学校または国民学校卒業が最も多く、その中でも修業年限六カ年の公学校・国民学校卒が多数おり、中には高等科修了者もいる。一方三カ年の国民学校修了の者や実業専修学校卒業の者も若干名いる。

（5）教員の資格を有していない。講師たちは初等教育程度を修了した者で、その多くが台湾総督府主催の国民学校臨時教員養成講習会を修了している。これは戦時中の人材不足による代用教員と同様のものであろう。

（6）給料は一〇円から三五円の間である。多くの講師が一六円から一八円程度であり、この金額は毎晩二、三時間の講習による月俸としては少ないとはいえないであろう。

全般的に小琉球の「国語講習所」講師は初等教育修了程度の教養を備えた年齢の若い人物であったようである。人口の少ない離島で教員免許を有する者を探すのは時勢を考えても困難なことである。(8)

一方、「全村学校」であるが、前述のように「全村学校」は当地域の自主的な活動であるため、政府からの援助はない。「全村学校」の講師となったいきさつを、蔡有明氏は語る。

筆者：どうして（「全村学校」は）俸給がないのに教えに行きましたか。
蔡有明氏：その時はね、…（中略）とにかく女たちは学校に入らない、何も分からないから、これは大きくなったら、何の仕事をしてもあまりうまくいかないからね。それで私が「率先垂範」ね、まあ、一つの社会の経験で教えて、将来、非常にうまい人《（ママ）》になれるぐらいな、その精神で教えてやったんだ。
筆者：これ（全村学校の教員になること）も校長先生が命令しましたか。
蔡有明氏：ええ。校長先生が大体、主人としてやっていた。何か、見ても非常に同情心《（ママ）》があるから来なさいと。その時の校長先生は私の親戚なんだ。

この件からは、教師が給料を度外視して教育機会に恵まれなかった女性たちに社会で生きていくための知識を授けようとしていたことが窺える。島内一〇ヵ所の「全村学校」講師たちはすべて無給である。蔡氏のように、女性たちに社会で生きていくための教養を与えようとした教師も少なくなかったのではないだろうか。

小琉球の民衆の国語普及運動は、「全村学校」と「国語講習所」を中心に進められた。蔡氏によると「全村学校」は「国語講習所」の下部組織である。そうしてみると、各「部落」に置かれたこの民間の夜学校は国語普及組織において最も末端に位置づけられる。このことから、地域ぐるみの国語普及運動が展開されていたことが分かるのである。

（4）講習に求めたもの——識字、そしてさらなる可能性を求めて——

生徒たちは、講習に何を求めたのであろうか。自主的に勉強のために通っていたというが、学ぶことによって自分がどうなりたかったのであろうか。インフォーマントの答えは大きく二つに分かれた。一つは、識字である。

皆、文字を知りたかったの。……私は文字を知ればそれでいいと思っていた。当時の人間は教育を受けて何かをしようとまでは考えなかったわ。（許林閉氏）

事実、識字というのが講習に当たった講師の一つの大きな目的であった。蔡氏は語る。

やっぱり、字を知らないと、自分の名前も書けない。非常に不便。それで、その関係で(生徒たちは)「講習所」に入ったんだ。実際に自分の名前も書けない者は非常に不便ですよ。(蔡有明氏)

とにかく文字を知りたいというのが、インフォーマントたちが講習を通じて求めたものであった。前述の許林閉氏のように文字を知りさえすればよいという考えの者のほかに、第二に、教育を通じて自分の人生を変えようと考えた者もあった。

最も熱心な生徒だったと自称する陳花枝氏である。父親の夭折に二人の姉の事故死、そして食事も満足にとれない貧困生活など、恵まれない環境で育ってきた陳氏は、「講習所」以外に教育を受ける機会がなかった。一日も欠かさず講習に通った彼女は文字を知って、何をしたかったのであろうか。

勉強して、教師になりたかった。…(中略)(「講習所」の)教師になるには試験はなかったわ。夜学(「講習所」のこと)の教師は本当の教師ではなくて勉強をしたことのある人だった。…(中略)あの頃は教師になるのは簡単だったわ。(陳花枝氏)

陳氏がいうように、「講習所」の講師は公学校を卒業した者など、ある程度の教養がある人物であり、教員免許は必ずしも必要ではなかった。実際、〈表8-2〉で示したとおり小琉球の「国語講習所」講師には教員免許を有する者が一人もいなかった。陳氏は教師になりたかったというのである。

あの時学び終わって、何度も何度も考えたわ。（教師になる）方法はないかって。（陳花枝氏）

陳氏は、「講習所」で学んで教師になる道を模索していたのである。彼女にとって「講習所」は、単に文字を教えてもらう所ではなく、職業を変えるチャンスを得、階層上昇の可能性を孕んだ場所でもあったのである。残念ながら、その後彼女の望みが達成されることはなかった。「全村学校」を修了した陳氏は、公学校に設置されている「国語講習所」へ通おうと初日の授業に出席したものの、暗い夜道をひとりで通いきれずに通学を一日で断念する。「国語演習会」で賞をもらうほど勉学に熱心であった陳氏の無念さは想像に難くない。インフラの不整備がひとりの少女を勉学の道から遠ざけてしまったのである。

島の老人たちの話では、当時「講習所」で成績のよかった女性たちは島を出て台湾本土に渡ったという。陳氏が望んだように「講習所」での教育をもとに、台湾で職業を得るなり、結婚相手を探すなりして島を離れていったのであろうか。今となってはその結末を知ることは困難である。

面接調査を通じて、生徒たちは識字と自分の可能性の拡大を講習に求め、講師もまた彼女たちに学識のほかに、社会常識を授けていたことが明らかになった。短期間の社会教育が初歩的日本語教育や社会的知識の教授にとどまる傾向にあったのは、小琉球に限ったことではないようである。第2章で検討したように、台湾各地でこのような現状があるからこそ、総督府は当時の新聞雑誌を通じ、繰り返し国語教育は単なる言葉の教育ではなく、それを通じ日本精神が培われなければならないと主張していたのである。

小琉球における面接調査から、「国語講習所」は基礎的教養と社会的知識を習得する場所と捉えられていたことが分かる。講師は生徒に識字などの社会で生きていくための教養を与え、生徒もまた文字を知り、あるいはそれを通じて自分の人生を変えようと考えていた。これらは教育一般に含まれる要素であり、無料で仕事の障害にならない夜の講習が学校に通えない少女たちに受け入れられたのは極めて自然なことといえよう。台湾総督府は高い国語普及率を対外的宣伝材料に使ったが、「国語普及」が台湾社会に広まったのは、国語教育に含まれる識字や一般的な教養によるところが大きく、総督府が掲げる「日本精神の涵養」は初歩的な教育を授ける社会教育の現場では強調されていない印象を受ける。

三　小括

当時の小琉球の人口は五、〇〇〇人強であるが、総督府の国語教育施設である「国語講習所」「簡易国語講習所」が時期によって多少変動はするが、合わせて四カ所程度、「全村学校」が各「部落」に一校ずつの計一〇校と、国語普及施設の設置数は決して少なくはない。殊に、地域の自主的な国語普及組織「全村学校」が存在していたことは興味深い。上からの押しつけや必要に駆られての日本語習得のみが動機ならば、このような自主的な組織はできないであろう。小琉球には日本人が数えるほどしか存在せず、一部の知識人が警察や庄長と話すのを除いて、民衆が日本語を聞いたり話したりする機会はなく、日常生活では閩南語が話されていた。彼らの間では日本語は書き言葉や知識を吸収するという、日常的言語生活に属さない言語と捉えられていたと考えられる。そして日本語がこのような性格を帯びていたからこそ自主的な教育組織が設けられ、その普及が促進されたのであろう。「国語」である日本語は明らかにこのような機能を有していた。

また、「講習所」の経験が、女性たちの人生の中で意義深かったということが面接から浮き彫りになった。人生で最も楽しかったことは子孫に恵まれたことと答えたインフォーマントも多い中で、林洪香氏のように「講習所」に通ったことが楽しかったと答えた者もある。また、陳花枝氏のようにいまだに日本語を独学で学んでいる者もある。彼女たちにとっての「講習所」は、唯一教育を受けられる場所であった。それ以外の選択肢は存在しなかったのである。インフォーマントたちには、その先にも後にも、教育を受ける機会は与えられなかった。「講習所」の教育は、彼女たちの人生の中で大きな影響力をもったといえよう。

日本統治下台湾社会の高い国語普及率をもって、日本語教育が押し付けられたと考えるのは当時の国語普及運動の性質を見落としているであろうし、逆に日本の統治が受け入れられたと無批判に結論づけるのも問題であろう。むしろ、本書の主題である国語普及に限っていうならば、教育を受けたい、授けたいと考えていた人々が主体となって、意識的にしろ無意識的にしろ台湾総督府の政策を受け入れ、あるいはそれを利用し、その中から望むものを得ようとしたという印象を持つのは筆者だけではないのではなかろうか。

本章で検討したように、元生徒たちは生活上の要求や職業転向の機会のために「国語講習所」で教育を受けようと考えていた。当然教育に求める内容は実学知識や社会的ルールの習得であり、実際にそのような内容が教えられていたことが講師・生徒の双方から語られた。台湾総督府の日本精神を涵養するという「国語講習所」の設置目的が、南部離島の「講習所」にあっては、それほど強調されておらず、「国語」はむしろ日常生活に属さない知識吸収の言語、書き言葉と認識されていたのである。したがって、総督府側と台湾社会側では、国語普及に対する意識にずれがあったと指摘できよう。

(1) 地元民の話では、「小琉球」は台湾でも最も寺廟の多い地域であるという。祖先を祭った小さな廟が島の至るところに見られるのがその所以である。

(2) 小琉球の原住民に関しては、曹永和「小琉球原住民的消失―重拾失落台灣歴史之一頁」(潘英海、詹素娟編『平埔研究論文集』中央研究院台灣史研究所、一九九五年)を参照。現在小琉球に伝わる「烏鬼洞」の伝説は、黒人奴隷が洞窟で英軍により焼き殺される内容であるが、実際には蘭軍により数百に上る原住民がここで生きながら焼かれたのである。

(3)『琉球庄管内概況』等の記録を見る限り、この島には「書房」は存在していなかった。また、島の有力な老人たちとの面接でも「書房」はなかったと語られた。

(4) このような「国語講習所」と「全村学校」の混同は、他のインフォーマントにも見られるものである。文中、これら国語普及施設を一括して「講習所」と称するのは、彼(女)らの言葉を借りたものである。

(5) 当初面接したインフォーマントの中にはキリスト教徒もいたが、結果的に対象となった人々全員が同じ宗教の信者であった。

(6) 蔡有明氏は「君が代」の歌詞の内容も教えたというが、生徒たちの中には「君が代」を知らない(あるいは覚えていない)者もあった。社会教育においてこうした国家主義的要素がどれだけ徹底されていたかは検討の余地があろう。

(7) 陳花枝氏は「雨が降りそうですね。向こうの空が真っ黒になりました。」という文章を暗記して覚えていた。これは、台湾教育会編『新国語教本』(一九三三)巻一の二一課の文章である。

(8)「国語講習所」講師の特徴は地域により差異がある。例えば、第5章で取り上げた三峡庄の事例では、『三峡公学校教員履歴書』の記録を見ると、少なからぬ「国語講習所」講師が公学校(後に国民学校)の教員免許を取得しており、面接からは「国語講習所」は公学校教員の空きがない場合に配置されたという内容も語られた。

終　章

一　本論の総括

本論では、日本統治下台湾の日本語、すなわち「国語」普及運動を、総督府の政策を論じた第一部と事例研究の第二部とから論じた。序章で挙げた本書で明らかにする事柄を確認しながら、各章の概要を整理する。

第一部を総括する。**第1章**においては、国語普及政策の成立とその展開を、台湾統治五〇年にわたって検討した。「台湾教育令」や「朝鮮教育令」などの植民地における教育令は、帝国議会で審議され、勅令によって制定されていた。一九一九年の「台湾教育令」の制定をめぐっては、台湾総督府と日本中央政府法制局との間で対立が起こり、最終的には枢密院が介入することにより、台湾総督府の意向に近い形で制定された。しかしながら、一九三〇年代より総督府によって主導された「国語講習所」制度は、一九一〇年代半ばより、各地において開始された街庄レベルの「国語練習会」等をはじめとした国語普及施設を州庁レベルで統括し、さらにそれを総督府が公認した形で制定された。国語普及政策は、教育令とは制定の経緯が異なり、植民地の地方主導で制定されたのである。

「国語」による教育は、日本が台湾を領有した初期に伊沢修二によって確立され、その後、統治五〇年にわたって、台湾人の同化が統治の主要目標とされた。当初は、公学校の設立により国語普及が推進された。しかしながら、公学校は義務教育でなかった上、伝統的教育機関である書房教育が健在であった状況下、公学校の就学率は低迷した。総督府は、一方で、公学校で漢文科目を増設したり、書房の教師を招聘して漢文の授業を行ったりすると同時に、他方では、書房を「改良」し、国語や算術などの科目を中心的に教えさせた。こうして総督府は、公学校教育を中心とした国語普及を図ったが、それでも国語普及率は低成長を続けた。そのため、総督府は学校教育以外の手段として、国語普及運動を確立していった。

一九一〇年代初期、台湾各地で纏足解放と断髪の運動が起こった。各地の街庄長はこの状況を利用して、社会指導層が社会教育団体を組織することを奨励した。一九一五年、総督府は「始政二〇周年記念事業」として、台湾人の同化を促進するために、各地の社会指導層が風俗改良会と国語普及会を開設するように奨励した。これにより、各地で「国語練習会」等の国語普及施設が設立された。このような社会教育による国語普及施設は、一九二〇年代初期までに、各地に設置された。こうした状況下、総督府は文教局の下に社会課を設置し、その中に社会教育係を置き、積極的に国語普及を推進していった。

この頃、日本の教育を受けて育った新知識人たちによって、日本語によらない民衆の啓蒙、教育を目指す「反国語普及運動」が起こった。第一次世界大戦終結後、民族自決主義の影響を受け、植民地において民族運動が起こった。台湾においては、一九二一年、「台湾文化協会」が設立され、知識人たちによって「漢文復興運動」、

「白話文運動」、「台湾語ローマ字」および「台湾白話字運動」等が起こった。これらの活動は、一九二〇年から一〇年以上にわたって続けられたが、一九三〇年代、日本中央政府が軍国主義に傾斜していく中で、台湾においても国語普及運動が強化され、「反国語普及運動」は禁止された。

一九三〇年になると、それまで地方において設置されていた国語普及施設は、「国語講習所」として各州庁によって規定された。一九三一年、総督府は、府令第七三号を発布して、「国語講習所」を簡易な日本語教育施設として正式に確立した。これ以降、総督府は一九三三年に「国語普及一〇カ年計画」を打ち立て、また、新聞雑誌の報道を通じて、積極的に国語普及政策を推進した。その結果、国語普及率は飛躍的に伸びていった。一九三七年、日中戦争が勃発し、総督が再び武官となると、工業化、南進基地化と並び、皇民化が統治三大方針として打ち出された。戦時体制下、台湾人の日本への同化がさらに強調され、国語普及運動は、国語常用運動へと転換された。「国語講習所」のみならず、「幼児国語講習所」、「国語常用家庭」などの設置をはじめとし、各地では、国語常用運動が推進され、台湾社会に「国語普及網」が確立された。この結果、統治末期には八〇%近い国語普及率が達成された。

第2章では、一九三〇年から皇民化政策が始まる一九三七年までの国語普及政策とその状況を検討した。一九三〇年、台北州で「国語講習所要項及簡易国語講習所要項」（訓令第九号）により、「国語講習所」制度が設立された。この要項により、講習時間や講習生、教職員等に関する規定が定められ、各市街庄が、「国語講習所」を設立する際の拠り所とされた。これにより、従来の私設の国語普及事業は、初めて統一性のある公的事業となった。台北州に続いて、一九三一年には台南州、台中州、台東庁でも「国語講習所」規定が発布された。講習料は無料とされ、各州庁が負担していたが、「国語講習所」増加の趨勢を受け、総督府は一九三一年、「台湾に於ける公立の特殊教育施設に関する件」（府令第七三号）を発布して、「国語講習所」に対し、国庫補助を行うこととし、市街庄において設立される「国語講習所」を簡易な日本語教育施設として正式に確立した。これをもって、「国語講習所」制度は公立特殊教育施設の一部となった。この後、一九三二年には花蓮港庁、一九三三年には新竹州、高雄州でも「国語講習所」規定が発布された。要項の中で、「国語講習所」の目的には、「国民精神の涵養」が掲げられると同時に、「徳性の涵養」「智能の啓発」といった「公民的教養」を授けるところと規定された。国語を教授し、国民的精神を涵養し、また、公民的教養を備えさせる所と規定されたのである。

「国語講習所」制度成立の当初三年間の設置数、生徒数の成長は、決して速くはなかった。そのため、総督府は新聞や雑誌を通じて、積極的な宣伝を行い、国語普及の理念と「国語講習所」の盛況な様子を繰り返し報じた。同時に、「国語講習所」が単なる国語教授の場でなく、国民精神涵養の場であるという主張が強調された。一九三三年、総督府により「国語普及一〇カ年計画」が打ち出され、一九四〇年までに国語普及率を五〇％に引き上げようと、「国語講習所」が増設された。こうした趨勢を受け、各地では専任講師の検定試験や養成も行われた。他の州に先駆けて教員養成を始めた台中州では、一九三四年より講師に対する講習会を開催し、一九三七年には「国語講習所」講師検定規則を、一九三八年には、「国語講習所」講師養成所規則を制定し、多くの専任講師を輩出した。

こうした「国語講習所」教育を基盤とした国語普及運動は、一九三七年、日中戦争の勃発と、総督が再び武官になったことを受けて、戦時体制下、日本への同化をより強調した国語常用運動へと転換していった。

第3章では、一九三七年から一九四五年までの国語普及運動を検討した。この時期、日中戦争の勃発から日本の台湾統治終焉までの戦時期は、植民地人民を帝国臣民にするという皇民化政策の下、国語常用運動が展開された。一九三〇年代初期から推進されてきた「国語講習所」制度を中心とした社会教育による国語普及は、日本内地で提唱され始めた「アジア共同体」思想と相俟って、社会の隅々にまで国語を普及させる運動へと進展し、社会と家庭の国語化が推進された。各「部落」に設置された「国語講習所」を中心とする社会教育施設は、多くの州で高い普及率を見せ、所によっては、それが公教育的役割を果たした。

国語を使用することを推奨する、一連の社会教化を中心とした国語普及運動に加え、「国語常用家庭」が設置され、家庭の国語化も推進された。各地域では、「国語常用家庭」を基盤として「部落」の国語化が試みられ、その延長線上には、台湾の国語化、日本帝国の文化統合という図式が描かれていた。この時期の台湾の国語普及政策は、南方などの占領地における国語普及の模範となるものでもあった。そして、「部落」の国語化のために、「国語講習所」教育のほかに、幼児教育や児童が家庭・地域社会で国語を教える運動が展開され、視聴覚に訴える教材・教化方法の研究等を通じて、国語教育の大衆化が図られ、国語常用運動が台湾社会の隅々にまで浸透していった。しかしながら、多くの台湾人にとって日本語は生活用語とはならなかった。家庭や社会の多くの場面ではそれぞれの母語が話され、日本語はあくまでも異なる母語を話す人の間でのコミュニケーションの手段、あるいは近代知識の吸収手段であるという「二言語併用」生活がなされていたのである。台湾総督府はこうした事実があるからこそ、繰り返しマスメディアを通じて、国語を常用し、国民精神の自覚をもつように報道していたのである。

第4章では、「国語講習所」用に編纂された国語教科書『新国語教本』の内容を検討した。一九三三年、『新国語教本』全三巻が台湾教育会より出版された。それまで、「国語講習所」における教本は各地で編纂されたものが使用されていたが、各地で「国語講習所」が増設され、また、一九三三年に総督府から「国語普及一〇カ年計画」が打ち出され、国語普及が一層推進される潮流の中、官方から統一的な教科書を配布することになったのである。教本の最初の五年間の発行部数は、講習所生の総数に比較しても少なくなかった。特に、巻一は大量の初級学習者に向け、他の巻より多く発行されていた。一九三七年、総督府によって皇民化政策が提唱され、公学校においても第四期『国語読本』が使用され始めた。時局の変化を受け、『新国語教本』も、一九三九年、新しく改訂版が全二巻で発行された。

本章では、一九三三年版、一九三九年版の各課の内容を分析することで、教本の特徴を明らかにした。各課の内容は、日常生活、公民養成、国民養成、その他に類別される。日常生活は、自然や動物、身の回りの事物、出来事を扱ったものである。公民養成は、社会生活上の知識や徳育を育成するもので、道徳心、公共心を育成する項目と、知識、智能を育成する項目とがある。道徳心、公共心の養成には、礼儀作法・行儀、規律・模範、童話・寓話がある。知識、智能を育成する項目は、社会知識、実学知識、衛生・時間概念がある。国民養成は、日本国民を涵養する項目で、日本文化・日本的行事、国語学習、国体観念、戦時がある。その他は、笑い話や唱歌などの語学教材である。

分類の結果、日常生活に関しては、旧教本、改訂版ともに全巻を通しての平均に大差はなく旧教本の平均が二八・八％、改訂版の平均が二四・二％であった。公民養成の項目は、平均を見ると、旧教本、改訂版ともに大差はなく、いずれも巻二、巻三へと内容が高度になるにつれ、分量が増えている。道徳心、公共心の養成に関わる項目は、一九三三年版巻一が一七％、巻二が二〇％、巻三が一七・八％、一九三九年版巻一が一五・二％、巻二が二〇％と、ほぼ同様の比率を占めている。特徴的なのは、知識、智能を育成する項目である。一九三三年版の巻一は初歩教材が大半を占めるため、抽象的な内容が少なく、該当する項目がないが、巻二の知識、智能の育成項目は全体の三七・八％、巻三は六二・二％を占める。一九三九年版では、巻一が二五％、巻二が四〇％と、いずれの版でも高い比率を占めている。これは、同時期の第三期公学校用『国語読本』においても同じ傾向がある。国民養成は、一九三三年版の巻一は〇％、巻二は一七・八％、巻三は一五・六％であり、その平均は一一・一％を占める。一九三九年版の巻一は一八・八％、巻二は二九・一％であり、その平均は二四％である。改訂版での比率の増加は、国体観念と戦時教材の増加による。皇民化政策に沿った内容の教材が選択された結果であり、これも同時期の第四期公学校用『国語読本』と同様の傾向にある。

『新国語教本』の内容は、社会の一員としての素養を養成する公民養成に関する教材の比率が、全体の半数以上を占めること、国民養成に関する課の比率が旧教本では平均一一・一％であったのが、改訂版では平均二四％と増加していることが明らかになった。戦後、国民党政権下で、「国語」は標準漢語に代わり、日本的なものは否定された。台湾民衆が教化された国民養成は戦後、断絶された。しかしながら、社会が何語を話そうと、習得された大方の公民としての知識、素養は継続する。「国語講習所」教本には多くの公民養成の内容が含まれ、この教本で教育を受けた講習生たちに日本的植民地的要素を含みつつ、公民としての素養を涵養したといえよう。

次に第二部を総括する。**第5章**では、台北州海山郡三峡庄、現在の新北市三峡区の事例を検討した。三峡庄は、台北市近郊に位置する街で、日本統治時期より以前にすでに街を形成していた地域で、農業や畜産、樟脳、茶葉などの産業があり、日本統治時期には三井合名会社をはじめ、複数の会社が置かれていた。周辺の庄に比べて規模が大きく、経済活動が比較的盛んであった。

三峡庄では清代に書房などの民間の教育機関が置かれていたが、組織的公教育は、日本統治時期に始まる。一九〇〇年に三角湧公学校が設立され、後に三峡公学校となったのをはじめ、日本統治末期までに四校の公学校と一校の分教場が設置され、公教育が浸透していった。公学校における国語教育とともに、社会教育もまた、公学校等を中心に展開された。

三峡庄における国語普及運動は一九一五年、「三峡国語練習会」が、始政二〇年を記念し桃園庁より発布された「国語練習会」設置要項に基づき設置されたことに始まる。一九二一年になると、同風会に「国語普及会」が付設されたことにより「国語練習会」は廃止され、さらに一九二五年には州訓令により、国語普及事業は主として青年会および処女会で行うこととされた。こうした国語普及施設は、一九三〇年代より州庁および総督府が主導する「国語講習所」に統一された。

「国語講習所」、「簡易国語講習所」は、三峡庄、海山郡ともに一九三七年皇民化運動が開始された後、増加の傾向を見せているが、三峡庄の場合、一九一五年以来、「国語練習会」などによる国語普及がなされていた実績があり、それが「国語講習所」制度開始と同時に「簡易国語講習所」の設置に結びつき、一九三七年以前に、すでにある程度の「国語講習所」設置数、生徒数となって現れたのである。同時に、三峡庄の国語普及率は、一九三六年までに四割近くに達しており、海山郡の中では一位、台北州全四一市街庄の中でも六位という順位であり、比較的高い国語普及率であることが分かる。こうした国語普及運動の活動の背景には、これら運動を担った知識人の存在があった。これら知識人の多くは、三峡公学校から輩出されていた。

三峡公学校『学校沿革誌』を見ると、一九一五年の「国語練習会」に始まり、一九三〇年代から「国語講習所」の設立、それにともなう講師の講習会や研究会が行われてきた。また、『職員履歴書綴』の記載から、三峡公学校の教員の多くが「国語講習所」の講師を兼任していたことが分かる。一一人の教員中四名が日本人、それ以外の七名が台湾人である。その多くが教員免許を取得しており、複数の「国語講習所」に数カ月勤務した経験がある。台湾人教員は地元出身者が五人いる。教員は皆学歴が高く、台湾人教員は国語学校公学師範科やその後身である台北第二師範学校や、台北第三高等女学校等の出身者が多い。一九三九年の三峡庄の就学率は六七・五%であり、全島平均五三・一%に比べ高い比率である。こうした講師の高学歴の背景には、高い公学校就学率があったといえよう。

一九三七年以降、皇民化運動下で、社会の国語化とともに家庭の国語化も推進され、「国語常用家庭」が設置された。三峡では上流階級が認定され、助役や教員といった知識人が社会の模範となるべく選ばれたことが、面接から明らかになった。同時に「国語常用家庭」に対して配給等の特権が与えられていたことも明らかになった。総じて、知識人を多く輩出し、教員が「国語講習所」講師を担当するなど、三峡公学校が国語普及に大きな役割を果たしていたことが明らかにされた。

第6章では、台北州基隆郡萬里庄渓底村、現在の新北市萬里区渓底村の事例を検討した。基隆郡萬里庄は、農業や石炭業を主たる産業とする地域であった。中でも炭坑は萬里庄の主要産業で当地域において多くの雇用を生み出した。一九四二年の人口は、一万七三七人であった。日本人の居住者は、教員や石炭業関係者が主であり、一九二一年から一九四一年までの間に最も多い年で人口の一・三%を占める程度であった。

萬里庄における教育は、清代から書房教育が存在していた。日本統治時期に至り、一八九六年全島に国語伝習所が設立されたことにともない、当地にも基隆国語伝習所金包里分教場が設立された。その後、一八九八年、「公学校令」の発布に伴って金包里分教場は金包公学校となった。その後、渓底村には瑪鍊公学校大坪分教場が設立され、後に大坪公学校になった。大坪公学校には「大坪国語講習所」が設置され、国語普及推進の中心的存在となった。

萬里庄では、一九三一年時点で、「国語練習会」が四カ所で開催されていた。その後、これらは「簡易国語講習所」となったが、一九三五年までに萬里庄には、三カ所の「国語講習所」と四カ所の「簡易国語講習所」が設立され、渓底村には「渓底簡易国語講習所」が設置された。一九三一年の萬里庄の国語普及率は、七・四五％であり、台北州全四一市街庄中で三八位と、下位の方に位置する。第5章で検討した三峡庄は一七・二一％で九位、台北州の平均一五・四一％より高いことが分かる。一九三五年には、萬里庄の国語普及率は二六・〇六％にまで上昇しており、全島平均の二九・七％に近づいているが、これは一九三〇年代以降、「国語講習所」を中心とした国語普及が飛躍的に伸びていたことを示している。

元講師一名、元生徒二名への面接調査からは、渓底村の「国語講習所」の様子が明らかになった。インフォーマントが講師を務めた「簡易国語講習所」は、個人宅に設置され、学齢を過ぎた人々が生徒として夜間の講習に集っていた。講師の親戚が生徒であったこともある。国語常用運動が推進され、当地の有力な一家であり、「国語常用家庭」にも認定された村の指導者一家が、一族あげて国語普及に取り組んでいたことが明らかになった。教科目は、国語、算術、唱歌等であり、その他に礼儀作法も教えられ、元講師は、講習の後に女性たちの態度が変わったと語っている。また、元生徒の一人は養女であり、勉強したくとも学校に通えなかったが、家事の障害にならない夜間に開講され、講習料を徴収しない「国語講習所」ができたために通ったことが明らかになった。

この事例からは、総督府が強く推進する国語常用政策の後押しを受けて「国語講習所」が設置され、また村の指導者層で「国語常用家庭」に認定された一族が、国語普及運動の中心的担い手となったことが明らかにされた。この点では台湾総督府と学びたいという人々の動機とが合致して国語普及運動が展開されたといえる。「国語講習所」の教化内容に関しては、社会的ルールをはじめとする公民養成の内容が教えられていたことが窺えた。教育機会から疎外されたマージナルな人々が国語普及運動に参加することで、「国語」が社会に浸透していったのである。

第7章では、新竹州関西庄の事例を検討した。新竹州関西庄、現在の新竹県関西鎮は、台湾北部に位置する客家人が居住する農村地域である。日本統治時期も現在も農業を主たる産業とする地域である。一九三三年の関西庄の人口は、二万二、三〇八人で、このうち内地人の人口は六五人、人口千人に対し約三人の割合である。関西庄には製茶や柑橘栽培といった産業があり、こうした産業が雇用を生み、また、ある程度の日本人居住者を生み出していた。

関西庄の国語普及施設は、教育機関は一八九九年に設立された関西公学校をはじめ、一九一三年には石光公学校、一九二〇年に東光公学校、坪林公学校、一九二四年には関西農業補習学校、一九三五年には関西公学校馬武督分教場が設立され、一九三七年までに合計六校の学校が設立されていた。これら公学校は、国語普及においても主体的な役割を果たした。一方、社会教育では、「国語練習会」が「国語講習所」設置以前から短期的な国語講習を施していたことが明らかになった。これら「国語練習会」は一九三一年以降、漸次「国語講習所」に改編されるまで継続された。

「関西庄国語講習所」は関西公学校付近に設置され、その管理運営下に置かれていた。台湾人講師が残した教案・日誌には関西公学校校長の検印がなされている。教案・日誌の記載内容から「関西庄国語講習所」の講習内容を検討した結果、次のような特徴が挙げられた。

1．公学校に近い教育を行っていた。教科目は国語（話方、読方）、算術、修身、唱歌、体操等、一週間の授業時数はほぼ二二時間であった。これは、新竹州の「国語講習所規定」より科目数、授業時数ともに多く、公学校低学年程度に該当する。

2．教科に関する内容

（1）「国語」の授業は、文字、語句、発音、読み、対話からなり、母語話者でない学習者に対する日本語教育が行われていた。初歩の導入が終了した後は、公学校用『国語読本』を使用していた。

（2）「話方」の題材は、自然、身の回りの事物、遊び・節句といった日常生活に関する事項が七六・八％、戦時、国体観念といった皇民化政策に関わる題材が六・三％であり、日常生活が圧倒的に多い。「読方」は、公学校用『国語読本』巻一が使用された。

（3）「算術」は初歩的な足し算、引き算が教えられていた。

（4）「修身」は、礼儀作法・行儀、規律・模範・社会的ルール、衛生など、社会生活上の知識や常識を教える「公民養成」の項目が一一時間、国語常用、国体観念など日本「国民養成」の項目が四時間を占め、「公民養成」の時間が多いことが分かる。

（5）「唱歌」は、国語の発音練習や国民精神の涵養、勉強の士気を高めることが意図されていた。

（6）「体操」は、時間は少ないが、集団生活の訓練を兼ねていた。

3．講師が生徒たちに与えた日々の指導内容の分析結果は、「連絡」が七九件、「健康・安全上の注意」、「礼儀作法・行儀」、「規律・模範・社会的ルール」、「衛生」といった社会生活上のルールが一四六件、「国語常用」、「国体観念」、「戦時」といった皇民化政策が四〇件であった。「国語講習所」における社会的指導が社会生活上のルールを身につけることに重きを置いていたことが分かる。もっとも、皇民化政策に関する内容が多くないことが、それが重視されていなかったことにはならない。また、日誌がさらに長期にわたって記述されていれば、皇民化運動もより推進される時期に入り、当然それらの指導も増えていたであろう。

次に、元講師二名、元生徒三名への面接から、関西庄の「国語講習所」教育の実際を検討した。生徒募集は、保正や学校の教員が勧誘を行い、元生徒は自ら進んで講習を受けにいったことを語った。しかし、講習に参加しない人々を、警察の権力を使って呼び出したことも元講師の話から明らかになった。講習所の場所は、「関西庄国語講習所」は公学校付近に設置され、二人の生徒が通った「国語講習所」は、付近に公学校がない地域であり、その一つは、元講師の寄付した土地に設置された「大旱坑国語講習所」であった。元生徒たちは公学校の就学年齢の時に通っていた。このことからも、当地の「国語講習所」が公学校を補完する役割を果たしていたことが窺えた。教科目は、元講師の話では、国語、算術、修身、唱歌などであり、教案・日誌の記述とも合致しており、公学校の科目と同様であった。多くの講習所では学齢以上の人々を対象としていたが、関西庄には、日誌の記述、また面接からも学齢の児童が「国語講習所」に通っていたこと、授業の時間が午前中であったことが明らかになった。元講師の話では、午後、夜間の講習もあったということであるが、授業の時間帯、生徒の年齢、教授内容が公学校同様であったという事実は、当該地の「国語講習所」が、内容的に、あるいは地理的にも公学校を補完する役割を果たしていたことを示している。

教科の他に社会生活上の常識が指導されていたことも、明らかになった。社会生活を営む上で必要な知識、礼儀作法、法律等が教えられた。講習所で学んだ優秀な生徒は工場や役場に雇われたと元講師は語っている。学びたいという動機のほかに、講習を受けて、知識や常識を身につけ、就職していく生徒もあったのである。「国語講習所」は、単なる国語教授だけではなく、「公民養成」を行い、同時に公学校を補完する役割を果たしていたことが、明らかになった。

総じて、当該地の「国語講習所」では、戦時中の皇民化政策の下で、生徒たちは勉学や職業を替え階層上昇するチャンスを得るために講習に通っていたことが明らかになった。台湾北部の客家人農村地域における「国語講習所」が、日本語の学習のほかに社会常識等を涵養する「公民養成」の場、階層上昇の可能性を孕んだ場であり、周縁化された人々が通っていたことが明らかになった。

第8章では、高雄州東港郡琉球庄、現在の屏東県琉球郷の事例を検討した。この地域は、小琉球の名で知られる南部の離島で、日本統治時期、日本人は庄長や警察とその家族など一〇名前後しかおらず、日本語が人々の日常で話されることはなかった。小琉球は、漁業が主たる産業であり、漁に出た男性の留守を預かる女性たちは農業に従事する者が多く、こうした女性たちの就学率は著しく低かった。

一八九九年、東港公学校琉球嶼分教場の設置が、この地域の組織的教育の始まりとなった。書房教育は存在していなかった。一九三八年一〇月の統計によれば、島には「国語講習所」が二カ所、「簡易国語講習所」が二カ所、「国語保育園」が一カ所、「全村学校」が一〇カ所設置されていた。「全村学校」は各「部落」に一カ所設置された簡易な国語を教授する施設で、講師は無償で教育を行っていた。当時の人口は五千名強であり、それに対する国語普及施設の数は少ないとはいえないであろう。

公学校に通わない多くの女性たちは、夜間、仕事が終わってからこれら講習所に通い教育を受けた。元講師一名、元生徒四名との面接からは、当時の「国語講習所」の様子が語られた。通学動機に関しては、彼女たちが自ら望んで講習を受けに行ったことが明らかにされた。それには勉学意欲のほかに、仲間がいるという理由が挙げられた。講習では、国語や唱歌のほか、社会に関する知識や礼儀作法も教えられた。元講師は、講習を施した後、生徒たちの話しぶりが変わることを指摘した。講習会場は、「全村学校」は教会や個人宅であり、ここでの講習を経てから公学校に設置されている「国語講習所」に通うことになっていた。一方、琉球公学校『教職員履歴書綴』からは、当地の「国語講習所」講師の特徴が分かる。講師一五名全員が台湾人であり、年齢が一六歳から三一歳までと若い。専任講師は三名で、他は兼任講師である。講師の学歴は初等教育修了程度が大多数であり、教員免許を取得している者はいない。

元生徒たちは生活上の要求や職業転向の機会を得るために「国語講習所」で教育を受けようと考えていた。当然教育に求める内容は実学知識や社会的ルールの習得であり、実際にそのような内容が教えられていたことが講師・生徒の双方から語られた。台湾総督府の、日本精神を涵養するという「国語講習所」の設置目的が、南部離島ではそれほど強調されておらず、「国語」はむしろ日常生活に属さない知識吸収の言語、書き言葉と認識されていたのである。国語普及運動が推進されることによって、こうした「国語」に対する認識が人々の中に浸透していったのである。したがって、総督府側と台湾社会側では、国語普及に対する意識にずれがあったといえよう。

二 「国語」普及政策と社会への影響

1 政策目的と実態のずれ

台湾総督府にとっての国語普及は、日本精神を涵養することが何よりの目的であった。台湾領有の当初、伊沢修二らによって始められた芝山岩学堂では、双方の意思疎通の道を拓くために台湾語の研究も行いながら、台湾人の日本への同化を図ることを志向した過渡的な教育を施した。総督府は台湾領有の早い段階から、当初は「民度」を理由に漸進的ではありながら台湾人を日本に同化させる方針をとり、その後、公的な教育制度の整備とともに、日本語教育は日本統治五〇年にわたり常に台湾人の日本への同化を意図したものであり続けた。

義務教育が施行されず、公学校の就学率が低調な中で国語普及率を上昇させたのは社会教育であった。一九一〇年代から「国語練習会」等の名称で各地で催されていた社会教育による国語普及運動は、一九三〇年代初頭から総督府によって「国語講習所」制度として積極的に推進された。「国語講習所」は、多くの台湾人を通所させることに成功し、その結果、国語普及率は飛躍的に上昇した。総督府は、国語普及運動を推進させると同時に、メディアを利用して国語普及の目的は単なる日本語教授にとどまらず日本精神の涵養にあることを繰り返し宣伝した。しかしながら、「国語講習所」等の民衆の教化にあっては、日本精神は総督府が意図するほど浸透しなかった。国語教育を通じてむしろ知識や技能を習得することが優先され、「国語」は知識吸収の手段、共通語という認識がもたれ、ほとんどの台湾人の実生活ではそれぞれの母語が使用され、日本語が民衆の母語となることはなかった。この事実があったからこそ、総督府は繰り返し日本精神の涵養を強調しなくてはならなかったのである。日本統治の初期から台湾人の日本への同化を意図して行われた国語普及であったが、総督府の意図とその政策の受け手側の台湾社会には終始ずれが生じていたといえよう。総督府の目指す日本国民としてのアイデンティティは形成されなかったが、しかし「国語」という共通語を多民族である台湾の人々が共有することは、その後の台湾アイデンティティにつながる下地を形成したと指摘できよう。

2 統治下の動員

高い普及率をもって日本語が社会の隅々にまで浸透し、台湾社会が「国語」という一つの同じ経験をすることは、為政者の統治を順調に運ばせることになった。共通言語の存在は、動員を容易にする。統治の制度面からいえば、「国語講習所」の生徒募集から運営にまで保甲役員が関わっていたように、総督府は保甲制度を通じた国語普及運動によって、社会の隅々にまで「国語普及網」を張り巡らし、統治の末端にまで影響を及ぼすことが可能になった。それまで社会生活の経験が少なかった人々が、「国語講習所」に通所することによって挨拶や近隣との付き合いをするようになったという事例が面接調査を通じても明らかになっている。こうした統治の末端に位置する人々の動員が、国語普及運動によって可能となったといえよう。

さらに、国語普及運動は、日本統治末期に至っては戦時体制への動員を容易にした。日本語の習得は軍隊においては優先事項であった。インフォーマントの中には軍夫として、あるいは徴兵による従軍経験者があった。「国語講習所」で日本語を習得することが、当局にとって徴兵制度実施の上で都合がよかったことはいうまでもない。「国語講習所」は、国語普及運動の一歩進んだ段階の手段であり、戦時体制への動員は、その本来の設立の理念ではない。しかしながら、「国語普及網」が社会に張り巡らされたために、当時日本語を解さない者であってもこの中で中・短期的に簡易な教育を受けるに至り、その結果、「国語講習所」は台湾民衆を動員するという役割を担うこととなったのである。したがって、戦時体制で終焉した日本統治の最終段階では、「国語講習所」制度が台湾民衆動員の役割を担っていたと指摘できよう。

3 「国語」概念の普及

「国語講習所」に通った人々は、女性、養女、長男でない男性、経済的に恵まれない人、公学校のない「僻地」に住む人など、社会的に周縁化された人であった。本論では、文献、事例調査から、こうした公教育からこぼれ落ちてゆく人々が「国語講習所」に通ったことが明らかにされた。公学校に通わない多くの民衆は一九三〇年代各地に設置された「国語講習所」において教育されることで、日本語を習得し同時に公民的教養を身につけ、社会化された。義務教育制度が実施されない状況下、「国語講習所」は公学校を補完する役割を担った。実際、公学校の設置されない地域に「国語講習所」が設置され、戦後、それらが国民小学になった例は複数存在する。「国語講習所」に多くの人々が通うことで、彼らの社会化がなされ、このことが台湾社会を運営する基盤を形成することにつながったといえよう。

明治初期の日本では、社会を運営する際に用いる言葉は、福沢諭吉などの社会的指導者たちが西洋言語から日本語に翻訳して獲得され、法や教育等の近代制度を打ち立てる際の拠り所となった。後に「国語」としてナショナリズムと結びついた言語は植民地へと拡大していった。台湾社会では日本語が近代社会運営の基盤を作る言語となり、また社会の共通語となった。一九二〇年代には台湾知識人が「白話文運動」等を推進して「反国語普及運動」を起こしたが、結果としてそれが国語の地位と取って代わることはなかった。総督府の推進する国語普及政策により、台湾社会には「国語普及網」が張り巡らされ、統治末期には、日本語の理解度に検討の余地を残すが、八〇%近い国語普及率を達成した。「国語講習所」における国語教育と国語を普及させる一連の運動とによって、言語としての「国語」が社会に普及されたのと同時に、「国語」に対する概念も社会の隅々にまで浸透していった。その際、多くの台湾人にとって国語とは、日常言語であるそれぞれの母語とは別の共通語、書き言葉、知識を吸収する言語として認識された。このことは、台湾人研究者によってすでに指摘されていることである。例えば呉は多くの台湾人が日本語を終始外国語と見なし、「国語」と母語の「二言語併用」生活が日本統治時期に始まったと指摘している(1)。本書の対象とする「国語講習所」に通った台湾人の多くは、公教育を受けることができなかった周縁化された人々であった。筆者の聞取りでは、日常生活で日本語が使用されている場面に遭遇することがない人々が少なくなかった。こうした人々にとって、「国語」は明らかに日常言語とは別の言語とみなされていた。台湾総督府の国語普及政策の推進と、それに後押しされて興った台湾各地域の国語普及運動によって、「国語」は台湾社会に浸透していったのである。戦後、国民党政権下で北京官話を基にした標準漢語が「国語」とされたが、その際、接収当初は反発があったものの、教育や公の場での標準漢語の導入が比較的順調に行われていったのは、台湾民衆が日本統治下で「国語」概念を共有していたからとも考えられる。台湾社会は、日本統治下で国語と母語という「二言語併用」社会になったのである。

一方、知識人の場合、日本語で文章を表す以外に自己を表現する有効な手段をもたないという事実もまた存在した。日本統治下で教育を受けたいわゆる日本語世代の台湾人、現在八〇代以上の高齢世代の知識人は、自身を書き言葉で表現する際に使用する言語は日本語である。自伝等を出版する際、日本語で書き記されたのを少なからず目にする。社会が標準漢語を「国語」としても、自身が習得した「国語」、特に書き言葉の場合は、それが時の経過とともに変わることはあまりない。標準漢語を習得し流暢に使う人でさえ、「日本語で表現するのが一番楽である」というのをしばしば耳にする。母語で表す手段もない。植民地に生まれ育った知識人の現実である。日本統治下、台湾総督府の国語普及政策と台湾社会との要求が、意識の上ではずれを生じながらも利害の上では合致し、高い国語普及率となって現れたといえるが、それをもって台湾の植民統治を「成功した」と評価するのはあまりに短絡的であろう。

4　公民的教養の育成

台湾総督府の国語普及政策の最大の目的は、植民地の人々に国民精神を涵養することであった。単に日本語を習得するだけでなく、それと同時に日本精神も習得されなくてはならないこと、日本語には日本精神が宿っているといったことが、当時、新聞雑誌等のメディアを通じて強調されていた。総督府は国語普及政策の中で常に国民精神の涵養を強調していたが、政策の中には、国体観念や戦時関連事項以外に、生活改善や公民的教養の育成が含まれていた。「国語講習所要項」の目的には「徳性の涵養」、「智能の啓発」といった公民養成が掲げられていた。また、「国語講習所」用国語教科書『新国語教本』の内容は、全課の半数以上が公民養成に関わる内容であり、また、皇民化運動の内容には日本への同化、戦時体制への動員のほかに、生活改善に関する内容が見られた。「国語講習所」の実際の教育にあっても、事例のすべてにおいて礼儀作法が教えられていたことをはじめ、教科内容に規律や模範、社会的ルールが見られたこと、講師による指導内容の多くが社会的指導で占められていたこと、教育現場において社会に関する知識が伝授されていたように、公民的教養の育成が教育の大きな部分を占めていた。もっとも、事例で取り上げた教案・日誌は限られた時期に記述されたものであり、もしもさらに長期にわたって記されていれば、皇民化運動がより推進され、当然それに関わる内容が増加していたであろう。また、皇民化運動に関する内容が多くないからといって、それらが重視されていなかったということにはならないだろう。当時の国語普及政策の中には、日本精神を涵養する内容とともに日本国民の資質として公民的素養が含まれていたのである。公民的素養は日本的な要素を含みつつも、統治者が変わっても適応されうる性質のものであった。戦後台湾社会にとって、植民地経験の継承は、近代的社会への移行に際してその基盤を構成する一つの要素になったともいえよう。

日本の統治の終焉と同時に、国体観念、戦時などの日本国民養成の要素は断絶され、国民党政権下では日本的なものが否定された。日本語世代の台湾人が「日本時代はよかった」というのをよく耳にする。昔を懐かしむ心境、あるいは戦後国民党政権下での二・二八事件、白色テロといった一連の本省人への弾圧や抑圧との対比からの発言と思われるが、何がよかったのかよく聞いてみると、「日本時代は泥棒がいなかった」「規律があった」「勤勉であった」といったことが度々口にされる。これらは、すべて公民的素養を挙げたものである。また、彼らから「日本精神」という言葉もたびたび耳にするが、規律や勤勉を重んじる精神を指して「日本精神」と呼んでいるように感じられるのである。こうした社会を運営する基礎となる教養は、日本化、植民地化と複雑に絡みながら台湾社会に浸透したのであった。

植民地政策としての目的から開始された「国語」普及運動ではあったが、その結果として生まれた「国語」概念、公民的教養、これらが戦後台湾社会にも継承され、社会を運営する基礎を築いていく下地となっていったとも考えられるのである。

5 民衆の歴史——周縁化された人々

本書では、総督府の政策を検討したのち、台湾四地域の事例研究により「国語講習所」に通った周縁化された人々の生活を聞き取り、彼らのライフヒストリーと「国語講習所」の影響とその意味を検討した。それにより、彼らが教育機会を欲しながらも他に教育を受ける機会が与えられなかったことが明らかにされた。伝統的教育機関である書房がありながら、貧困のために通学できなかった人。養女という立場から日中働きづめの生活を送りながら、夜間「国語講習所」に通った人。あるいは単に女性であるために就学機会がなかった人々。経済的には余裕のある家庭に生まれながらいわゆる「辺鄙」な地域に居住していたために公学校に通えなかった人。こうした周縁化された人々を、仕事に支障の出ない夜間や、農業や漁業の手の空く時期に合わせて開講し、なおかつ各村々の公学校、またはそれがない場合は個人宅や廟などを利用して近隣に開設したのが「国語講習所」であった。本書を通して期間や開設場所が柔軟であった「国語講習所」が、教育機会を逸した多くの人々を受け入れていたことが明らかになった。

恵まれない環境に生まれ育った元生徒たちは、目の前に到来した機会を捉えて、勉学に励み、あるいはそれによって懸命に人生を変えようとした。元講師は社会的指導層の家庭に生まれ、勤務時間や金銭面を度外視して地域貢献に努めていた。それが、植民当局にとっても利するところであり、同時に地域社会の発展にもつながったという点が、日本化と近代化と植民化が絡み合ったこの時期の台湾社会の複雑な様相を表している。今、インフォーマントに焦点を当てるならば、周縁化された彼らを教育したのが「国語講習所」であった。彼らは、その前にも、その後にも、教育を受ける機会が与えられなかった。面接では、戦後に標準漢語を教える講習が行われたという地域も一部あったが、その期間や時期は不定期で、すでにもろもろの事情から元生徒たちは就学することはできなかった。彼らにとって「国語講習所」が教育を受ける最初で最後のチャンスであったのである。「国語講習所」の事例を取り上げることで、周縁化された民衆の歴史の一端を明らかにすることができたのではないかと考える。

日本統治下台湾の教育に関しては、多数の先行研究が見られる。しかしながら、それらの多くは著名な人物や知識人の活動または学校教育を主題としており、いわば「正規」の歴史に議論が集中している。もちろん、「正規」の教育の検討は非常に重要であり、本書においても公学校教育の制度や内容を取り上げ検討した。しかしながら、歴史は重層的である。著名な人物や知識人だけでなく、実際には多くの、その名も記憶されない人々が懸命に生を営みながら、社会を実際に運営し、動かしてきた。「正規」の歴史に描かれない多くの人々の存在もまた、語られるべきではないだろうか。

（1） 呉文星「日據時期臺灣總督府推廣日語運動初探」（上）（下）『臺灣風物』第三七巻第一期、第四期、一九八七年を参照。

付録

各州庁国語講習所規則及び府令第七十三号

臺北州訓令第九號

内務部
郡役所
市役所
街庄役場

國語普及ニ付テハ各種ノ施設ニ依リ常ニ之カ奬勵ニ努メツツアリト雖其ノ實績ヲ視ルニ尚遺憾ノ點尠シトセス然ルニ時勢ノ進運ハ之カ改善振興ヲ要スルコト益々切ナルモノアリ因リテ茲ニ國語講習所ノ制ヲ定メ其ノ設置ヲ奬勵シ以テ國語ノ普及徹底ヲ圖ラムトス

國語講習所ノ經營ニ當リテハ其ノ地方ノ狀況ニ鑑ミ講師ノ選任講習生ノ選擇及講習方法等ニ關シ周到ナル考慮ヲ払ヒ又講習生ノ教養ニ付テハ其ノ生業ト志望トニ留意スルト共ニ實際生活ニ適切ナル國語ノ習熟ニ努メシムルヲ要ス

局ニ當ル者克ク本施設ノ趣旨ヲ體シ左ニ示ス所ノ要項ニ據リ所期ノ目的ヲ達成セムコトヲ期スヘシ

昭和五年四月一日

臺北州知事　片山　三郎

國語講習所要項

一　目的

當該市・街・庄民中國語ヲ常用セサル者ニ對シ國語ヲ習得セシメ兼ネテ公民的教養ヲナス

二　名稱
國語講習所ト稱シ市・街・庄名又ハ部落名ヲ冠ス
三　講習期間
講習期間ハ一年トス
四　講習生年齡
講習所ニ入所シ得ル者ノ年齡ハ凡ソ滿十二年乃至二十五年ヲ以テ標準トス
五　講習生定員
一講習所ニ於ケル講習生ノ定員ハ六十名ヲ以テ標準トス但シ國語習熟ノ程度ニ依リ適宜數組ニ分カツコトヲ得
六　講習科目
講習科目ハ國語、體操及唱歌トス但シ土地ノ情況ニ依リ實科其ノ他必要ナル科目ヲ加フルコトヲ得
七　講習日數及時間
一年ノ講習日數ハ凡ソ百日トシ一日ノ講習時間ハ二時間乃至三時間トス
八　職員
講習所ニハ主事一名、講師若干名ヲ置ク
主事ハ小學校長又ハ公學校長ニ、講師ハ小學校若ハ公學校ノ職員其ノ他適當ナル者ニ依囑ス
九　職務
主事ハ所務ヲ掌理シ講習ニ從事ス
講師ハ主事ノ指揮ヲ受ケ講習及之ニ關スル事務ニ從事ス
一〇　給與
主事及講師ニハ手當及旅費ヲ給スルコトヲ得
一一　設備
小學校・公學校及實業補習學校ノ設備ハ其ノ教育ニ支障ナキ限リニ於テ當該市・街・庄ノ講習所ニ之ヲ使用セシムル

コトヲ得

一二　講習料
講習料ハ之ヲ徴収セス

一三　設置
市・街・庄ニ於テ講習所ヲ設置セムトスルトキハ市尹・街・庄長ヨリ豫メ左ノ事項ヲ具シ報告スヘシ但シ第一號乃至第五號ノ事項ヲ變更セムトスル場合亦同シ
(一)名稱
(二)事務所
(三)講習所規則
(四)講習ノ為ニ使用スル學校其ノ他ノ建物ノ名稱、位置
(五)經費及維持ノ方法
(六)開設年月日
(七)開設後三箇年間ノ各年度別入所豫定人員

一四　講習所規則
講習所規則中ニ規定スヘキ事項凡ソ左ノ如シ
(一)名稱、事務所ニ關スル事項
(二)目的ニ關スル事項
(三)講習生年齢及定員ニ關スル事項
(四)講習科目ニ関スル事項
(五)講習期間、講習日數及時間ニ關スル事項
(六)職員及其ノ職務ニ關スル事項
(七)其ノ他必要ト認ムル事項

一五　廢止

講習所ヲ廢止セムトスルトキハ市尹・街・庄長ヨリ左ノ事項ヲ具シ豫メ報告スヘシ

（一）事由

（二）廢止期日

臺南州訓令第三號

州
郡
市
街庄

國語ノ普及ハ本島統治ノ大本ニシテ各般施設ノ根蔕ヲナスモノナリ本州曩ニ通牒ヲ發シテ之カ普及奬勵ニ努メタル結果近時其ノ實績見ルヘキモノアリト雖既設ノ普及會ハ其ノ組織、指導法等ニ於テ尚幾多ノ改善振興ヲ要スルモノ尠カラス　茲ニ新タニ國語講習所ノ制ヲ定メ其ノ設置ヲ奬勵シ以テ國語ノ普及徹底ヲ圖ラムトス　局ニ當ル者能ク本施設ノ趣旨ヲ體シ時勢ノ進運ト地方ノ状況ニ鑑ミ左ニ示ス所ノ要項ニ據リ施設經營宜シキヲ得以テ所期ノ目的ヲ達成セムコトヲ期スヘシ

昭和六年三月二十六日

台南州知事　名尾　良辰

國語講師所要項

一　目的

當該市、街庄民中國語ヲ常用セサル者ニ對シ國語ヲ習得セシメ兼ネテ公民的教養ヲ為ス

二　名稱

國語講習所ト稱シ市、街庄名又ハ部落名ヲ冠ス

三　講習期間

講習期間ハ一箇年トス

四　講習生年齢

講習所ニ入所シ得ル者ノ年齢ハ十一歳乃至二十歳ヲ以テ標準トス

五　講習員定員

一講習所ニ於ケル講習生ノ定員ハ六十名以上トス但シ性別、年齢、國語習熟ノ程度等ニ依リ適宜數組ニ分カツコトヲ得

六　講習科目

講習科目ハ國語、體操、唱歌トス　但シ土地ノ情況ニ依リ實科其ノ他必要ナル科目ヲ加フルコトヲ得

七　講習日數及時間

一年ノ講習日數ハ百日以上トシ一日ノ講習時間ハ二時間乃至三時間トス

八　職員

講習所ニハ主事一名、講師若干名ヲ置ク

主事ハ小學校長又ハ公學校長ヲ　講師ハ小學校若ハ公學校職員其ノ他適當ナル者ヲ委囑ス

九　職務

主事ハ所務ヲ掌理シ講習ニ從事ス

講師ハ主事ノ指揮ヲ受ケ講習及之ニ關スル事務ニ從事ス

一〇　給與

主事及講師ニハ手當及旅費ヲ給スルコトヲ得

一一　設備

小學校公學校又ハ實業補習學校ノ設備ハ其ノ教育ニ支障ナキ限リ當該市、街庄ノ講習所ニ之ヲ使用セシムルコトヲ得

一二　講習料

講習料ハ之ヲ徴収セス

一三　設置

市・街庄ニ於テ講習所ヲ設置シタルトキハ市尹、街庄長ヨリ左ノ事項ヲ報告スルコト　第一號乃至第五號ノ事項ヲ變更シタルトキ亦同シ

一　名稱
二　事務所
三　講習所規則
四　講習ノ為ニ使用スル學校其ノ他ノ建物ノ名稱、位置
五　經費及維持方法
六　開設年月日
七　開設後三箇年間ノ各年度別入所豫定人員

一四　講習所規則

講習所規則中ニ規定スヘキ事項凡ソ左ノ如シ

一　名稱　事務所ニ關スル事項
二　目的ニ關スル事項
三　講習生年齡及定員ニ關スル事項
四　講習科目ニ關スル事項
五　講習期間　講習日數及時間ニ關スル事項
六　職員及其ノ職務ニ關スル事項
七　其ノ他必要ト認ムル事項

一五　狀況報告

市尹、街庄長ハ年度經過後一箇月以内ニ左ノ事項ヲ報告スルコト

一　講習期間
二　講習人員（男女別）
三　出席状況
四　講習科目
五　成績ノ概況
六　經費（豫算、決算）
七　特ニ報告ヲ要スル事項
一六　廢止
講習所ヲ廢止シタルトキハ市尹、街庄長ヨリ左ノ事項ヲ具シ報告スルコト
一　事由
二　廢止年月日

臺中州令第四號
臺中州國語講習所規則左ノ通相定ム
昭和六年四月三日
臺中州知事　太田　吾一

臺中州國語講習所規則
第一章　總則
第一條　國語講習所ハ國語ヲ常用セザル者ニシテ成規ノ學校教育ヲ受クルコトヲ得ザル者ニ對シ國語ヲ授ケ徳性ヲ涵養シ智能ヲ啓發シテ國民タルノ資質ヲ向上セシムルヲ以テ目的トス
第二條　國語講習所ノ修業年限ハ二年トス
第三條　國語講習所ニ入所シ得ル者ノ年齢ハ凡ソ十二歳ヨリ二十五歳迄トス

第四條　國語講習所ハ市街庄立トス但シ市街庄ナキ地ニ於テハ州立トス
第五條　國語講習所ハ之ヲ設立スル團體ノ代表者ニ於テ管理ス
第六条　國語講習所ニ左ノ職員ヲ置ク
　所長
　講師　若干名
　所長及講師ハ知事之ヲ命免ス
第七條　所長ハ職員ヲ指揮監督シ所務ヲ掌理ス
　講師ハ所長ノ指揮ヲ承ケ講習生ノ教育ヲ掌リ兼テ事務ニ從事ス
第八條　市街庄立國語講習所ハ第一次ニ於テ郡守、市尹第二次ニ於テ知事之ヲ監督ス
　州立國語講習所ハ知事之ヲ監督ス
第九條　本令中ノ認可ハ特ニ定ムルモノヲ除クノ外郡守、市尹ニ於テ為スモノトス
第十條　市街庄立國語講習所ニ於テハ授業料ヲ徴スルコトヲ得ズ但シ知事ノ認可ヲ受ケタル場合ハ此ノ限ニ在ラズ

第二章　設立　廢止

第十一條　市街庄ニ於テ國語講習所ヲ設立セントスルトキハ設立者ニ於テ左ノ事項ヲ具シ知事ノ認可ヲ受クベシ
一　名稱
二　位置
　市街庄大字、字地番ヲ記スベシ
三　建物、敷地ニ關スル事項
　建物ニ付テハ配置圖ヲ、敷地ニ付テハ地番、甲數ヲ記シタル圖面ヲ添附スベシ
四　通學區域
　適宜ノ符號ヲ用ヰ國語講習所ノ位置、郡市街庄大字字ノ區劃、道路、河川方位等ヲ記シタル地圖ヲ添附スベシ
五　講習所規程

六　授業開始期日
七　一年ノ収支概算
前項第一號乃至第五號ノ事項ヲ變更セントスルトキハ設立者ニ於テ事由ヲ具シ認可ヲ受クベシ
第十二條　國語講師所ノ規程ニハ左ノ事項ヲ規定スベシ
一　講習科目及毎週教授時間數
二　講習生ノ収容豫定人員及編制
三　毎日授業終始時間
四　其ノ他必要ト認ムル事項
第十三條　市街庄ニ於テ國語講習所ヲ廢止セントスルトキハ設立者ニ於テ事由ヲ具シ知事ノ認可ヲ受クベシ

第三章　講習科目、教則及教科用圖書

第十四條　國語講習所ノ講習科目ハ修身、國語、算術、唱歌、體操トシ女子ニハ家事裁縫ヲ加フルコトヲ得、但シ特別ノ事情アルトキハ設立者ニ於テ認可ヲ受ケ國語以外ノ科目ヲ減ジ又ハ本條規定以外ノ科目ヲ加フルコトヲ得
第十五條　國語講習所ニ於テハ本令第一條ヲ遵守シテ教育スベシ
何レノ科目ニ於テモ常ニ國語ノ習熟ト徳性ノ滋養ニ留意シ國民ニ必要ナル性格ノ陶冶ニ努ムベシ
第十六條　修身ハ教育ニ關スル勅語ノ趣旨ニ基キテ講習生ノ徳性ヲ涵養シ社會生活國民生活ニ必要ナル心得ヲ授ケ道徳ノ實践ヲ指導スルヲ以テ要旨トス
第十七條　國語ハ日常生活ニ必要ナル言語ヲ知ラシメ思想發表ノ能力ヲ養ヒ兼テ智能ヲ啓發シ國民性ノ涵養ヲ圖ルヲ以テ要旨トス國語ハ話シ方ニ依リテ平易ナル口語ヲ授ケ漸次讀ミ方、書キ方、綴リ方ニ進ムベシ
國語ヲ授クルニハ常ニ其ノ意義ヲ明瞭ニシ又發音及語調ヲ正確ナラシメ其ノ用法ニ習熟セシムベシ
第十八條　算術ハ日常ノ計算ニ習熟セシムルヲ以テ要旨トス
算術ハ整數ノ數ヘ方、書キ方及加減乗除ヲ授クベシ又珠算ヲ加フルコトヲ得
第十九條　唱歌ハ平易ナル歌曲ヲ唱フルコトヲ得シメ美感ヲ養フヲ以テ要旨トス

第二十條　體操ハ健康ヲ増進シ精神ヲ快活ナラシムルヲ以テ要旨トス
第二十一條　家事及裁縫ハ女子ニ必要ナル普通ノ家事及裁縫ヲ授クルヲ以テ要旨トス
第二十二條　學科ノ程度及毎週教授時數ハ別記第一號表ニ依ル
第二十三條　特別ノ事情アルトキハ所長ニ於テ第一次監督官廳ノ認可ヲ受ケ前條ニ依ル毎週教授時數ヲ増減スルコトヲ得
但シ國語ノ教授時數ハ之ヲ減ズルコトヲ得ズ
第二十四條　所長ハ其ノ國語講習所ニ於テ教授スベキ各科教授細目ヲ定ムベシ
第二十五條　所長ハ其ノ國語講習所ノ教科ヲ卒業セリト認ムル者ニ對シテハ別記第二號様式ニ依ル卒業證書ヲ授与スベシ
第二十六條　國語講習所ノ教科用圖書ハ臺中州ニ於テ著作權ヲ有スルモノタルベシ但シ州知事ノ認可ヲ受ケ他ノ圖書ヲ使用スルコトヲ得

第四章　講習期間、休業日及式日

第二十七條　國語講習所ノ學年ハ四月一日ニ始マリ翌年三月三十一日ニ終ル
學年ヲ別チテ左ノ三期トス
第一期　四月一日ヨリ八月三十一日迄
第二期　九月一日ヨリ十二月三十一日迄
第三期　翌年一月一日ヨリ三月三十一日迄
第二十八條　國語講習所ノ休業日ハ左ノ如シ
一　祭日、祝日
二　臺灣神社例祭日、始政記念日
三　日曜日
四　農繁休業　二月以内
五　年末年始休業　十二月二十五日ヨリ翌年一月五日迄
六　學年末休業　三月二十日ヨリ同月三十一日迄

第二十九條　臨時休業ヲ要スルトキハ所長ニ於テ其ノ事由ヲ具シ第一次監督官廳ノ認可ヲ受クベシ
第三十條　國語講習所ノ授業日數ハ一年ヲ通ジ二百日ヲ下ルコトヲ得ズ
第三十一條　紀元節、天長節、明治節一月一日及始政記念日ニ於テハ職員及講習生ハ講習所ニ参集シテ左ノ順序ニ従ヒ儀式ヲ行フベシ
一　職員及講習生「君ガ代」ヲ合唱ス
二　所長ハ教育ニ關スル勅語ヲ奉讀ス
三　所長ハ祝日ニ關スル訓話ヲ為ス
四　職員及講習生ハ其ノ祝日ニ相當スル唱歌ヲ合唱ス
第三十二條　臺灣神社例祭日ニハ職員及講習生ハ講習所ニ参集シ所長ハ臺灣神社ニ關スル訓話ヲ為シ一同北白川宮能久親王ヲ奉祀セル神社ニ参拜又ハ遥拝スベシ

第五章　編制、職員及設備

第三十三條　國語講習所ノ一組ノ講習生數ハ五十名ヲ標準トス
第三十四條　講習生中女子講習生三十名ニ達スルトキハ女子ノ為ニ別ニ一組ヲ設クルコトヲ得
第三十五條　國語講習所ノ職員ノ職務ニ關スル規程ハ別ニ之ヲ定ム
第三十六條　國語講習所ノ敷地、建物及教具ハ其ノ規模ニ適應シ且教授上、管理上並衛生上適當ナルヲ要ス

第六章　入所及退所

第三十七條　國語講習所ニ入所セシメントスルトキハ保護者ニ於テ入所願ヲ所長ニ提出スベシ
第三十八條　所長ハ別記第三號様式ニ依リ國語講習所学籍簿ヲ調製スベシ
第三十九條　所長ハ別記第四號様式ニ依リ出席簿ヲ作リ講習生ノ出席、闕席ヲ明ニスベシ
第四十條　講習生ヲ退所セシメントスルトキハ保護者ニ於テ所長ニ願出ツベシ
第四十一條　所長ハ講習生中性行不良ニシテ改善ノ見込ナシト認メタル者ニ退所ヲ命ズルコトヲ得

附則

本令ハ昭和六年四月一日ヨリ之ヲ適用ス

第一號表　講習の課程及毎週教授時数

学年 / 程度時間 / 科目	一年 時	一年 程度	二年 時	二年 程度
修身	一	道徳の要旨	一	同
國語	七	平易ナル話シ方、読ミ方綴リ方書キ方	七	同
算術	二	萬以下ノ整數（珠算加減）	二	整数、簡易ナル諸等數（珠算加減乗除）
唱歌	一	單音唱歌	一	同
體操	一	體操遊戯	一	同
家事裁縫	二	簡易ナル家事裁縫（手藝）	二	同
計	男一三 女一四		男一三 女一四	

（第二號様式—第四號様式は省略。）

臺東廳訓令第五號

庶務課
警務課

支廳
街役場
小學校
公學校

國語講習所要項左ノ通相定ム

昭和六年四月十四日

臺東廳長　児玉　魯一

國語講習所要項

一　目的

街民中國語ヲ知ラサル者ニ對シ國語ヲ習得セシメ兼ネテ公民的教養ヲ為ス

二　名稱

國語講習所ト稱シ街名ヲ冠ス

三　講習期間

講習期間ハ一年以上トス

四　講習生年齢

講習所ニ入所シ得ル者ノ年齢ハ滿十二年乃至二十五年ヲ以テ標準トス

五　講習員定員

一講習所ニ於ケル講習生ノ定員ハ六十名以上トス但シ國語習熟ノ程度ニ依リ適宜數組ニ分ツコトヲ得

六　講習科目

講習科目ハ國語體操遊戯及唱歌トス但シ土地ノ情況ニ依リ實科其ノ他必要ナル科目ヲ加フルコトヲ得

七　講習日數及時間

一年ノ講習日數ハ百日以上トシテ一日ノ講習時間ハ二時間乃至三時間トス

八　職員
講習所ニハ主事一名講師若干名ヲ置ク主事ハ公學校長ニ講師ハ小學校若ハ公學校ノ職員其ノ他適當ナル者ニ依囑ス
九　職務
主事ハ所務ヲ掌理シ講習ニ從事ス講師ハ主事ノ指揮ヲ受ケ講習及之ニ關スル事務ニ從事ス
一〇　給與
主事及講師ニハ手當及旅費ヲ給スルコトヲ得
一一　設備
公學校ノ設備ハ其ノ教育上支障ヲ生セサル限度ニ於テ講習所ニ之ヲ使用セシムルコトヲ得
一二　講習料
講習料ハ之ヲ徴収セス
一三　設置
街ニ於テ講習所ヲ設置セムトスルトキハ街長ヨリ豫メ左ノ事項ヲ具シ報告スヘシ第一號乃至第五號ノ事項ヲ變更セムトスル場合亦同シ
一　名稱
二　事務所
三　講習所規則
四　講習ノ為ニ使用スル學校其ノ他ノ建物ノ名稱位置
五　經費及維持ノ方法
六　開設年月日
七　開設後三箇年間各年度別入所豫定人員
一四　講習所規則
講習所規則中ニ規定スヘキ事項凡ソ左ノ如シ

一　名稱、事務所ニ關スル事項
二　目的ニ關スル事項
三　講習生年齢及定員ニ關スル事項
四　講習科目ニ關スル事項
五　講習期間講習日數及時間ニ關スル事項
六　職員及其ノ職務ニ關スル事項
七　其ノ他必要ト認ムル事項
一五　廢止
講習所ヲ廢止セムトスルトキハ街長ヨリ左ノ事項ヲ具シ豫メ報告スヘシ
一　事由
二　廢止期日

花蓮港廳訓令第二号

庶　務　課
街　庄　役　場
學　　　校

昭和六年府令第七十三號ニ基キ國語講習所設置要項左ノ通相定ム

昭和七年二月十四日

花蓮港廳長　淺野　安吉

國語講習所設置要項

一　目的
當該街庄民中各種學校在學者及卒業者以外ノ本島人蕃人ニシテ國語ヲ常用セザル者ニ對シ國語ヲ習得セシメ兼ネテ公

民的教養ヲナス

二　名稱

國語講習所ト稱シ街庄名又ハ部落名ヲ冠ス

三　講習年限

講習年限ハ一箇年乃至三箇年トス

四　講習生年齢

講習所ニ入所シ得ル者ノ年齢ハ十二歳以上滿二十五歳ヲ以テ標準トス

五　講習生定員

一講習所ニ於ケル講習生ノ定員ハ四十名以上トス、但シ性別、年齢、國語習熟ノ程度ニ依リ適宜數組ニ分ツコトヲ得

六　講習科目

講習科目ハ國語、體操、遊戯及唱歌トス但シ土地ノ情況ニ依リ實科其ノ他必要ナル科目ヲ加フルコトヲ得

七　講習日數及時間

一年ヲ通ジ百二十日二百四十時以上トス

八　職員

講習所ニ主事一名、講師若干名ヲ置ク

主事ハ所在地公學校長ニ講師ハ公學校職員其ノ他適當ナル者ニ委囑ス

九　職務

主事ハ所務ヲ掌理シ講習ニ從事ス講師ハ主事ノ指揮ヲ承ケ講習及之ニ關スル事務ニ從事ス

一〇　給與

主事及講師ニハ手當及旅費ヲ給スルコトヲ得

一一　設備

公學校ノ設備ハ其ノ教育ニ支障ナキ限リ當該街庄ノ講者《ママ》所ニ之ヲ使用セシムルコトヲ得

一二　講習料
講習料ハ之ヲ徴収セズ
一三　設置竝變更
講習所ヲ設置セントスルトキハ昭和六年十二月二十九日府令第七十三號ニ據リ街庄長ヨリ左ノ事項ヲ具シ廳長ノ認可ヲ受クベシ
一　名稱
二　位置
三　講習規程
四　講習開始期日
五　敷地及建物ノ平面圖
六　職員及其ノ職務
七　一年ノ収支概算
前項第一號乃至第五號ノ事項ヲ變更セントスルトキハ街庄長ニ於テ其ノ事由ヲ具シ廳長ノ認可ヲ受クベシ
一四　廢止
講習所ヲ廢止セントスルトキハ街庄長ヨリ左ノ事項ヲ具シ廳長ノ認可ヲ受クベシ
一　事由
二　廢止年月日
十五　講習規定
講習所規則中ニ規定スベキ事項左ノ如シ
一　講習ノ目的ニ關スル事項
二　講習年限ニ關スル事項
三　入所者ノ資格及定員竝編制ニ關スル事項

四　教科課程及講習時數ニ關スル事項
五　課程ノ修了ニ關スル事項
六　教科書ニ關スル事項
七　講習期間、講習日數ニ關スル事項
八　其ノ他必要ト認ムル事項
一六　状況報告
街庄長ハ年度經過後一箇月以内ニ左ノ事項ヲ廳長ニ報告スベシ
一　講習期間、講習日數、講習時數
二　講習生人員（年次、男女、種族別）
三　出席状況
四　講習科目
五　成績ノ概要
六　經費（豫算及決算）
七　特ニ報告ヲ要スル事項

新竹州訓令第八號

郡
市
街　庄
學　校

本州ニ於テハ國語普及施設ノ内容ヲ改善シ其ノ充實ヲ圖ランカ為メ昭和五年十二月十四日新竹州訓令第七十五號ヲ以テ國語練習會設置標準ヲ定メ之カ設置ヲ奬勵シ不學者ノ國語普及ニ努メ来リタルニ近時州民ノ國語修得ニ對スル熱意著シク高

マリ從來ノ國語練習會ニ滿足セス長期ニシテ且組織的ナル國語修得機關ノ設置ヲ要望スルニ至リ州下ノ主要市街庄ニハ既ニ之カ設置ヲ見益々増加ノ趨勢ニアルヲ以テ茲ニ國語講習所ノ制ヲ定メ國語練習會ヲ漸次國語講習所ニ改メ以テ一層國語ノ普及徹底ヲ圖ラムトス

局ニ當ル者克ク本施設ノ趣旨ヲ體シ時勢ノ進運ト地方ノ状況トニ鑑ミ左ニ示ス所ノ要項ニ據リ運用宜シキヲ制シ所期ノ目的ヲ達成セムコトヲ期スヘシ

昭和八年四月二日

新竹州知事　内海　忠司

國語講習所要項

一　目的

國語ヲ常用セサル者ニシテ成規ノ學校教育ヲ受クルコト能ハサル者ニ對シ國語ヲ授ケ兼テ公民的教養ヲ為スヲ以テ目的トス

二　名稱

何々國語講習所ト稱ス

三　講習期間

講習期間ハ二箇年以上トス

四　講習日數及時間數

一年ノ講習日數ハ百五十日以上トシ土地ノ状況ニ依リ適當ニ之ヲ三學期ニ區分配當ス

五　講習生年齡

講習生ノ年齢ハ十歳以上二十五歳以下トス但シ特別ノ事情アル者ハ二十五歳ヲ越ユルモ入所セシムルコトヲ得

六　講習生定員

講習生ノ定員ハ一組六十人ヲ以テ標準トス

七　講習科目

講習科目ハ修身及公民、國語、唱歌體操トス但シ土地ノ状況ニ依リ實科其ノ他必要ナル科目ヲ加ヘ又ハ國語以外ノ科目ヲ減スルコトヲ得講習課程及一箇年ノ講習時間配當標準左ノ如シ

科目	一年		二年	
	時間	程度	時間	程度
修身及公民	50	國民道徳ノ要旨及市街庄公民トシテノ心得	50	國民道徳の要旨及市街庄公民トシテノ心得
国語	200	平易ナル話シ方読ミ方綴リ方書キ方	200	平易ナル話シ方読ミ方綴リ方書キ方
唱歌体操	50	單音唱歌及簡易ナル體操遊戲	50	單音唱歌及簡易ナル體操遊戲
計	300		300	

八　職員

講習所ニハ主事一名講師若干名ヲ置ク

主事ハ所務ヲ掌理シ講習ニ從事ス

講師ハ主事ノ指揮ヲ承ケ講習及所務ニ從事ス

主事ハ小學校長又ハ公學校長ニ委囑ス

講師ハ專任トシ教員免許狀ヲ有スル者又ハ相當教育ニ經驗ヲ有スル者ヲ選任ス但シ土地ノ狀況ニ依リ小學校又ハ公學校職員其ノ他適當ナル者ニ委囑スルコトヲ得

九　講習料

講習料ハ之ヲ徴收セス

十　簿冊

講習所ニハ左ノ帳簿ヲ備付ク

一　沿革誌
二　日誌
三　在籍簿
四　入所願綴
五　出席簿
六　修了者臺帳
七　往復文書綴
八　經費ニ關スル書類
九　其ノ他必要ナル帳簿

高教第九四六號内務部長依命通牒

昭和八年六月二十四日

郡守　市尹宛

國語ノ普及ハ本島統治ノ根蔕ヲナスモノニ有之近時著シク之カ進展ヲ見ツツアル所ニ候處國語普及施設ノ内容ヲ整備シ之カ普及範圍ノ擴張徹底ヲ圖ルニハ今後尚一段ノ努力ヲ要スヘキモノ有之候而シテ當州下ノ國語講習所ニ關シテハ昭和六年十二月二十九日府令第七十三號ノ示ス所ニ從ヒ開設シ來リ候處今般州下市街庄國語講習所ニ就キテ該府令ニ就キ之カ設置ニ關スル標準別紙ノ通制定相成候條現下ノ情勢ト地方ノ實状トニ鑑ミ普ク健實ナル講習所ノ新設ヲ奨勵スルト共ニ既設ノモノニ在リテハ内容ノ改善成績ノ向上ニ努メ國語普及促進ニ關シ更ニ御配慮相成度

右依命通達ス

追テ別紙様式ニ依ル各講習所ノ状況報告書毎年々度經過後一箇月以内ニ設立者ヨリ提出セシメラレ度此段特ニ申添候

國語講習所設置標準

一　名稱

何市街庄何々國語講習所ト稱ス

二　位置

市郡街庄大字番地何學校又ハ何廟内ニ置ク

【註】開設ノ場所ヲ詳記スルコトト講習會場ガ事務所ト一致セザルトキハ會場ヲモ明記ノコト

三　教育規定

別ニ定ムル所ニ依ル

四　授業開始期日

年　月　日

五　敷地及建物平面圖

【註】校舎又ハ廟等講習所トシテ使用ノ敷地建物ノ全平面圖ニ講習室其ノ他ヲ明細ニ記載スルコト

六　職員及其ノ職務

國語講習所ニ左ノ職員ヲ置ク

主事一名

講師若干名（但講習ノ必要ニヨリ補助講師ヲ置クコトヲ得）

主事ハ所務ヲ掌理シ講習ニ從事ス

講師ハ主事ノ命ヲ受ケ講習及事務ニ從事ス

【註】主事ハ公學校長ニ、講師ハ小學校職員又ハ其ノ他ノ適當ナルモノニ委囑スルコト

補助講師ハ青年團員其他適當ナルモノニ委囑スルコト

七　一年ノ収支概算（經費及維持ノ方法）

【註】収入

総額
市街庄費
州費補助
國庫補助
寄附金其他
支出
雑給（職員、小使給料又ハ手當旅費等）
需要費（備品費、消耗品費、給與品費其他）
雜費（儀式費、集會費其他）
ニ區分スルコト
八　其他
（一）主事及講師ニハ旅費ヲ支給スルコトヲ得
（二）國語講習所ノ經營ニ關スル細則ハ當講習所主事之ヲ定ムルモノトス
教育規程
一　教育ノ目的ニ關スル事項
國語講習所ハ國語ヲ解セザル者ニ對シ日常必須ナル國語ヲ修得セシメ兼ネテ公民的教養ヲ施スヲ以テ目的トス
二　修業年限ニ關スル事項
國語講習所ノ修業年限ハ何箇年トス
【註】修業年限ハ二箇年以上ナルベキコト
三　入所者ノ資格及定員竝編成ニ關スル事項
（一）講習所ノ第一期生トシテ入所シ得ル者ノ年齢ハ十二歳以上二十五歳以下ノ國語ヲ解セザル者及主事ニ於テ適當ト認ムル者

（二）講習所ノ定員ハ一期生約五十名總員約何名トス
【註】總員ハ百名以上ヲ収容スルヲ標準トス尚第一期生ハ次年度ニ於テ第二期生ニ其ノ翌年度ニ於テ第三期生ノ如ク累進セシムルコト

四　教科課程及授業時數ニ關スル事項
教科目ハ國語（話方、讀方）ヲ主トシ唱歌、作法ヲ加ヘ事情ニ依リ算術（珠算ヲ含ム）手藝、裁縫其他ノ科目ヲ附加スルモノトス
【註】一箇年及一日ノ教授時數ハ左ヲ標準トシテ定ムルコト
（イ）一箇年間ノ授業時數ハ二百時以上トシ内國語ノ授業時數ハ約其ノ四分ノ三トスルコト
（ロ）一日ノ教授ハ二時間ヲ普通トスルコト

五　課程ノ修了ニ關スル事項
各期及所定ノ全課程ヲ修了シタル者ニハ別ニ定ムル所ノ修了證書ヲ授與ス

六　教科書ニ關スル事項
教科書ハ國語教本、中等國語讀本、國語讀本其ノ他適當ナルモノニ付キ主事ニ於テ定ムルコト
【註】

七　學年學期式日及休日ニ關スル事項
（一）毎年四月一日ヨリ翌年三月三十一日ニ至ル通年制トシ一箇年ヲ通シ講習日數何日トス
（二）日曜日、祝祭日、記念日ハ休講トス
註　（イ）一箇年ヲ通シ講習日數百二十日以上一期間継續二箇月以上授業ハ四月中ニ始メ早クモ二月中ニ終ルヲ標準トス
（ロ）休止期間ト雖モ月中數日ハ召集スルコト

八　授業料ニ關スル事項
授業料ハ之ヲ徴収セズ

九　其ノ他

（一）講習所ニ左ノ表簿ヲ備付ク
講習生原簿（別紙様式）
職員名簿
出席簿（小公學校ノモノニ準ス）
講習日誌
其ノ他必要ト認ムル表簿
（二）各科目ノ教授要目ハ別ニ之ヲ定ム
別紙様式（省略）

府令第七十三號

臺灣ニ於ケル公立ノ特殊教育施設ニ關スル件左ノ通相定ム
昭和六年十二月二十九日
臺灣總督　太田　政弘

第一條　州、廳地方費、市街庄、市街庄組合又ハ街庄組合ニシテ臺灣教育令第二十二條ノ規定ニ基キ簡易國語教育、青年訓練、青年補導教育、職業教育及此等教育施設ニ關スル指導者ノ養成教育等ニ付特殊ノ教育施設ヲ設置セントスルトキハ特別ノ規定アル場合ヲ除クノ外本令ニ依ル

第二條　本令ニ依ル教育施設ノ設置又ハ廢止ニ付テハ設立者ニ於テ州立、廳地方費立ニ在リテハ臺灣總督、其ノ他ノモノニ在リテハ知事又ハ廳長ノ認可ヲ受クベシ

第三條　前条ニ依リ教育施設ノ設置ニ付認可ヲ受ケントスルトキハ左ノ事項ヲ具スベシ
一　名稱
二　位置
三　教育規程

四　授業開始期日
五　敷地及建物ノ平面圖
六　職員及其ノ職務
七　一年ノ収支概算
前項第一號乃至第五號ノ事項ヲ變更セントスルトキハ設立者ニ於テ其ノ事由ヲ具シ認可ヲ受クベシ
第四條　前條ノ教育規程ニハ左ノ事項ヲ規定スベシ
一　教育ノ目的ニ關スル事項
二　修業年限ニ關スル事項
三　入學者又ハ入所者ノ資格及定員竝ニ編制ニ關スル事項
四　教科課程及授業時數ニ關スル事項
五　課程ノ修了ニ關スル事項
六　教科書ニ關スル事項
七　學年、學期、式日及休日ニ關スル事項
八　授業料ニ關スル事項
九　其ノ他必要ナル事項
附　則
本令ハ發布ノ日ヨリ之ヲ施行ス
本令施行ノ際現ニ存スル公立ノ特殊教育施設ニシテ本令ニ該當スルモノハ其ノ設立者ニ於テ本令施行後二月以内ニ第二條ノ規定ニ依ル手續ヲ為スベシ

参考文献

日本語（五十音順）

浅野豊美・松田利彦編（二〇〇四）『植民地帝国日本の法的構造』東京：信山社出版
浅野豊美・松田利彦編（二〇〇四）『植民地帝国日本の法的展開』東京：信山社出版
浅野豊美（二〇〇八）『帝国日本の植民地法制―法域統合と帝国秩序』愛知：名古屋大学出版会
安達信裕（二〇〇三）「統治初期の台湾での同化教育について―国語教育を中心に」『アジア社会文化研究』第四号
阿部洋ほか（二〇〇四）『近代日本のアジア教育認識・資料編（台湾の部）』第一―一四巻、龍渓書舎
阿部宗光・阿部洋編（一九七二）『韓国と台湾の教育開発』東京：アジア経済研究所
有馬学（二〇〇二）『日本の歴史第23巻　帝国の昭和』東京：講談社
アンダーソン、ベネディクト著／白石さや・白石隆訳（一九九七）『増補　想像の共同体―ナショナリズムの起源と流行』東京：NTT出版
李正連（二〇〇八）『韓国社会教育の起源と展開―大韓帝国末期から植民地時代までを中心に』岡山：大学教育出版
イ　ヨンスク（一九九六）『国語という思想―近代日本の言語認識』東京：岩波書店
飯島渉（二〇〇五）『マラリアと帝国―植民地医学と東アジアの広域秩序』東京：東京大学出版会
五十嵐真子・三尾裕子（二〇〇六）『戦後台湾における〈日本〉―植民地経験の連続・変貌・利用』東京：風響社
泉史生（二〇〇九）「戦前台湾における公学校教育の研究―「国語」教育という名の「日本語教育」の体系」國學院大学博士論文
磯田一雄（一九九九）『「皇国の姿」を追って―教科書に見る植民地教育文化史』東京：皓星社
磯田一雄（二〇〇〇）「日本の植民地教育は成功したか―台湾における日本語教育を中心に」『アジア文化研究』七
井出季和太（一九三七）『台湾治績志』台北：台湾日日新報社

伊藤潔（一九九三）『台湾―四百年の歴史と展望』東京：中央公論社（中公新書）
伊東之雄・李盛煥著編著（二〇〇九）『伊藤博文と韓国統治―初代韓国統監をめぐる百年目の検証』〈人と文化の探究6〉京都：ミネルヴァ書房
稲葉継雄（一九九七）『旧韓末「日語学校」の研究』福岡：九州大学出版会
稲葉継雄（一九九九）『旧韓国の教育と日本人』福岡：九州大学出版会
稲葉継雄（二〇〇一）『旧韓国―朝鮮の日本人教員』福岡：九州大学出版会
稲葉継雄（二〇〇五）『旧韓国―朝鮮の「内地人」教育』福岡：九州大学出版会
井上薫（一九九五）「第一次朝鮮教育令下における日本語普及・強制政策―「国語講習会」「国語講習所」による日本語普及政策とその実態」『北海道大学教育学部紀要』六六
井上薫（一九九五）「日本統治下朝鮮の日本語普及・強制政策―一九一〇年代初期における私立学校・書堂の利用・弾圧」『北海道大学教育学部紀要』六九
井上薫（一九九七）「日本統治下末期の朝鮮における日本語普及・強制政策―徴兵制度導入に至るまでの日本語常用・全解運動への動員」『北海道大学教育学部紀要』七三
井上薫（二〇〇一）「日帝末期朝鮮における日本語普及・強制の構造―徴兵制度導入決定前後の京城府を中心に」『釧路短期大学紀要』二八
岩本祐生子（一九八六）「伊沢修二と日本語教育」『日本語教育』六〇
魚返善雄（一九六五）「台湾日本語教育の秘密―宇井英著『国語入門』の新しさ」『言語生活』一六八
ウォーラーステイン、I著／川北稔訳（一九八一）『近代世界システム―農業資本主義と「ヨーロッパ世界経済」の成立1』東京：岩波書店
碓井正久他（一九七〇）『社会教育』東京：第一法規出版
王智新・大森直樹（二〇〇〇）『批判　植民地教育史認識』東京：社会評論社
岡部芳広（二〇〇七）『植民地台湾における公学校唱歌教育』東京：明石書店

岡本包治・山本恒夫編（一九七九）『社会教育の理論と歴史』東京：第一法規出版
岡本真希子（二〇〇八）『植民地官僚の政治史―朝鮮・台湾総督府と帝国日本』東京：三元社
小熊英二（一九九五）『単一民族神話の起源―「日本人」の自画像の系譜』東京：新曜社
小熊英二（一九九八）『〈日本人〉の境界―沖縄・アイヌ・台湾・朝鮮植民地支配から復帰運動まで』東京：新曜社
長志珠絵（一九九八）『近代日本と国語ナショナリズム』東京：吉川弘文館
小沢有作（一九七一）「日本植民地教育政策論―日本語教育政策を中心にして」『人文学報』八二
何義麟（二〇〇三）『二・二八事件―「台湾人」形成のエスノポリティクス』東京：東京大学出版会
柯徳三（二〇〇五）『母国は日本、祖国は台湾―或る日本語族台湾人の告白』東京：星雲社
甲斐ますみ（二〇一三）『台湾における国語としての日本語習得―台湾人の言語習得と言語保持、そしてその他の植民地との比較から』東京：ひつじ書房
上沼八郎（一九八八）『伊沢修二』東京：吉川弘文館
上沼八郎（一九九一）「台湾教育令制定由来」（資料）について―植民地教育史研究ノート・その二」『高千穂論叢』二六：三
川合隆男編（一九九一）『近代日本社会調査史』（二）東京：慶應通信
河路由佳（一九九八）「日本統治下における台湾公学校の日本語教育と戦後台湾におけるその展開―当時の台湾人教師・日本人教師・台湾人児童からの証言」『人間と社会』九
河路由佳（二〇一一）『日本語教育と戦争―「国際文化事業」の理想と変容』東京：新曜社
川村湊（一九九四）『海を渡った日本語―植民地の「国語」の時間』東京：青土社
北田耕也（一九九九）『明治社会教育思想史研究』東京：学文社
北村嘉恵（二〇〇八）『日本植民地下の台湾先住民教育史』札幌：北海道大学出版会
金泰勲（一九九六）『近代日韓教育関係史研究序説』東京：雄山閣出版
金富子（二〇〇五）『植民地期朝鮮の教育とジェンダー―就学・不就学をめぐる権力関係』横浜：世織書房
木村元（二〇〇五）『人口と教育の動態史―一九三〇年代の教育と社会』東京：多賀出版

木村万寿夫（一九六六）「台湾における国語教育の思い出」『国語教育研究』一二
木村万寿夫（一九六六）「台湾における日本語教育」『鳥取大学教育部研究報告（教育科学）』八
木村万寿夫（一九六七）「伊沢修二と台湾教育の創業」『鳥取大学教育部研究報告（教育科学）』九
木村宗男編（一九九一）『講座日本語と日本語教育15　日本語教育の歴史』東京：明治書院
久保義三（二〇〇六）『新版　昭和教育史―天皇制と教育の史的展開』東京：東信堂
熊谷明泰（二〇〇四）『朝鮮総督府の「国語」政策資料』大阪：関西大学出版部
倉沢愛子（一九九二）『日本占領下のジャワ農村の変容』東京：草思社
呉宏明（一九八八）「日本統治下台湾の日本人教員―台湾総督府講習員をめぐって」『日本教育史論叢：本山幸彦教授退官記念論文集』京都：思文閣出版
呉天錫著／渡辺学・阿部洋共訳（一九七九）『韓国近代教育史』東京：高麗書林
呉文星（二〇〇一）「台湾における日本統治時期の教育史に関する研究動向について―特に最近10年（一九九一―二〇〇一年）の成果を中心として」『植民地教育史研究年報』四　東京：皓星社
洪郁如（二〇〇一）『近代台湾女性史―日本の植民統治と「新女性」の誕生』東京：勁草書房
黄昭堂（一九八一）『台湾総督府』東京：教育社
合津美穂（二〇〇六）「台湾公学校の「国語科」教科課程」『植民地教育史研究年報』九　東京：皓星社
国府種武（一九三九）『日本語教授の実際』東京：東京書籍
国府種武（二〇〇五）『台湾に於ける国語教育の展開』（日本語教育史資料叢書〈復刻版〉第二期　日本語教授法基本文献Ｉ）東京：冬至書房
駒込武（一九八九）「日中戦争期文部省と興亜院の日本語教育政策構想―その組織と事業」『東京大学教育学部紀要』二九
駒込武（一九八九）「「大東亜共栄圏」構想と日本語教育政策―文部省編『日本語読本』の内容分析」『日本の教育史学』三二
駒込武（一九九六）『植民地帝国日本の文化統合』東京：岩波書店
駒込武（一九九九）『植民地支配下台湾・朝鮮におけるイギリス・アメリカ・カナダ長老教会の伝導と教育』文部省科学研究費補助

金研究成果報告書
駒込武（二〇一五）『世界史のなかの台湾植民地支配―台南長老教中学校からの視座』東京：岩波書店
駒込武・橋本伸也編（二〇〇七）『帝国と学校』京都：昭和堂
近藤純子（一九九一）「戦前台湾における日本語教育」木村宗男編『講座日本語と日本語教育』一五　東京：明治書院
近藤純子（一九九五）「台湾における山口喜一郎―公学校規則改正との関わりについて」『日本語教育』八五
近藤純子（一九九八）「伊沢修二と『対話法』―植民地期台湾における初期日本語教育の場合」『日本語教育』九八
近藤純子（二〇〇四）「植民地統治下台湾における日本語教育の展開」『近代日本のアジア教育認識・資料篇［台湾の部］―明治後期教育雑誌所収　中国・韓国・台湾関係記事　付巻Ⅲ』東京：龍渓書舎
近藤純子（二〇〇八）「日本統治下における「国語」教育」『日本植民地教育政策史料集成（台湾編）』三六　龍渓書舎
近藤正己（一九九六）『総力戦と台湾―日本植民地崩壊の研究』東京：刀水書房
近藤正己（一九九八）「異民族に対する軍事動員と皇民化政策―台湾の軍夫を中心にして」『台湾近現代史研究』六
蔡錦堂（一九九四）『日本帝国主義下台湾の宗教政策』東京：同成社
蔡錦堂（一九九九）「日本統治初期台湾公学校「修身」教科書の一考察」大浜徹也編『近代日本の歴史的位相―国家・民族・文化』東京：刀水書房
酒井直樹（一九九六）『死産される日本語・日本人―「日本」の歴史―地政的配置』東京：新曜社
佐藤源治（一九四三）『台湾教育の進展』台湾出版文化
佐藤由美（一九九六）「韓国の近代教育制度の成立と日本―日本人学務官僚による「普通学校令」の制定をめぐって」『日本の教育史学』三九
佐藤由美（二〇〇八）「日本統治期台湾における各教科書の編纂」『日本植民地教育政策史料集成（台湾編）』三六　東京：龍渓書舎
佐野通夫（一九九三）『近代日本の教育と朝鮮』東京：社会評論社
佐野通夫（二〇〇三）「茗荷谷文書に見る朝鮮植民地末期の教育政策」『アジア教育史研究』一二
佐野通夫（二〇〇六）『日本植民地教育の展開と朝鮮民衆の対応』東京：社会評論社

篠原正巳（一九九九）『日本人と台湾語―続台湾語雑考』東京：海風書店
篠原正巳（二〇〇一）『芝山巌事件の真相―日台を結ぶ師弟の絆』東京：和鳴会
周婉窈著／濱島敦俊監訳（二〇〇七）『図説　台湾の歴史』東京：平凡社
所澤潤（二〇〇一）「台湾における近代初等教育創始の記録―台北市士林国民小学所蔵『八芝蘭公学校沿革誌』（一）」『群馬大学教育実践研究』一八
所澤潤（二〇〇二）「台湾における近代初等教育創始の記録―台北市士林国民小学所蔵『八芝蘭公学校沿革誌』（二）」『群馬大学教育実践研究』一九
白柳弘幸（二〇〇八）「戦前文部省・台湾総督府・朝鮮総督府発行教科書の発行年比較（植民地教科書と国定教科書）」『植民地教育史研究年報』一一　東京：皓星社
杉本つとむ（一九六九）「台湾における日本語教育の方法と歴史」『武蔵野女子大学紀要』四
鈴木明（一九七六）『高砂族に捧げる』東京：中央公論社
関正昭（一九九七）『日本語教育史研究序説』東京：スリーエーネットワーク
関正昭・平高史也編（一九九七）『日本語教育史』（ＮＡＦＬ選書）東京：アルク
宋登才（一九三六）『国語講習所教育の実際』台北：光昭会出版部
台湾教育会編（一九一五）『国語捷徑』台北：台湾教育会
台湾教育会編（一九二三）『国語教本』台北：台湾教育会
台湾教育会編（一九三三）『新国語教本』巻一～巻三　台北：台湾教育会
台湾教育会編（一九三四）『新国語教本教授書』巻一　台北：台湾教育会
台湾教育会編（一九三五）『新国語教本教授書』巻二・巻三　台北：台湾教育会
台湾教育会編（一九三九）『新国語教本』巻一・巻二（改訂版）台北：台湾教育会
台湾教育会編（一九三九）『台湾教育沿革誌』（復刻版（一九八二）東京：青史社）
台湾教育会（一九四四）『伊沢修二と台湾教育』台北：台湾教育会

田中明彦（一九八九）『現代政治学叢書19　世界システム』東京：東京大学出版会
田中克彦（一九八一）『ことばと国家』東京：岩波書店
田中克彦（一九八九）『国家語をこえて―国際化のなかの日本語』東京：筑摩書房
田中克彦（二〇〇一）『言語からみた民族と国家』東京：岩波書店
多仁安代（二〇〇〇）『大東亜共栄圏と日本語』東京：勁草書房
陳虹彣（二〇〇五）「日本統治下台湾における初等学校国語教科書の考察―一九三七年以降台湾人生徒用国語教科書に着目して」『東北大学大学院教育学研究科研究年報』五四：一
陳虹彣（二〇〇六）「日本統治下台湾における国語講習所用国語教科書の研究：台湾教育会の『新国語教本』に着目して」『東北大学大学院教育学研究科研究年報』五四：二
陳虹彣（二〇〇七）「日本統治下台湾における国語科の成立と国語教科書編纂に関する歴史的研究―台湾総督府編修官加藤春城を中心に」東北大学博士論文
陳培豊（二〇〇一）『「同化」の同床異夢―日本統治下台湾の国語教育史再考』東京：三元社
寺崎昌男・戦時下教育研究会編（一九八七）『総力戦体制と教育―皇国民「錬成」の理念と実践』東京：東京大学出版会
ドウス、ピーター・小林英夫（一九九八）『帝国という幻想―「大東亜共栄圏」の思想と現実』東京：青木書店
杜藩芳格著・下村作次郎編（二〇〇〇）『フォルモサ少女の日記』東京：総和社
富田哲（二〇〇〇）「統治者の言語学―日本統治時代初期台湾での言語研究と言語教育」名古屋大学博士論文
中越栄二（一九三六）『台湾の社会教育』台北：「台湾の社会教育」刊行所
長浜功（一九八八）『国民精神総動員運動―民衆教化動員史料集成』東京：明石書店
西尾達雄（二〇〇三）『日本植民地下朝鮮における学校体育政策』東京：明石書店
「年報日本現代史」編集委員会（二〇〇五）『帝国と植民地―「大日本帝国」崩壊六〇年』東京：現代史料出版
浜下武志（一九九七）『朝貢システムと近代アジア』東京：岩波書店
浜下武志・川勝平太編（二〇〇一）『新版　アジア交易圏と日本工業化一五〇〇―一九〇〇』東京：藤原書店

林正寛（一九九七）「多言語社会としての台湾」三浦信孝編『多言語主義とは何か』東京：藤原書店
原武史（二〇〇一）『可視化された帝国―近代日本の行幸啓』東京：みすず書房
春山明哲（二〇〇八）『近代日本と台湾―霧社事件・植民地統治政策の研究』東京：藤原書店
ピーティー、マーク著／浅野豊美訳（一九九六）『植民地―帝国五〇年の興亡』東京：読売新聞社
蛭田道春（二〇〇五）『わが国における社会教化の研究』東京：日常出版
弘谷多喜夫（一九八四）「植民地教育と日本人教師」『講座日本教育史三―近代二・近代三』東京：第一法規出版
藤澤健一（二〇〇〇）『近代沖縄教育史の視角―問題史的再構成の試み』東京：社会評論社
藤森智子（一九九九）「一九三〇年代初期台湾における国語講習所の成立とその宣伝」『法学政治学論究』四〇
藤森智子（二〇〇一）「台湾総督府による皇民化政策と国語常用運動―一九三七年から四五年までを中心に」『法学政治学論究』四九
藤森智子（二〇〇四）「台北市近郊の国語普及運動（1930―1945）―三峡「国語講習所」「国語常用家庭」を中心に」『人間福祉研究』六
藤森智子（二〇〇四）「皇民化期（1937―45）台湾民衆の国語常用運動―小琉球「国語講習所」「全村学校」経験者の聞き取り調査を中心に」『日本台湾学会報』六
藤森智子（二〇一一）「日本統治下台湾の「国語講習所」における日本語教育―新竹州「関西庄国語講習所」の教案・日誌（1937）から」日本語教育史研究会編『日本語教育史論考第二輯』東京：冬至書房
藤森智子（二〇一二）「日本統治下台湾の「国語講習所」における社会的指導の実際―新竹州「関西庄国語講習所」日誌（1937）より」『植民地教育史研究年報』一四、東京：皓星社
藤森智子（二〇一三）「日本統治下台湾の社会教育に関する一考察―「新教育」の影響を念頭に」『日本植民地・占領地教科書と「新教育」に関する総合的研究―学校教育と社会教育から』平成二二年度―二四年度科学研究費補助金基盤研究（B）研究成果報告書（研究代表者：西尾達也）
藤森智子（二〇一四）「日本統治下台湾の国語普及政策の成立と展開」『旧外地の学校に関する研究―1945年を境とする連続・非連続』平成二三年度―二五年度科学研究費補助金基盤研究（B）研究成果報告書（研究代表者：白柳弘幸）

古川ちかし・林珠雪・川口隆行編著（二〇〇七）『台湾・韓国・沖縄で日本語は何をしたのか―言語支配のもたらすもの』東京：三元社
堀和生・中村哲編著（二〇〇四）『日本資本主義と朝鮮・台湾―帝国主義下の経済変動』京都：京都大学学術出版会
本間千景（二〇一〇）『韓国「併合」前後の教育政策と日本』京都：思文閣出版
ましこひでのり（二〇〇二）『増補版　イデオロギーとしての「日本」―「国語」「日本史」の知識社会学』東京：三元社
又吉盛清（一九九四）『台湾支配と日本人―日清戦争一〇〇年』東京：同時代社
松岡格（二〇一二）『台湾原住民社会の地方化―マイノリティの20世紀』東京：研文出版
松田武雄（二〇〇四）『近代日本社会教育の成立』福岡：九州大学出版会
松田吉郎（二〇〇四）『台湾原住民と日本語教育―日本統治時代台湾原住民教育史研究』京都：晃洋書房
松田吉郎編著（二〇一二）『日本統治時代台湾の経済と社会』京都：晃洋書房
丸川哲史（二〇〇〇）『台湾、ポストコロニアルの身体』東京：青土社
三浦信孝編（一九九七）『多言語主義とは何か』東京：藤原書店
水野直樹編著（二〇〇四）『生活の中の植民地主義』京都：人文書院
宮坂広作（一九六八）『近代日本社会教育史の研究』東京：法政大学出版局
宮崎聖子（二〇〇八）『植民地期台湾における青年団と地域の変容』東京：御茶の水書房
宮田節子（一九八五）『朝鮮民衆と「皇民化」政策』東京：未來社
宮田節子・金英達・梁泰昊（一九九二）『創氏改名』東京：明石書房
宮脇弘幸（一九八九）「南方占領地における日本語教育と教科書―マレー・シンガポールの場合（一九四二―一九四五）」『成城文藝』一二六
宮脇弘幸・百瀬侑子（一九九〇）「南方占領地における日本語普及と日本語教育―日本軍占領下フィリピンとインドネシアの場合（一九四二―一九四五）」『成城文藝』一三〇
向山寛夫（一九八七）『日本統治下における台湾民族運動史』東京：中央経済研究所

村上政彦（二〇〇二）『「君が代少年」を探して―台湾人と日本語教育』東京：平凡社（平凡社新書）
森田芳夫（一九八七）『韓国における国語・国史教育―朝鮮王朝期・日本統治期・解放後』東京：原書房
安田敏朗（二〇〇〇）『近代日本言語史再考―帝国化する「日本語」と「言語問題」』東京：三元社
矢内原忠雄（一九八八）（初版一九二九）『帝国主義下の台湾』東京：岩波書店
山崎直也（二〇〇九）『戦後台湾教育とナショナル・アイデンティティ』東京：東信堂
山本有造編（二〇〇三）『帝国の研究―原理・類型・関係』名古屋：名古屋大学出版会
山本禮子（一九九九）『植民地台湾の高等女学校研究』東京：多賀出版
游珮芸（一九九九）『植民地台湾の児童文化』東京：明石書店
吉野秀公（一九二七）『台湾教育史』台北：南天書局（復刻版、一九九七年）
劉麟玉（二〇〇五）『植民地下の台湾における学校唱歌教育の成立と展開』東京：雄山閣
林景明（一九九九）『日本統治下台湾の「皇民化」教育―私は十五歳で「学徒兵」となった』台北：鴻儒堂出版社
林初梅（二〇〇九）『「郷土」としての台湾―郷土教育の展開にみるアイデンティティの変容』東京：東信堂
林茂生著　古谷昇・陳燕南訳（二〇〇四）『日本統治下の台湾の学校教育―開発と文化問題の歴史分析』拓殖大学海外事情研究所華僑研究センター
若林正丈（一九九二）『東アジアの国家と社会2　台湾　分裂国家と民主化』東京：東京大学出版会
若林正丈（二〇〇一）『台湾抗日運動史研究〈増補版〉』東京：研文出版
渡部宗助（一九六九）「台湾教育史の一研究―明治三〇年代を中心に」『教育学研究』三六：三
渡部宗助・竹中憲一編（二〇〇〇）『教育における民族的相克　日本植民地教育史論1』東京：東方書店

中国語（画数順）

王世慶（一九九一）「皇民化運動前的臺灣社會生活改善運動―以海山地區為例（一九一四―一九三七）」『思與言』二九：四
王育徳（二〇〇〇）『台灣苦悶的歷史』臺北：前衛出版社

申美貞（一九九八）「日據時期臺灣與韓國教育政策比較研究—以一九二二年頒佈的新教育令為例」國立政治大學中國文學系研究所碩士論文
汪知亭（一九七八）『臺湾教育史新編』臺北：商務印書館
何義麟（一九八六）「皇民化期間之學校教育」『臺灣風物』三六：四
呉文星（一九八三）『日據時期臺灣師範教育之研究』臺北：國立臺灣師範大學歷史研究所
呉文星（一九八七）「日據時期臺灣總督府推廣日語運動初探」（上）『臺灣風物』三七：一
呉文星（一九八七）「日據時期臺灣總督府推廣日語運動初探」（下）『臺灣風物』三七：四
呉文星（一九九二）『日據時期臺灣社會領導階層之研究』臺北：正中書局
呉文星編著（二〇〇三）『日治時期臺灣公學校與國民學校國語讀本解說・總目錄・索引』臺北：南天書局
呉文星（二〇〇八）『日治時期臺灣的社會領導階層』臺北：五南圖書出版
周婉窈（一九九四）「從比較的觀點看臺湾與韓國的皇民化運動（一九三七—一九四五）」『新史学』五：二
周婉窈（一九九五）「臺灣人第一次的〈國語〉經驗—析論日治末期的日語運動及其問題」『新史学』六：二
周婉窈（一九九七）「鄉土臺灣在日治時代公學校教科書中的地位（初探一）」國立中央圖書館臺灣分館編『鄉土史教育學術研討會論文集』
周婉窈（一九九八）『台灣歷史圖說—史前至一九四五年』臺北：聯經出版
周婉窈（一九九九）「實學教育、鄉土愛與國家認同—日治時期臺灣公學校第三期「國語」教科書的分析」『臺灣史研究』四：二
周婉窈（二〇〇三）「『公學校用國語讀本』的內容分類介紹」呉文星編著『日治時期臺灣公學校與國民學校國語讀本解說・總目錄・索引』臺北：南天書局
周婉窈（二〇〇三）『海行兮的時代—日本殖民統治末期臺灣史論集』臺北：允晨文化出版
周婉窈（二〇〇九）『臺灣歷史圖說（增訂本）』臺北：聯經出版
周婉窈（二〇一二）『海洋與殖民地臺灣論集』臺北：聯經出版
周婉窈（二〇一四）『少年臺灣史—寫給島嶼的新世代和永懷少年心的國人』玉山社出版

林茂生著、林詠梅訳（二〇〇一）『日本統治下臺灣的學校教育―其發展及有關文化之歷史分析與探討』臺北：新自然主義
林繼文（一九九六）『日本據臺末期（一九三〇―一九四五）戰爭動員體係之研究』臺北：稻鄉出版社
徐南號（二〇〇二）『台湾教育史』師大書苑
范燕秋（二〇一〇）『疾病、醫學與殖民現代性―日治臺灣醫學史』臺北：稻鄉出版社
張勝彥編著（一九九六）『國立空中大學用書　臺灣開發史』臺北：國立空中大學
謝明如（二〇〇七）「日治時期臺灣総督府國語學校之研究（一八九六―一九一九）」國立臺灣師範大學歷史學系　碩士論文
許佩賢（一九九四）「塑造殖民地少國民―日據時期臺灣公學校教科書之分析」國立臺灣大學歷史學系　碩士論文
許佩賢（一九九六）「從戰爭期教科書看殖民地〈少國民〉的塑造」『臺灣風物』四六：一
許佩賢（二〇〇三）「戰爭時期的國語讀本解說」吳文星編著『日治時期臺灣公學校與國民學校國語讀本解說・總目錄・索引』臺北：南天書局
許佩賢（二〇〇五）『殖民地臺灣的近代學校』臺北：遠流出版社
許佩賢（二〇一二）『太陽旗下的魔法學校―日治台灣新式教育的誕生』新北市：東村出版
許佩賢（二〇一五）『殖民地臺灣近代教育的鏡像―一九三〇年代臺灣的教育與社會』新北市：衛城出版
陳虹文（二〇〇一）『日本殖民統治下台灣教育政策之研究―以公學校國語教科書內容為例』國立中山大學教育研究所　碩士論文
陳虹彣（二〇〇八）『日治時期台灣人用教科書與日本國定教科書之比較研究―以一九三七―一九四五年國語教科書的編輯與教材為例』國立暨南大學比較教育學系　博士論文
黃昭堂（一九九四）『台灣總督府』臺北：前衛出版社
黃紹恆（二〇一〇）『臺灣經濟史中的臺灣總督府』臺北：遠流出版
游鑑明（一九八八）『日據時期臺灣的女子教育』臺北：國立臺灣師範大學歷史研究所
臺灣省文獻委員會編（一九九六）『臺灣史』重慶：衆文圖書
蔡錦堂（一九九三）「日本據臺初期公學校「國語」教科書之分析」淡江大學歷史學系編『中國與亞洲國家關係史學術探討會論文集』
鄭梅淑（一九八八）「日據時期臺灣公學校之研究」東海大學歷史研究所　碩士論文

鄭麗玲（一九九四）「戰時體制下的台灣社會（一九三七―一九四五）―治安、社會教化、軍事動員」國立清華大學歷史學系　碩士論文
藤森智子（二〇〇一）「日治初期「芝山巖學堂」（一八九五―九六）的教育―以學校經營、教學實施、學生學習活動之分析為中心」
『臺灣文獻』五二：一
藤森智子（二〇一一）「1930年代國語講習所教科書《新國語教本》之分析」『臺灣學研究』一一

韓国語（字母順）

姜在彦（一九八二）『韓国近代史研究』서울：한울
金英宇（一九九七）『韓国開化期의 教育』서울：教育科学社
金雲泰（一九八六）『日本帝国主義의韓国統治』서울：博英社
盧栄澤（一九九二）『日帝下民衆教育運動史』서울：探求堂
孫仁銖（一九八〇）『韓国開化教育研究』서울：一志社
孫仁銖（一九八八）『韓国近代民族教育史』서울：培英社
孫仁銖（一九八九）『韓国教育思想史』1〜6서울：文音社
呉天錫（一九六四）『韓国新教育史』서울：現代教育叢書出版社
李光麟（一九六九）『韓国開化史研究』서울：一潮閣
李光麟（一九八一）『韓国史講座5　近代篇』서울：一潮閣
鄭玉子（一九八八）『朝鮮後期文化運動史』서울：一潮閣
鄭在哲（一九八五）『日帝의対韓国植民地教育政策史』서울：一志社
趙容萬・宋敏鎬・朴炳采（一九八二）『日帝下文化運動史』서울：玄音社
趙恒来（一九九六）『日帝의対韓侵略政策史研究―日帝侵略要人을　중심으로』서울：玄音社
車錫基（一九八二）『韓国民族主義教育의研究―歴史的認識을　中心으로』서울：進明文化社
韓基彦・金廷鶴・朴晟義・呉周煥（一九八二）『日帝의文化侵奪史』서울：玄音社

英語（アルファベット順）

Altbach, Philip G. & Gail P. Kelly（1991）*Education and the Colonial Experience Second Revised Edition,* New York: Advent Books

Chou, Wan-yao（1991）*The Kominka Movement: Taiwan under Wartime Japan, 1937–1945,* unpublished Ph. D. dissertation, Yale University

Davidson, James W.（1992）*The Island of Formosa, Past and Present,* Taipei: Southern Materials Center（Originally published in 1903）

Hsiao, Frank S. T. & Mei-Chu W. Hsiao（2005）"Colonialism, Learning and Convergence: A Comparison of India and Taiwan", *Journal of the Asia Pacific Economy,* 10: 2, pp. 146–177

Komagome, Takeshi & James Anthony Mangan（1997）"Japanese Colonial Education in Taiwan 1895–1922: Precepts and Practices of Control", *History of Education,* 26: 3, pp. 307–322

Lin, April C. J. & Jerome. F. Keatin（2000）*Island in The Stream, A Quick Case of Taiwan's Complex History,* Taipei: Southern Materials Center

Lin, Mosei（1929）*Public Education in Formosa under the Japanese Administration: A Historical and Analytical Study of the Development and the Cultural Problems,* Ph. D. dissertation, Columbia University

Myers, Raymond H. & Mark. R. Peattie eds.（1984）*The Japanese Colonial Empire, 1895–1945,* Princeton N. J.: Princeton University Press

Strausz-Hupe, Robert & Harry W. Hazard（1958）*The Idea of Colonialism,* The Foreign Policy Research Institute, University of Pennsylvania

Takekoshi, Yosaburo（1996）*Japanese Rule in Formosa,* Taipei: Southern Materials Center（Originally published in 1907）

Tsurumi, E. Patricia（1977）*Japanese Colonial Education in Taiwan, 1895–1945,* Cambridge, Massachusetts, London: Harvard University Press

あとがき

本書は、二〇一〇年度に慶應義塾大学法学研究科に提出された学位請求論文「日本統治下台湾の国語普及運動―台湾総督府の政策とその実際」に加筆・修正を加えたものである。本論の構成は学位論文とほぼ同じである。博士論文提出までに発表された論文および本書出版までに発表された関連論文は次のとおりである。これらは、本書の内容と必ずしもすべて合致しているわけではない。

第1章

「日本統治下台湾の国語普及政策の成立と展開」『旧外地の学校に関する研究―1945年を境とする連続・非連続』平成二三年度～二五年度科学研究費補助金基盤研究（B）研究成果報告書（研究代表者：白柳弘幸）一二―二五頁、二〇一四年

第2章
「一九三〇年代初期台湾における国語講習所の成立とその宣伝」慶應義塾大学大学院法学研究科『法学政治学論究』第四〇号、九一―一四一頁、一九九九年

第3章
「台湾総督府による皇民化政策と国語常用運動―一九三七年から四五年までを中心に」慶應義塾大学法学研究科『法学政治学論究』第四九号、五五―八六頁、二〇〇一年

第4章
「１９３０年代國語講習所教科書《新國語教本》之分析」國立中央圖書館臺灣分館『臺灣學研究』第一一期、一―三二頁、二〇一一年

第5章
「台北市近郊の国語普及運動（１９３０―１９４５）―三峡『国語講習所』『国語常用家庭』を中心に」田園調布学園大学『人間福祉研究』第六号、一三五―一四七頁、二〇〇四年

第7章
「日本統治下台湾の『国語講習所』における社会的指導の実際―新竹州『関西庄国語講習所』日誌（１９３７）

より」日本植民地教育史研究会『植民地教育史研究年報』一四号、六六―八九頁、二〇一二年

第8章

「皇民化期（1937―45）台湾民衆の国語常用運動―小琉球『国語講習所』『全村学校』経験者の聞き取り調査を中心に」日本台湾学会『日本台湾学会報』第六号、一三一―一五一頁、二〇〇四年

本書の刊行は、平成二七年度日本学術振興会科学研究費補助金（研究成果公開促進費（学術図書）、課題番号一五HP五〇六五）の助成を受けた。

慶應義塾大学法学部での指導教授川合隆男先生には大学院博士課程までお世話になった。一九九〇年代当時、先行研究が少なかった植民地の言語政策の比較研究をしたいという筆者に自由に挑戦する機会を与えてくださった。また、ゼミを通じて社会調査への視点を養っていただいた。その後、筆者は大学に職を得、学務に従事する中で課程博士の年限を超過し、また川合先生の定年退職によりなかば学位取得への道が閉ざされたように感じていた。そんな中、論文指導を快く引き受けてくださった慶應義塾大学法学部教授の有末賢先生には大変にお世話になった。論文の主査をお引き受けくださり、社会科学のフレームについて、ともすれば学務を理由に執筆が前進しない中、辛抱強く議論を重ねてくださった。感謝に堪えない。また、副査のお一人、当時慶應義塾大学法学部長（現防衛大学校長）の国分良成先生には執筆の中で日本「内地」と他の植民地との政策の異同という大切な視点をご呈示いただいた。これは論文提出後、植民地の比較研究というテーマへと発展した。心より感謝申し上げたい。そして、もうお一人の副査の国立台湾師範大学歴史学系教授（現名誉教授）の呉文星先生には長年にわ

たりお世話になった。修士課程在籍時に台湾を訪れ、研究室を訪ねて以来ご指導いただいてきた。歴史学専攻でない筆者に歴史的資料の見方、探し方を一からお教えいただいた。このテーマに取り組むことができたのは呉文星先生のご指導によるところが非常に大きく、心より感謝申し上げたい。

執筆の中では、学会や研究会、打ち合わせを通じて多くの方々から貴重なご意見・ご指導を承った。お一人ずつの名前をここでは挙げないが、心からの感謝を捧げたい。また、本書の大きな部分を占めるインタビュー調査は、面接対象となった方々と、そのためにご尽力いただいた多数の台湾の方々がいらっしゃってこそ可能となった。この方々のご協力なくして本書は執筆しえなかった。快くそして熱心に調査に協力してくださった台湾の方々に深くお礼申し上げたい。

刊行に際して多大なご協力をくださった慶應義塾大学出版会の乗《よつのや》みどり氏には様々な面でお世話になった。感謝申し上げたい。

日本の植民地言語政策というテーマに足を踏み入れてから二〇年程の歳月が流れた。刊行までに多くの時間を費したが、その間常に支え続けてくれた家族に、心から感謝を捧げたい。

二〇一六年一月二五日　　ロンドンにて

藤森　智子

な行

は行

ま行

や行

ら行

さ行

た行

索　引

藤森智子（ふじもり　ともこ）
田園調布学園大学人間福祉学部准教授。
2002年慶應義塾大学大学院法学研究科政治学専攻後期博士課程単位取得退学、博士（法学）。
主要業績：『日本語教育史論考第二輯』（共著、冬至書房、2011年）、「日本統治下台湾の『国語講習所』における社会的指導の実際―新竹州『関西庄国語講習所』日誌（1937）より」『植民地教育史研究年報』14号（2012年）、「1930年代国語講習所教科書《新国語教本》之分析」『台湾学研究』第11期（国立中央図書館台湾分館、2011年）、ほか。

日本統治下台湾の「国語」普及運動
――国語講習所の成立とその影響

2016年2月25日　初版第1刷発行

著　者――――藤森智子
発行者――――古屋正博
発行所――――慶應義塾大学出版会株式会社
〒108-8346　東京都港区三田2-19-30
TEL〔編集部〕03-3451-0931
〔営業部〕03-3451-3584〈ご注文〉
〔　〃　〕03-3451-6926
FAX〔営業部〕03-3451-3122
振替　00190-8-155497
http://www.keio-up.co.jp/
装　丁――――土屋　光（Perfect Vacuum）
印刷・製本――株式会社理想社
カバー印刷――株式会社太平印刷社

Printed in Japan　ISBN 978-4-7664-2306-8